그림으로
공부하는
시스템
성능구조

絵で見てわかるシステムパフォーマンスの仕組み

(E de Mite Wakaru System Performance no Shikumi : 3460-4)

초판 1쇄 발행 2015년 5월 28일   **3쇄 발행** 2016년 6월 30일

지은이 오다 케이지, 쿠레마츠 타니히토, 오카다 노리마사, 히라야마 츠요시
옮긴이 김완섭
펴낸이 장성두
펴낸곳 제이펍

출판신고 2009년 11월 10일 제406-2009-000087호
주소 경기도 파주시 문발로 141 뮤즈빌딩 403호
전화 070 – 8201 – 9010 / **팩스** 02 – 6280 – 0405
홈페이지 www.jpub.kr / **원고투고** jeipub@gmail.com
독자문의 readers.jpub@gmail.com / **교재문의** jeipubmarketer@gmail.com

편집부 이민숙, 이 슬, 이주원 / **소통·기획팀** 민지환, 현지환
표지디자인 미디어픽스 / **본문디자인** 북아이
용지 에스에이치페이퍼 / **인쇄** 한승인쇄사 / **제본** 광우제책사

ISBN 979-11-85890-23-4 (93000)
값 25,000원

제이펍은 독자 여러분의 책에 관한 아이디어와 원고 투고를 기다리고 있습니다. 책으로 펴내고자 하는 아이디어나 원고가 있으신 분께서는
책에 대한 간단한 개요와 차례, 구성과 제(역)자 약력 등을 메일로 보내주세요.　　　　　jeipub@gmail.com

그림으로 공부하는 시스템 성능 구조

오다 케이지 / 구레마츠 타니히토 / 오카다 노리마사 / 히라야마 츠요시 지음 / 김완섭 옮김

Systems Performance

차례

CHAPTER 2   성능 분석의 기본   49

CHAPTER 3   실전 시스템 성능 분석   91

CHAPTER 5 **성능 테스트**   163

CHAPTER 7 # 클라우드 환경의 성능   267

옮긴이 머리말

최근의 시스템에서는 늘어나는 부하와 함께 '성능'이 중시되고 있다. 이와 함께 IT 엔지니어에게 요구되는 능력 또한 성능 튜닝 능력이다. 적게는 십여 명이 사용하는 시스템에서 많게는 수천만 명이 사용하는 시스템까지 그 규모가 다양하지만, 이러한 규모의 크기와 상관없이 일정하게 요구되는 것이 바로 '성능'이다.

역자 본인도 개발 업무를 시작한 지 얼마 되지 않았을 때 성능 문제로 고생한 적이 있는데, 처음에는 네댓 명 정도가 사용하는 시스템이었으나 이내 사용자가 20명 정도까지 늘어나고 말았다. 사실 요즘 같은 시대에 20명이면 참 초라할 정도의 규모이지만, 당시 초보 개발자인 나에겐 큰 고난(?)이었다. 그때는 일본 회사에 처음으로 자리를 잡았던 터라 물어볼 선배도 없이 혼자서 끙끙거리며 자료를 찾았던 기억이 난다. 그때 찾은 답이 바로 IT 엔지니어라면 잘 알고 있을 DB의 인덱스(Index)였다. 지금은 너무나 당연한 기술이지만, 당시에 겨우겨우 찾아낸 이 요소는 시스템 성능을 크게 향상해 줬던 나의 구원자와도 같았다. 하지만 규모가 더 커지면 인덱스로 성능을 향상하는 데도 한계는 있다.

이 책은 이런 데이터베이스 관련 요소뿐만 아니라 네트워크에서부터 소프트웨어, 웹 서버, DB 서버, 저장 장치에 이르기까지 성능에 관련된 모든 요소를 고려해서 설명하고 있나. 또한, 요소별로 성능을 어떻게 하면 향상할 수 있을지 상세하면서도 쉽게 설명해 준다. 따라서 지금도 세상 어딘가에서 성능 문제로 고민하고 있을 모든 엔지니어에게 구세주 같은 책이 되리라 확신한다.

인프라(네트워크) 엔지니어라면 소프트웨어적인 성능 튜닝 방법을 알 수 있고, 반대로 소프트웨어 엔지니어라면 네트워크적인 성능 튜닝 방법을 접할 좋은 기회가 될 것이다. 또한, 이 책은 엔지니어뿐만 아니라 프로젝트 관리자나 시스템 설계자, 테스트 담당자 등의 관점에서 고려해야 할 성능에 관해서도 설명하고 있다. 그림과 함께 쉽게 기술돼 있으므로 엔지니어가 아니더라도 쉽게 이해할 수 있을 것이다.

성능 관련한 좋은 책이 국내에 소개되는 것 같아 번역자 입장에서 뿌듯함을 느낀다. 독자분들도 그렇게 느껴 주셨으면 한다.

2015년 5월

역자 **김완섭**

머리말

'성능의 손님이 되지 말자'. 어떤 의미일까?

업무 애플리케이션을 만들거나 인프라를 구축하는 경우에 항상 필요해지는 것이 성능에 관한 노하우와 기술이다.

최근의 IT는 사용하기 쉬울 뿐 아니라 내부 구조를 알지 못해도 사용할 수 있도록 진화하고 있다. 하지만 성능을 이해하려면 시대에 역행하여 내부 구조를 이해해야만 한다. 많은 사람이 문제가 발생하면 성능에 대해 알고 있는 일부 엔지니어에 의존하는 경향이 있다. 나쁜 의미로 표현하자면 '주인'이 아닌 '손님'이 되어 버리는 것이다.

독자들도 이미 알다시피 IT 세계는 점점 블랙박스화되고 있다. 이런 변화와 함께 엔지니어가 피할 수 없는 분야가 바로 '성능'이다. 아무리 블랙박스화가 진행되더라도 엔지니어가 구조를 이해해서 성능을 튜닝해야 하기 때문이다. 블랙박스화는 바꿔 말하면 '보이지 않는(보지 않고도 할 수 있는) 것'을 의미하며, 또한 엔지니어가 해야 할 일이 사라지는 것을 의미하기도 한다. 하지만 성능만은 내부를 파악해서 튜닝을 해 주어야 한다. 이 책에서도 설명하지만, 가상화나 클라우드화 모두 성능 개선에 대해 고려해야 할 것들이 줄기는커녕 오히려 늘어나고 있다. 이러한 난관을 헤치고 엔지니어 여러분들의 밝은 미래를 위해서 반드시 이 책이 도움되길 바란다.

그런데 성능에 대해서는 전문 교육(대학)과 현장에서 배워야 할 것이 나누어져 있는데, 그렇다고 어느 한쪽만 배워서는 될 일이 아니다. 이 또한 성능에 대해 배우기 어려운 이유 중 하나인데, 이 책에서는 대학 등의 강의에서 가르치는 중요한 개념과 현장에서만 배울 수 있는 노하우를 함께 설명하고 있다. 1장에서는 학교에서 가르치고 있는 이상적인 상황에서의 성능에 대해 개념적으로 접근하고 알고리즘이나 처리량을 소개한다. 2장과 3장에서는 성능을 어떻게 측정해야 하는지 소개한다. 4장에서는 현실 세계에서의 성능 문제를 소개하고 튜닝 방법이나 실무에 직접 적용할 수 있는 기술을 알려준다. 5장에서는 프로젝트 공정 중 성능이 중시되는 성능 테스트에 관해 설명하며, 6장과 7장에서는 최근의 성능 문제에 있어 중요한 요소가 된 가상화와 클라우드에 관해 설명한다.

　엔지니어를 가르치는 사람, 문제 해결사, 성능 테스트 도구 전문 컨설턴트, 유명 대기업의 가상화 소프트웨어 컨설턴트, 클라우드 컨설턴트 등 보통은 한곳에 모이기 힘든 전문가들로부터 이론은 물론 실전 노하우까지 배울 수 있는 책으로, 성능 전반에 대해 이해할 좋은 기회가 되어 줄 것이다.

저자 대표 **오다 케이지**

저자 소개

오다 케이지   1, 2, 3, 4장 집필

    일본 오라클 주식회사 컨설팅부 매니저로 과거에는 성능 문제 해결사 역할을 했다. 당시의 경험을 바탕으로 특정 제품의 컨설턴트로서 일하고 있으나, 오라클 제품뿐만 아니라 다양한 분야를 컨설팅할 수 있게 노력하고 있다. 가리키는 것에 재미를 느껴서 현재는 JPOUG(일본 오라클 사용자 그룹)에서도 활동 중이다. 《그림으로 공부하는 IT 인프라 구조》, 《그림으로 공부하는 시스템 구축을 위한 오라클 설계》(이상 쇼에이사)의 감수와 《그림으로 공부하는 OS/스토리지/네트워크 데이터베이스는 이렇게 사용되고 있다》, 《그림으로 공부하는 오라클 구조》, 《44개의 안티 패턴으로 배우는 DB 시스템》(이상, 쇼에이사), 《데이터베이스》(일본과학기술연합), 《곧바로 사용할 수 있는 오라클 관리 기술》(기술평론사) 등을 집필했다. 최근에는 사람을 키우는 일과 취미 생활로서 철인 3종 경기, 그리고 영어 공부를 즐기고 있다.

쿠레마츠 타니히토   5장 집필

    일본 오라클 주식회사 시니어 컨설턴트로 일하는 중이며, 이 분야에 발을 내딛게 된 것은 초등학교 때 접했던 N-80 Basic. 리눅스 비즈니스화가 한창이었던 때, 리눅스 패키지 개발 관련 학생 벤저 대회에 참가하여 운용 관리 패키지를 기획하고 UI를 설계한 것이 계기였다. 이때 기획한 제품이 굿 디자인상을 받았으며, 개발한 리눅스 리소스 계측용 기능은 실제 리눅스 커널 개발팀에 의해 채택되기도 했다. 이전 직장인 Emprix(본사 미국)에서는 컨설턴트로서 일본 SI 회사나 일반 기업을 위한 다양한 성능 개선 컨설팅을 담당했다. 이 책에서 전수하는 노하우도 이때의 경험을 기반으로 삼았다. 2008년에 미국 오라클이 Emprix의 웹 개발 관련 부분을 인수함으로써 일본 오라클로 이적했다. 현재는 이전 직장에서 하던 일에 더해 자바, 웹로직, Exalogic 등의 미들웨어 제품의 성능 개선 작업을 컨설팅하고 있다. 취미로는 이즈섬에 있는 개인 소유의 작은 산림을 관리하기 위해 생태 관리학 등을 배우는 중이며, 사냥, 임업, 치산치수에 매료돼 있다. 언젠가는 산에 대한 책도 쓰고 싶다.

오카다 노리마사   6장 집필

사용자 중심의 IT 기업에서 인프라 전반의 설계, 구축, 운용을 담당하다 일본 오라클로 이직하여 오라클 제품의 설계나 PM 지원, DB 지원 등을 담당했다. 현재는 모 대형 가상화 소프트웨어 개발사에서 컨설턴트 및 기술 매니저로 일하고 있으며, 가상화 기반이나 클라우드 설계, 운용에 관한 컨설팅을 하고 있다. 첫 직장에서 배운 사용자 시점과 이전 직장에서 배운 미들웨어 계층, 그리고 현재 직장에서의 인프라 계층 등 여러 계층을 컨설팅한 경험을 토대로, 개별 기능이나 제품에 의존하지 않고 시스템 전체를 바라보는 관점을 가지고서 일하고자 노력 중이다. 취미는 고객과의 친목, 상사 및 동료와의 팀 만들기이며, 사내에선 시니어 회식 담당자라는 타이틀도 가지고 있다. 훌륭한 아빠와 멋쟁이를 동시에 추구하기 위해 매일 연구에 몰두하나 아직 뚜렷한 성과는 없는 것 같다.

히라야마 츠요시   7장 집필

동경이과대학 공학부 재학 시절부터 썬 사이트(Sun Site) 사용자였으며, 주 전공은 계산기과학과 통계학이었다. 일본을 대표하는 인터넷 회사를 거쳐, 일본에서 가장 큰 규모를 자랑하는 캐피털사와 증권 회사를 대상으로 높은 성능 요건을 가진 증권 시스템의 오픈 마이그레이션 기획, 개발, 운용 전반을 담당했다. 오라클오픈월드(OracleOpenWorld)에서 Oracle Enterprise Manager on AWS에 대해 강연했으며, 현재는 세계 최대 규모의 클라우드 컴퓨팅 제공 회사의 아키텍트 및 컨설턴트로서 다수의 대규모 글로벌 사업을 담당하고 있다. 존경하는 엔지니어는 썬(Sun)의 빌 조이. 좌우명은 '데이터가 없는 곳에서 시스템은 태어나지 않는다. 시스템도 성능도 데이터 중심으로 생각하자'이며, 좋아하는 기술은 Oracle, VCE, AWS다.

베타리더 후기

🍂 구혜정(LG 전자)

성능 패밀리 총출동!! 성능에 대한 기초 개념 정립부터 실전 성능 분석, 튜닝, 테스트의 상세 가이드와 친절한 실전 팁들, 그리고 가상화와 클라우드에 연계된 최신 정보까지 이 모든 내용이 잘 요약된 그림들과 함께 수록되어 있어 쉽게 와 닿았습니다. 기초를 잘 닦아두는 게 중요하다는 진리를 다시금 되새기며 베타리딩을 마쳤네요. 수록된 책의 내용도 한 줄, 한 줄 무척 공감됩니다. 많은 사람이 보았으면 좋겠습니다. 추천합니다!

🍂 김예나(삼성전자)

성능 분석가를 위한 책으로서 컴퓨터공학에 대한 기본 개념을 탄탄하게 잡아줄 책이라고 생각합니다. 그림과 함께 설명되어 있어 초심자도 이해하기 수월할 것 같네요. 자칫하면 그냥 스쳐 지나갈 수 있는 문제들을 짚어주는 책이므로 프로그래머가 보기에도 굉장히 좋은 책으로 보입니다.

🍂 서지연(다음카카오)

서비스를 잘 운영하기 위해서는 시스템 이해는 기본적인 소양 중 하나라 생각합니다. 엉성한 시스템에서는 잘 짜인 프로그램도 한계에 부딪힐 수밖에 없습니다. 서비스의 볼륨이 커질수록 시스템은 복잡해지고 그만큼 개발자들은 여기저기서 나타나는 문제들과 맞닥뜨리게 됩니다. 이 책을 통해 시스템 설계, 인프라, 알고리즘의 기초부터 어떻게 시스템의 성능을 어떻게 끌어올릴 수 있는지 차근차근 알아갈 수 있을 것입니다. 또한, 읽기 편한 문장으로 인해 이해하기도 좋았고 역주도 적재적소에 들어가 있어 무척 도움이 됩니다.

🦋 석나영(숭실대학교)

학교에서 수업시간에 교수님들께서 거듭 강조하시는 것이 성능의 중요성입니다. 사실 학생이고 해서 아직 그런 부분에 대해 이해가 된다거나 딱히 구체적으로 와 닿지는 않았는데, 책을 다 읽고 나니 교수님들이 왜 그렇게 애써 강조하셨는지 알 것 같습니다. 또한, 이 책을 통해 알고리즘부터 실전에 적용하는 데까지 전체적으로 훑어볼 수 있어서 개념을 정립하는 데 많은 도움이 되었습니다.

🦋 전상우(아주대학교)

시스템 성능과 관련된 기초 이론부터 현업에 적용 가능한 실무까지 잘 정리된 책입니다. 보통 '시스템 성능 구조' 책이라고 하면 두껍고 딱딱하고 재미없는 책을 연상하게 되는데, 이 책은 그러한 편견을 깨트리고 있습니다. 책에서 설명하는 시스템 대부분을 그림으로 도식화하여 설명하는 것은 물론, 그 흐름을 마치 사람들 간의 대화처럼 표현한 것이 이해를 많이 도왔습니다(책에서 머릿속에 그림을 그리는 습관을 기르는 것이 중요하다고 하였는데, 본 책은 그러한 습관을 기르는 데 많은 도움이 되었네요). 기초적인 개념이지만 친절하게 설명해 준 부분도 있었고, 중간마다 '초보자를 위한 팁 및 권유와 관련된 내용이 있어 좀 더 쉽게 느끼도록 만들어 주었습니다. 또한, 튜닝이란 허약한 체질을 근육질의 건강한 몸으로 만드는 형태라고 표현하거나 성능 저하의 원인 요소를 용의자, 범인이라고 하는 등 비유를 아끼지 않아 어려운 내용이지만 독자들이 쉽게 접근할 수 있도록 한 저자들의 노력이 돋보였습니다. 무엇보다 저자들의 오랜 실무 경험에서 우러나온 노하우가 잘 녹아나 있다는 점이 가장 큰 장점인 것 같네요. 특히 현장과 실무에 관련되어 많은 조언을 해주는데, 시스템 성능 관리 및 개선과 관련된 이야기뿐만 아니라 프로젝트의 비용, 인력관리 및 조직, 시간의 효율에 대해서도 거듭 짚어주어 단순히 '시스템 개발자'뿐만 아니라 기업의 의사결정권자에게도 도움이 될 만한 내용이 포함되어 있습니다.

성능에 대한
기초적인 개념

1.1 | 성능을 배우기 위해 필요한 것

성능을 고려할 때 가장 기초가 되는 이론에 대해 설명하겠다.

■ 사례로 보는 성능 악화의 원인

어느 날 고객으로부터 "처리할 데이터 건수가 많아져서 데이터베이스가 느려졌습니다. 어떻게 하면 좋죠?"라는 상담을 받았다. 보통은 "DB의 SQL이 잘못된 것으로, 디스크 I/O에 문제가 있습니다."라고 답변하고 밑바닥부터 테스트했겠지만, 당시 어느 정도의 지식을 가지고 있던 저자는 DB의 한 처리당 소요되는 처리 시간에는 문제가 없다는 것을 곧바로 알 수 있었다. 그러나 고객은 하나의 처리당 데이터가 1,000건일 때와 100만 건일 때의 속도가 수십 배에서 수백 배는 차이가 난다고 말했다. 할 수 없이 프로그램 내부를 분석해 보기로 했다. 소스를 잠시 살펴본 후에야 원인을 알아냈는데, 실은 다음과 같은 처리가 이루어지고 있었다.

처음에는 하나의 데이터를 파일로부터 읽어서 메모리에 한 개를 두고, DB에 한 개의 데이터를 넣으면 종료. 두 번째는 한 개의 데이터를 파일로부터 읽어 앞서 사용한 메모리 뒤에 하나를 둔 후, DB에 한 개의 데이터를 넣고 종료. 세 번째는 하나의 데이터를 파일로부터 읽어서 다시 앞서 사용한 메모리 뒤에 한 개를 두고, DB에 하나의 데이터를 넣고서 종료한다.

이 처리의 문제점이 무엇인지 발견했는가? 그렇다. 100만 개의 데이터가 있을 때 하나의 데이터를 더 추가하려면 100만 건의 메모리를 모두 찾는 처리가 발생한다(그림 1.1).

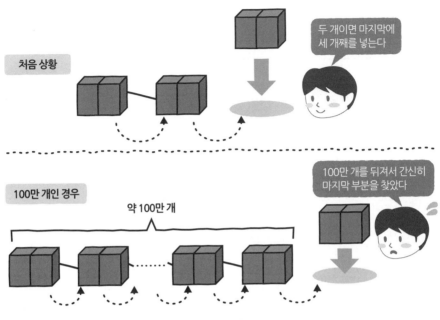

그림 1.1 데이터를 넣으면 넣을수록 속도가 느려지는 예

이 프로그램을 작성한 고객은 메모리상에서 이루어지는 처리라 매우 빠를 것이라 예상했다. 하지만 뭐든지 '티끌도 모이면 태산'이 되는 법이다. 메모리를 100만 건 찾는 처리는 무거운 DB의 1회 처리보다 더 느린 처리가 된다. 해결책은 메모리의 가장 뒷부분을 알 수 있도록 변수 하나만 추가하면 된다. 이것으로 성능이 수백 배 향상된다(그림 1.2).

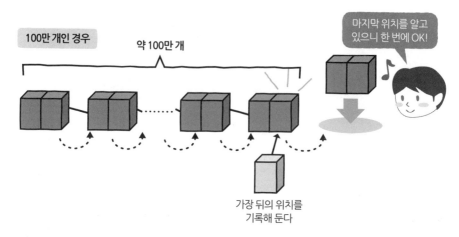

그림 1.2 데이터를 많이 넣어도 느려지지 않는 예

　이 예에서는 애플리케이션 설계가 성능 악화의 원인이었다. 하지만 이러한 지식이 없었다면 원인을 찾을 수도 없었을 것이다. 이번 장에서는 이런 성능을 위한 기본 지식인 '알고리즘'에 대해 설명하겠다.

1.2 | 알고리즘의 장단점과 학습 방법

1.2.1 알고리즘이란?

　앞서 보았던 길게 늘어져 있는 상자를 다시 떠올려 보자. 이 상자 안에는 물건이 들어 있다. 상자 안에서 원하는 물건을 찾는 데 걸리는 시간이 짧거나 길다는 것을 표현하는 단어가 바로 '성능'이다. 걸리는 시간이 짧으면 성능이 좋은 것이며, 길면 성능이 나쁘다고 할 수 있다.

　이 상자들을 끝에서부터 차례로 열어 나간다고 생각해 보자. 예를 들어 1,000개의 상자가 있다고 가정하면, 평균 500개를 열 경우 원하는 물건을 찾을 수 있다. 그러나 이와 같은 경우는 결국 500개나 되는 상자를 열어야 한다는 말이다. 좀 더 효율적인 방법은 없을까?

상자 안에 있는 물건에 번호를 붙여서 순서대로 정렬해 두면 한결 찾기가 쉬울 것이다(그림 1.3 위). 예를 들어, '700'이라는 숫자가 붙은 물건을 찾는다고 가정해 보자. 가운데 있는 상자를 열어 보니 '500'이 있었다. 찾고 있는 숫자가 더 크기 때문에 지금 연 상자보다 오른쪽에 있는 상자들 중 가운데 있는 것을 다시 열어 보자. 다음으로 찾은 것은 '750'이다. 찾고 있는 숫자가 더 작기 때문에 지금 연 상자보다 왼쪽에 있는 상자들을 찾는다. 이렇게 찾는 범위를 효율적으로 줄여 나가면, 적은 횟수로도 데이터를 빨리 찾아 낼 수 있다(그림 1.3 아래).

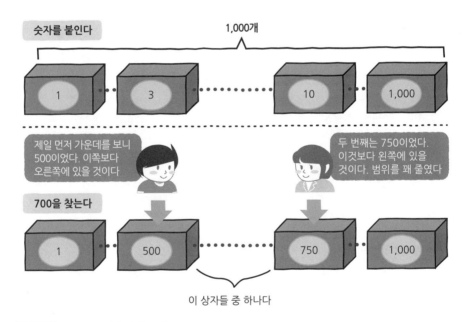

그림 1.3 빨리 찾아내기 위한 고민

이런 전략이나 방법을 '알고리즘'이라고 한다. 알고리즘의 좋고 나쁨은 성능에 큰 영향을 끼치며, 그 중요성은 성능에만 국한되지 않는다.

IT 기술에 능한 사람은 주요 알고리즘을 알고 있으므로, 새로운 기술이 나오더라도 '아, 그 알고리즘이네!' 하고 바로 이해할 수 있다. 또한, 알고리즘들의 장점은 물

론 단점도 알고 있기 때문에 잘못 사용하는 경우가 줄어든다. 하지만 기술을 표면적
으로만 이해하고 있거나 통째로 암기하고 있을 뿐이라면, 간단한 적용은 가능할지
몰라도 응용은 어렵다. 이처럼 알고리즘을 배워 두는 것은 IT 엔지니어가 되기 위한
기초 체력을 단련시키는 것과 같다고 할 수 있다.

1.2.2 알고리즘의 근간

다시 상자 예로 돌아가 보자. 현실 세계와 달리 이 상자들 모두에는 주소가 적혀 있
는데, 이 주소만 알면 해당 상자를 곧바로 열어 볼 수 있다. 예를 들어 100번째 상자
안을 보고 싶다면, 자신이 어디에 있든지 곧바로 100번째 상자를 열어 볼 수 있다.

상자 안에는 '주소'를 넣을 수도 있다. 예를 들어 99번째 상자에 100번째 상자의 주
소를 넣으면, '100'이라는 숫자가 99번째 상자에 들어간다(그림 1.4).

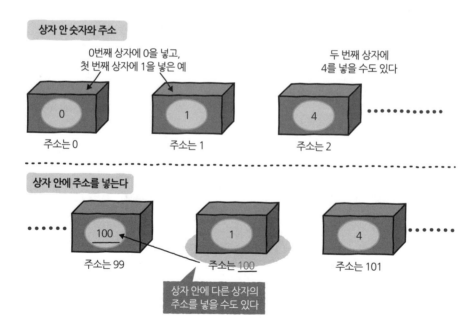

그림 1.4 주소는 알고리즘의 근간

'① 상자가 정렬돼 있다' '② 주소' '③ 주소를 상자 안에 넣을 수 있다' '④ 주소를 알

면 곧바로 접근할 수 있다'라는 네 가지 사항이 알고리즘의 근간이자 컴퓨터 구조의 시발점이기도 하다. '주소를 상자에 넣을 수 있다'라는 개념이 C 언어의 '포인터'라는 것을 알고 있는 사람도 있을 것이다. 또한, '주소를 알면 바로 접근할 수 있다'는 것은 CPU가 처리하는 '물리 메모리' 방식이기도 하다. 아마 포인터에 거부반응을 일으키는 사람도 적지 않을 것이다. 포인터를 이해하기 위한 비법을 알려 주자면, '값'과 '주소'를 구별해서 생각하는 것이다. 포인터로 인해 혼란스러울 때는 이 원칙을 기억하도록 하자.

이번에는 찾는 것이 아니라 상자에 넣는 것에 대해 생각해 보자. 1부터 100까지의 숫자를 1,000개의 상자에 넣는 경우를 예로 들어 보겠다. 여기서는 심플하게 1부터 순서대로 넣는다고 가정한다. 첫 번째 상자에는 1을, 두 번째 상자에는 2를, 100번째 상자에는 100을 넣는 것이다. 101번째 이후 상자는 비어 있다(그림 1.5 위). 여기에 '50.5'라는 숫자를 추가하면 어떻게 될까? 정답은 없다. 101번째 상자에 '50.5'를 넣어도 되고(그림 1.5 가운데), 51번째 이후의 상자에 든 값들을 하나씩 뒤로 이동하는 방법도 있다(그림 1.5 아래). 여기서는 전자를 '방법1'이라고 하고, 후자를 '방법2'라고 하겠다.

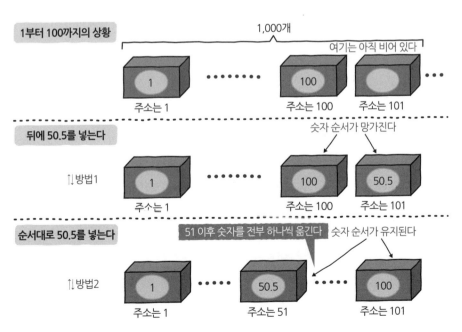

그림 1.5 정렬할 것인가, 하지 않을 것인가

1.2.3 알고리즘을 배우기 위한 비법

■ 장점과 단점을 파악한다

알고리즘을 배울 때는 장점과 단점을 파악하는 것이 비법이다. 앞서 설명한 방법 1과 방법 2의 장단점은 무엇일까?

방법 1의 장점은 상자에 바로 넣을 수 있다는 점이다. 단점은 숫자가 순서대로 정렬되지 않기 때문에 숫자를 찾을 때, 상자 전체를 열어 보아야 한다.

한편 방법2의 장점은 숫자가 순서대로 나열돼 있기 때문에, 앞서 소개한 가운데부터 찾는 방법을 적용할 수 있다. 이것의 단점은 저장할 때 숫자를 하나씩 뒤로 옮겨야 하는 것이 귀찮다는 것이다.

이와 같이 알고리즘에는 떼려야 뗄 수 없는 장점과 단점이 늘 공존한다. 이렇게 '한쪽을 얻기 위해 다른 한쪽을 포기해야 한다'는 사고방식이 중요한데, 의외로 이 점을 인식하지 못해서 발생하는 문제가 많다. 예를 들면, 데이터가 온 순서대로 저장했으므로 데이터가 늘어나면 검색에 많은 시간이 걸리게 되는 것은 당연한 일이다.

참고로 이런 생각 방식은 알고리즘뿐만 아니라 아키텍처에서도 중요하다.

■ 그림을 그려서 생각해 보자

다른 한 가지 비법을 소개하겠다. 성능은 그림을 그려 가면서 이해하는 것이 중요한데, 이번 장의 설명을 읽고 이해를 했음에도 불구하고 머릿속에 들어오지 않아 그림을 다시 살펴보게 되었을 것이다. 가능한 한 스스로 그림을 그려 가면서 다른 사람에게 설명해 볼 것을 추천한다. 그림으로 그려서 설명할 수 있다면, 알고리즘(≒동작)을 이해했다고 할 수 있다. 해보면 알겠지만, 막상 직접 설명하려고 하면 자신이 애매하게 이해하고 있다는 것을 깨닫게 된다.

참고로 부가적인 동작들을 한 번에 이해하려 하거나, 설명하려는 것은 추천하지 않는다. 무엇보다 기본 동작을 이해하고 설명할 줄 아는 것이 최우선이며, 그 후에 보충하는 형태로 추가 내용이나 동작을 이해하고 설명하면 충분하다. 다른 추가 개념도 함께 이해하려고 하면 오히려 진전이 없다.

저자는 유명 IT 대기업에서 엔지니어를 가르치는 일을 5년간 하면서 발표 능력이나 설명 능력 등을 키울 수 있었다. 이를 통해 그림을 그려서 설명하는 것과, 기본을 먼저 이해하는 것이 가장 분명한 방법임을 깨달았으므로 독자들에게도 적극 추천하고 싶다.

1.3 | 알고리즘의 실제 사례와 성능 차이

1.3.1 가까이에 있는 알고리즘 예

알고리즘을 더 가깝게 느끼기 위해 시스템 처리 흐름을 따라가면서 알고리즘이 우리 생활과 얼마나 밀접하게 관련이 있는지 살펴보도록 하겠다.

한 예로 '비행기 예약'을 들어 보자. 서울에서 제주도로 가는 비행기를 검색한다고 가정하겠다. 이런 처리는 대부분 '트리(tree, 검색용 구조)'라는 알고리즘을 사용하고 있다. 표시는 요금이 싼 순서부터 '소트(sort, 정렬 구조)'하는 것이 일반적이다. 또한, 취소 대기 예약은 일단 '큐(queue, 대기 구조)'에 등록한 후, 이름이나 회원 번호 등을 '배열'이나 '리스트(list, 저장 구조)'에 넣어 둔다(그림 1.6). 이와 같이 우리들의 생활은 IT 알고리즘과 뗄 수 없는 관계에 있다.

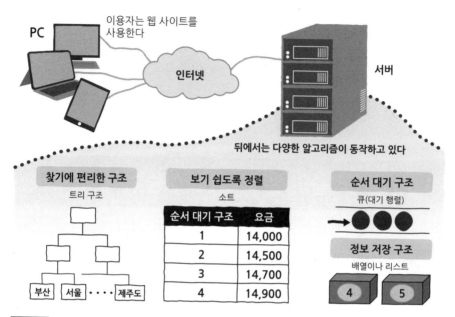

그림 1.6 알고리즘은 일상 생활에서 사용하는 시스템에도 이용되고 있다

1.3.2 성능에 영향을 끼치는 정도

알고리즘의 중요성을 이해했다면, 이제는 알고리즘 차이에 의한 성능 차를 체감해 보도록 하자. 이 책의 전반부에서는 '메가(M)'를 하나의 척도로 사용한다. '메가'는 100만을 표현하는 단위지만, 최근의 시스템에서는 그렇게 큰 단위가 아니다. 알고리즘의 장단점은 100만 개 정도의 데이터를 처리하는 경우를 떠올리면 이해하기 쉽다.

먼저 100만 개 중에서 특정 데이터를 검색하는 경우를 생각해 보자. 하나의 데이터를 보려면 1밀리초[역주1]가 걸린다고 가정한다. 끝에서부터 모든 데이터를 보는 알고리즘이라면, 확률적으로 반 정도를 보면 데이터를 찾을 수 있으므로 50만회×1밀리초로 500초가 걸릴 것이다.

다음은 소트된 데이터를 반씩 확인하는 알고리즘을 생각해 보자. 먼저 100만 개

역주1 1밀리초=1/1,000초

중 가운데를 살펴본다. 이때의 값이 50만이었다고 하자. 찾는 값이 50만보다 작으면 왼쪽 반을, 50만보다 크면 오른쪽 반을 찾는 식으로 처리를 반복한다. 이 방식에서는 한 번 조사할 때마다 검색 대상이 반으로 줄어든다. 처음에는 100만 개였던 조사 대상이 1회 조사 후에는 50만 개가 되고, 다음은 25만 개, 그 다음은 12.5만 개가 된다.

그러면 조사 대상이 한 개가 될 때는 언제일까? 마찬가지로 계산해 보면 알 수 있는데, 약 20회 정도다(그림 1.7). 하나의 데이터를 보기 위해 1밀리초가 걸리니 약 20밀리초가 된다. 500초와 비교하면 순식간이라고 할 수 있다. '끝에서부터 찾는 이런 비효율적인 처리를 할리가 없다'고 생각할 수도 있는데, 컴퓨터에 이런 비효율적인 처리를 시키는 경우가 곧잘 있는데도 사람이 의식하지 못할 뿐이다.

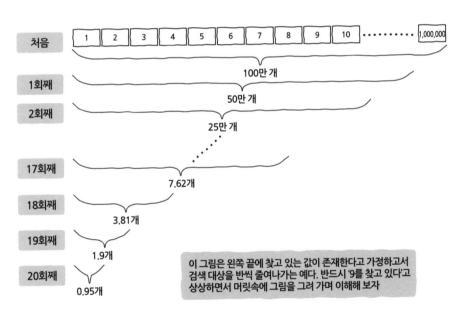

이 그림은 왼쪽 끝에 찾고 있는 값이 존재한다고 가정하고서 검색 대상을 반씩 줄여나가는 예다. 반드시 '9를 찾고 있다'고 상상하면서 머릿속에 그림을 그려 가며 이해해 보자.

그림 1.7 좋은 알고리즘은 처리가 빠르다

■ 자잘한 오버헤드(overhead)는 무시해도 된다

현장에서 프로그램을 개발하는 사람 중에는 '끝에서부터 찾는 방법과 대상을 반씩 좁히는 방법에 속도 차이가 있다는 것은 알지만, 끝에서부터 확인하는 방법이 프로그램을 작성하기가 쉽다'는 사람도 있을 것이다. 끝에서부터 확인하는 방법이 프로그램 작성도 쉽고 처리도 심플하며, 데이터 하나를 확인하기 위한 시간도 짧다. 대상을 반씩 줄여나가는 방법은 자신이 어디까지 확인했는지 기록하거나, 다음은 어디를 검색해야 하는지 계산해야 한다. 이때의 처리 시간은 1.5배가 걸리는 걸까? 아니면 두 배, 혹은 세 배일까? 여기서 알아 두어야 할 것은 '전체적인 관점에서 보면 이런 자잘한 처리는 무시해도 좋을 정도'라는 것이다. 두 배가 돼도 40밀리초고, 세 배가 되도 60밀리초다. 끝에서부터 확인할 때 500밀리초나 걸리는 것을 감안하면 큰 영향을 미치지 못한다는 것을 알 수 있다.

이런 이유로 알고리즘 성능을 비교할 때는 자잘한 오버헤드는 무시해도 좋다. 그러면 우리가 정말로 신경 써야 할 것은 무엇일까? 그것은 데이터 개수가 증가할 때, 어떤 형태로 시간이 늘어나느냐다. 데이터가 한두 개일 때는 아무리 성능이 좋아도 수천~수만 건일 때 성능이 급격히 저하되는 알고리즘이 존재하기 때문이다.

1.3.3 알고리즘을 평가하는 지표

데이터 개수를 n이라는 변수로 표현해서, 'y=n'이라는 직선과 'y=n²'이라는 곡선을 비교해 보자. 순식간에 $y=n^2$ 쪽이 더 커지는 것을 알 수 있다(그림 1.8). 'y=2n'이라는 직선이라고 해도 $y=n^2$에 비교하면 영향도가 작다. 이 '2n의 2는 큰 영향을 주지 못한다'는 것이 앞서 설명한 '자잘한 오버헤드는 무시해도 좋다'와 같은 맥락이다.

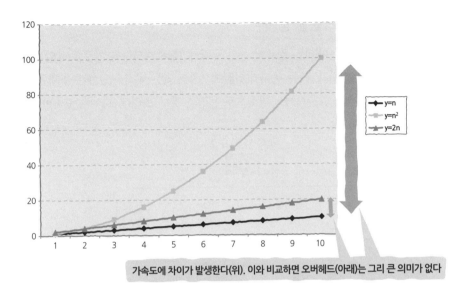

가속도에 차이가 발생한다(위). 이와 비교하면 오버헤드(아래)는 그리 큰 의미가 없다

그림 1.8 데이터 개수와 소요 시간과의 관계①

■ 계산량이란?

컴퓨터는 기본적으로 대량의 데이터를 처리하기 위한 것이다. 이 때문에 데이터가 커지면 성능을 좌우하는 키(열쇠)에 주목한다. 이 키가 '계산량(오더)'이라는 개념이다. 계산량은 앞서 본 $y=n$이나 $y=2n$에서는 'O(n)'이라고 표기하며, '오더 엔'이라 읽기도 한다. O(1)은 데이터 증가에 따른 영향을 받지 않음을 의미한다. 알고리즘으로서 매우 이상적인 값이다.

예를 들어, 최솟값 데이터를 찾는 경우, 데이터가 뿔뿔이 흩어져 있는 상태인 채 끝에서부터 찾는다면, 모든 데이터를 확인해야만 한다. 즉, O(n)이다. 데이터가 순서대로 나열돼 있다면 어떨까? 선두에 있는 값이 최솟값이기 때문에 한 번만 확인하면 된다. 즉, O(1)이다. 데이터 개수가 5개나 10개이며 두 방식의 차이는 밀리초 징도로 거의 같지만, 데이터 개수가 메가(100만)만큼 차이가 나면 어떻게 될까? 결과적으로 약 1,000초 정도 차이가 발생하게 된다.

■ 계산량으로 알고리즘을 평가

다음은 '데이터를 찾는다'라는 컴퓨터 기본 동작에 대해 계산량을 기준으로 알고리즘의 장단점을 생각해 보자. 모든 데이터를 끝에서부터 찾는 방식은 앞에서 소개했다. 이외에도 데이터 검색을 효율화하는 방식으로 유명한 것이 '트리(Tree)'다(그림 1.9).

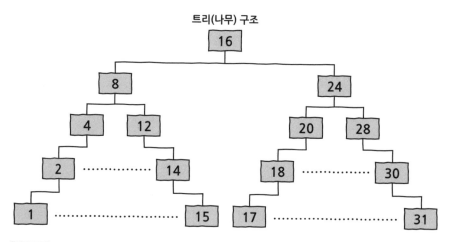

그림 1.9 트리(나무) 구조

트리의 뿌리(root)에 기준이 되는 값을 하나 두고 그것보다 큰 데이터는 오른쪽, 작은 데이터는 왼쪽 형식으로 분류한다. 분류한 데이터를 다시 동일한 방법으로 분류해 나간다. 이렇게 반복하다 보면 나무(트리) 모양의 구조가 만들어진다. 나무 뿌리부터 시작해서 목적 데이터에 도달하기까지 대상 데이터를 반씩 줄여나가는 방식이다. 이 방식의 계산량은 'O(logn)'이 된다. logn은 n을 2로 몇 번 나누어야 1이 되는지를 의미한다. 대략적으로는 O(1)과 O(n) 사이에 위치하며, 수가 커져도 늘어나는 시간은 매우 적다(그림 1.10).

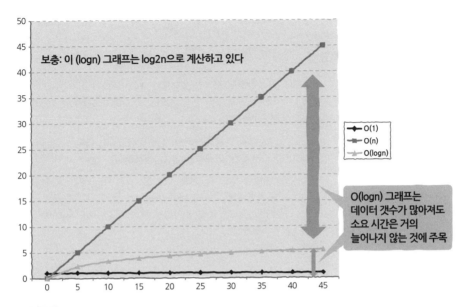

보충: 이 (logn) 그래프는 log2n으로 계산하고 있다

O(logn) 그래프는
데이터 갯수가 많아져도
소요 시간은 거의
늘어나지 않는 것에 주목

그림 1.10 데이터 갯수와 소요 시간과의 관계②

이 책이 다루는 범위에서는 O(1)과 O(n), O(logn) 정도만 기억해 두면 충분하다. 데이터 건수가 작을 때는 O(n)이 O(1)보다 좋은 성능을 보일 때도 있지만, 데이터 건수가 많아지면 O(1)이 반드시 이긴다. 알고리즘의 좋고 나쁨은 이렇게 데이터 건수가 많은 경우를 고려해야만 한다.

단, 이것은 이상적인 세계에서의 성능 이야기일 뿐이다. 이것만으로는 실무에 적용하기 어렵기 때문에 3장 이후에 현실 세계의 성능에 대해 설명하도록 하겠다.

정보 과학 학습의 중요성

알고리즘과 계산량이라는 관점에서 정보 과학의 일부를 설명했다. 저자(오다 케이지)는 대학에서 정보과학을 전공했다. 당시에는 '여기서 배우는 것을 실무에 적용하기 어렵다'고 생각했지만, 지금 와서 생각해 보면 잘못된 생각이었다.

정보 과학은 모든 IT 엔지니어가 반드시 배워야 할 내용이라 생각한다. 정보 과학은 컴퓨터의 본질이고, 응용력 있는 엔지니어가 되기 위해 피해서는 안 될 내용이다.

예를 들어, '섀넌의 정보 이론'이라는 내용이 있는데, '정보란 무엇인가?' '어느 정도 압축할수 있는가' '컴퓨터 내부에서 데이터는 어떤 형태로 표현해야 하는가?' 등, 컴퓨터의 본질적인 부분에 대해 가르쳐 주고 이런 문제들에 대해 생각할 기회를 준다. 또한, 이미지 데이터 압축이나 암호화에 대해서도 생각할 수 있다.

여러분들도 정보 과학에 대해 꼭 한번 공부해 볼 것을 권한다. 예를 들어, 정보처리(산업)기사에서 다루는 내용은 배울 가치가 충분하다. 가르치는 입장이 되고 나니 더욱더 필요한 지식이라 생각된다. 교육 기관에서 컴퓨터를 배우지 않은 사람은 정보처리(산업)기사 내용을한 번이라도 공부해서 가능하면 시험도 응시해 보도록 하자. 분명 기본을 다질 수 있는 기회가 될 것이다. 그리고 그 기본이 나중에 실무에도 응용할 수 있는 큰 무기가 되어 줄 것이다.

1.4 | 응답과 처리량

성능에 대해 고려할 때 중요한 다른 한 가지는 '응답(Response)'과 '처리량(Throughput)'이다. 응답이란 요청에 얼마나 빠르게 반응할 수 있는지를 의미하고, 처리량은 처리할 수 있는 양이 많은지를 의미한다. 초보자의 경우 이 둘을 혼동하는 경우가 있는데, 분명히 구분 지을 수 있도록 하자.

응답은 짐을 거의 운반하지는 않지만, 그 속도는 무척 빠른 F1 자동차의 속도에 비유할 수 있다. 반면, 처리량은 속도는 느리지만 짐을 많이 운반할 수 있는 덤프 트럭과도 같다고 할 수 있다. 결과적으로는 양쪽 모두 도움이 된다.

그런데 응답은 좋지 않지만 처리량은 좋은 경우가 있다. 과연 어떤 경우일까? 예를 들어, 동시에 처리할 수 있는 건수를 늘린 경우다. 한 건당 처리 시간은 빠르지 않지만, 특정 시간 내에 처리할 수 있는 건수가 늘어나는 것이다(그림 1.11). 이것도 성능 향상이라 볼 수는 있다. 그러나 이것을 잘못 이해하면, '장비를 증설했는데도 성능이 오르지 않는다'라는 실수를 저지를 수 있다. 응답에 문제가 있음에도 불구하고 CPU 코어 수를 늘린 것이다. 이래서야 효과를 얻을 수 있을까? 그렇지 않다. 그저 CPU 코어 수만 늘었을 뿐이다. 이런 이유로 원인이 응답인지 처리량인지를 항상 확인하는 습관을 가져야 한다.

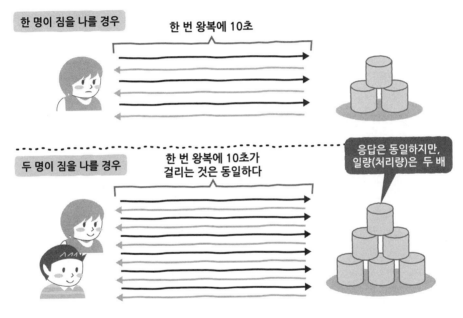

그림 1.11 응답과 처리량의 관계

세상에는 응답 중심 시스템과 처리량 중심 시스템이 있다. 응답 중심은 만능이다. 응답이 빠르면 보통은 처리량도 올라가기 때문이다. 하지만 CPU 클록(clock)이나 디스크 I/O 속도에도 한계가 있으므로, 그 이상의 속도를 내기란 물리적으로 불가능하다. 하드웨어로서 성능을 향상시키기에는 제한이 있는 것이다. 이때 등장하는 것이 처리량 중심 시스템이다. 특히, 많은 사람이 동시에 사용하는 시스템에서 이 방식을 채택한다. 인터넷상의 인기 사이트는 접속이 몰려도 응답 속도가 떨어지지 않도록 설계돼 있다. 이처럼 동시에 대량 처리를 하는 시스템을 '처리량 중심 시스템'이라고 한다.

개인이 사용하는 PC와 대형 서버 장비를 비교해 보면 CPU 클럭 수는 그다지 차이가 나지 않지만, 가격은 수십 배에서 수백 배 정도 차이가 난다. 이 가격 차이는 처리를 동시에 실행할 수 있는 규모에서 발생한다. 서버 장비는 CPU를 여러 개 이용해서 동시에 처리할 수 있고 메모리양도 크다. 또한, 버스(bus)라는 데이터 통과 경로를 이용해서 다수의 처리를 동시에, 고성능으로 처리할 수 있으며 I/O 성능도 빠르다.

성능을 고려할 때는 응답 중심인지 처리량 중심인지를 항상 생각하도록 하자.

> **Column**
>
> ### 인프라 엔지니어가 프로그래밍을 배워야 하는 이유
>
> 이 책에서는 알고리즘에 대해 설명하고 있지만, 이를 실제로 체득할 수 있는 것은 역시 프로그래밍이다. 그러므로 인프라 엔지니어도 프로그래밍을 한번 경험해 보는 것이 좋다. 저자는 대학 시절에 프로그래밍 아르바이트를 했었는데, 그때 경험한 것이 인프라 엔지니어로 일하고 있는 지금까지도 많은 도움이 되고 있다. 가르치는 입장에서 보면 경험이 전혀 없는 상태에서 인프라 엔지니어를 업무를 맡게 되는 경우, 가장 고생하게 되는 것이 바로 이 프로그래밍이다. 프로그래밍 경험이 없으면 전체적인 구조가 보이지 않아서 응용이 불가능하므로, 결국 전체적으로 다 암기해 버리고 만다.
>
> 애플리케이션 엔지니어가 인프라 엔지니어가 되면 처음에는 마찬가지로 고생을 하겠지만, 알고리즘을 알고 있기에 장기적으로 봤을 때는 성장 가능성이 더 높다. 가능한 한 애플리케이션 엔지니어와 인프라 엔지니어 양쪽 모두를 경험해 보도록 하자.

1.5 | 알고리즘의 구체적인 예

1.5.1 배열과 루프 처리

주요 알고리즘을 소개하고 각각의 장단점에 대해 알아보도록 하겠다. 먼저 '배열'과 '루프' 처리에 대해 설명하겠다[주1]. 배열은 상자가 일정 수만큼 나열돼 있는 것이다. '첨자(index)'라고 하는 것으로, 몇 번째인지 지정하면 해당 상자에 접근할 수 있다. 또한 어디까지 데이터를 넣었는지, 어디까지 처리가 끝났는지 등을 기록하기 위해 첨자를 이용하기도 한다(그림 1.12). 처리를 연이어 하는 경우, 기록해 둔 상자부터 처리하면 되기에 순차 처리를 효율적으로 할 수 있다.

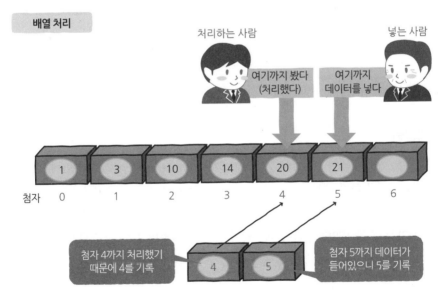

그림 1.12 '배열' 처리

주1 '배열은 데이터 구조다'라고 반박하는 독자도 있을 것이다. 여기서는 데이터 구조로부터 파생되는 알고리즘의 특성을 설명하기 위한 것이니 양해 바란다.

 루프 구조와 배열이 함께 사용되는 경우를 살펴보자. 프로그램을 우리말로 작성해 보면 그림 1.13과 같은 형태가 된다.

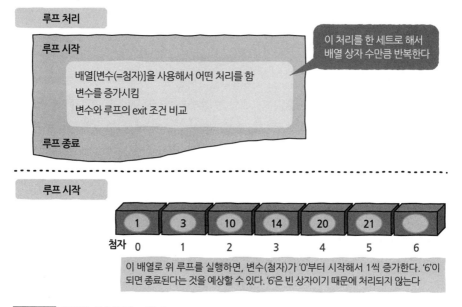

그림 1.13 배열을 사용한 루프 처리

■ 계산량

 계산량은 어떻게 될까? O(1)일까? O(n)일까? O(logn)일까? 처리 수가 n개 있으면 n회 반복 처리를 하기 때문에 'O(n)'이 정답이다. 실제 숫자를 이용해서 확인해 보자. 100만 개를 처리한다고 가정하여 각 처리가 1나노초 걸린다고 하면, 처리를 세 번하는 경우 3나노초를 100만번 반복하는 셈이 된다. 계산하면 3초고 1,000만 개가 되면 30초다. n이 10이 되면 시간도 열 배가 된다. 그러므로 O(n)이라는 것을 알 수 있다.

■ 장점

 배열의 장점 중 하나는 반복 처리와 궁합이 좋다는 것이다. 반복하면서 배열을 하나씩 옮겨 가는 처리 방법은 구현하기가 쉽다.

또한, 배열은 이해하기 쉬워서 초보자가 학습 초반에 배우는 구조이기도 하다. 게다가 순서대로 데이터를 저장하거나 찾는 것이 용이하여 컴퓨터 메모리 자체가 배열을 쉽게 만들 수 있도록 만들어져 있다. 때문에 일시적으로 메모리상에서 처리해야 하는 경우 자주 사용된다.

■ 단점

단점은 배열 길이를 미리 알 수 없기 때문에 영역이 낭비되거나, 부족할 수 있다. 또한, 배열 중간에 데이터를 삽입하는 것이 번거롭다. 배열은 상자가 서로 붙어서 나열돼 있는 형태로, 데이터를 도중에 삽입하려면 뒤로 하나씩 옮겨야 한다.

이 때문에 장기적으로 데이터가 증가하거나, 데이터가 빈번히 변경되는 경우에는 다소 고민이 필요하다.

■ 개선 또는 변형

'배열의 배열역주2'이라는 형태도 있다. 예를 들어, C 언어 등에서는 이 배열의 배열을 이용해서 문자열을 저장한다. 이 경우, 배열 일부에 주소를 저장한다(그림 1.14).

또한, 어디까지 데이터가 들어 있는지를 기록하는 변수를 별도 준비해서 데이터 추가가 곧바로 이루어지게 할 수 있다. 이번 장 서두에서 소개했었던 저자가 직접 경험한 사례가 바로 이 방법이다.

역주2 배열을 중복해서 사용하는 경우에는 다차원 배열이라고 한다. 두 개의 배열이 중복됐을 때는 2차원 배열, 세 개의 배열이 중복됐을 때는 3차원 배열이라고 부른다.

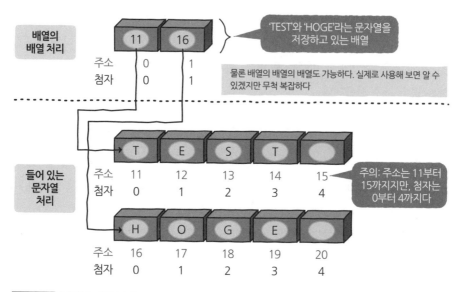

그림 1.14 '배열의 배열' 처리

1.5.2 리스트와 루프 처리

여기서 말하는 '리스트'란, '위에서부터 아래로 표시하는 목록'이 아니다. 알고리즘 세계에서는 '리스트 구조'라고 불리며, 체인과 같은 구조를 가리킨다. 길게 늘어선 구조로, 배열처럼 순서대로 나열할 수 있다. 차이점은 배열에서는 상자가 연결돼 있어서 서로 분리할 수 없는 반면, 리스트 구조는 줄 같은 것으로 연결돼 있다는 점이다(그림 1.15).

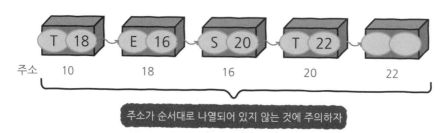

그림 1.15 리스트 구조 처리

■ 계산량

계산량은 어떻게 될까? 데이터가 열 배가 되면 열 배를 처리해야 한다. 즉, 계산량은 'O(n)'이다. 실제 프로그래밍을 생각하면 상자 내부에 있는 값을 확인한 후, 다음 값이 어디 있는지 조사하기 때문에 다음 상자에 접근하기 위한 처리가 늘어난다. 하지만 이 처리로 인한 영향은 거의 없다.

■ 장점

리스트의 장점은 유연성이다. 뒤에서부터 데이터를 넣고 싶으면, 데이터를 삽입한 후 상자를 연결하기만 하면 된다(그림 1.16). 배열처럼 값을 모두 이동할 필요도 없으며, 뒤에서부터 상자를 추가하는 것도 쉽다. 이런 이유로 자주 변경되는 데이터에서는 리스트를 자주 사용한다.

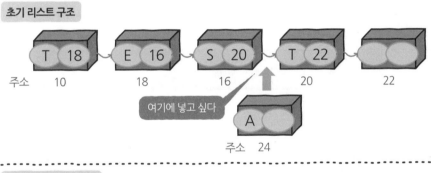

그림 1.16 리스트 구조의 유연성

■ 단점

장점을 생각하면 어떤 경우에든 배열이 아닌 리스트를 사용하는 것이 좋아 보인다. 하지만 그렇게 간단한 문제가 아니다.

'주소를 알면 바로 접근할 수 있다'라는 장점을 활용할 수 없는 경우가 있다. 예를 들어, 네 개 앞에 있는 상자를 보고 싶을 때다. 이 경우 배열이라면 '네 개 앞'이라고 지정하면 되지만, 리스트는 불가능하다(그림 1.17).

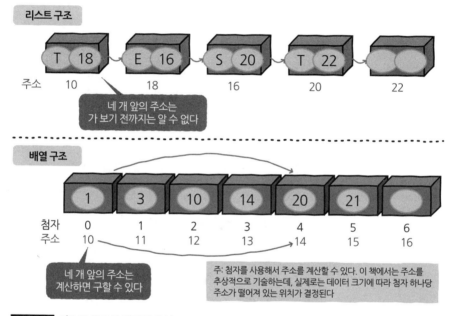

그림 1.17 리스트 구조와 배열의 차이

■ 개선 또는 변형

역방향, 순방향 이동이 가능한 '양방향 리스트'라는 것이 있다.

1.5.3 트리와 검색

나무를 거꾸로 세워둔 것 같은 형태가 '트리'라 불리는 데이터 구조다. 성능의 대부분은 '해당 데이터를 검색하는 것'과 연관이 있는데, 이를 위해 만들어졌다고 할 수 있는 것이 바로 트리 구조다. 또한, 데이터가 증가해도 계층 자체는 깊어지지 않는 것이 핵심이다(그림 1.18). 하나의 접점이나 종점을 '노드'라고 부르며, 데이터는 순서대로 나열된다.

1,000개의 데이터와 100만 개의 데이터를 트리로 표현해서 높이를 비교해 보자. '높이'는 계층을 의미한다. 몇 번을 거쳐야 목적 데이터에 이를 수 있는지를 나타낸다. 1,000개라면 32회고, 100만 개라면 약 1,000회가 된다. 데이터가 1,000배가 되면, 높이는 약 열 배가 되는 것이다.

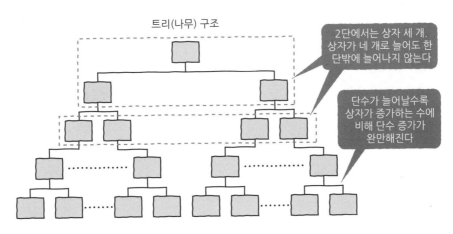

그림 1.18 트리 구조의 특성

■ 계산량

두 개씩 나누어지기 때문에 처리할 수 있는 데이터는 배로 증가한다. 즉, 2의 x승이다. 반대로 계산량 증가는 줄어들어 2의 x승의 역이 되며, 결국 x=log2n이 된다. 옛날에 수학 시간에 배운 대수다.

이 대수 그래프를 생각해 보면, 데이터양이 증가할수록 그래프도 완만히 증가하는 형태라는 것을 알 수 있다. 이것이 트리의 특성으로, 데이터가 늘어날수록 배열이나 리스트의 O(n)보다 빠르게 처리할 수 있다(그림 1.19).

100만 개 데이터를 배열과 트리로 검색해서 비교해 보자. 상자 한 개의 데이터 참조에 1밀리초가 걸린다고 하면, 배열에서는 100만 개에 1,000초가 걸린다. 트리에서는 1,000단에 1초다. 차이가 큰 것을 알 수 있다.

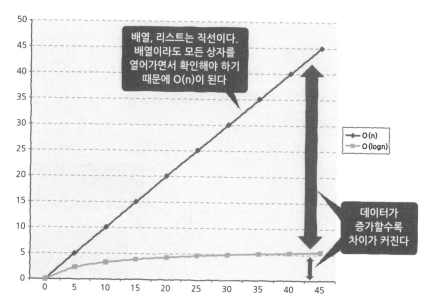

그림 1.19 배열, 리스트, 트리 비교

■ 장점

트리에서는 관계없는 데이터를 보지 않고도 처리가 가능하다는 것이 장점이다. 예를 들어 트리에서 오른쪽을 선택한 경우, 왼쪽은 보지 않아도 된다. 마찬가지로 진행할수록 대상 범위도 줄어든다. 100부터 1,000이라는 범위를 검색한다고 해도, 트리 일부분만 검색하면 된다.

■ 단점

첫 번째는 데이터 갱신에 약하다는 점이다. 데이터가 순서대로 나열돼 있어 갱신 시에는 데이터를 삭제하고 새로운 위치에 데이터를 추가하는 처리가 발생한다. 또한, 데이터를 삭제한 위치는 채우지 않고 빈 상태로 둔다. 이것이 반복되면 빈 공간이 늘어나서 성능이 악화될 수 있다.

두 번째는 같은 데이터만 계속 들어오면 한쪽 가지만 늘어난다는 점이다. 이렇게 되면 검색 성능이 악화된다(그림 1.20 왼쪽). 또한, 좌우 균형이 무너진 경우 이를 고치기 위해서는 복잡한 작업이 필요해진다. 왼쪽에 데이터가 치우쳐 있다면 왼쪽에 있는 데이터 일부를 오른쪽으로 옮겨야 한다(그림 1.20 오른쪽). 흔히 'DB 인덱스가 조각나 있어서 재구성이 필요하다'라고 하는데, 바로 이런 현상이 발생했기 때문이다.

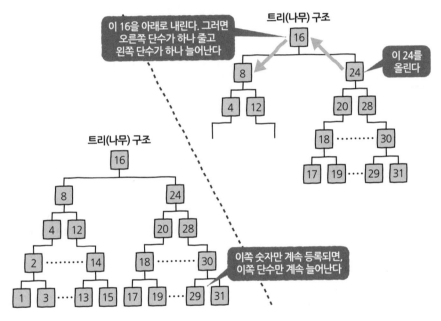

그림 1.20 트리 구조의 약점

■ 개선 또는 변형

지금까지 설명한 트리를 '2분 트리'라고 하며, 'n분 트리'도 있다. n분 트리에서는 높이가 더 낮아지기 때문에 효율적이다. 예를 들어, 16분 트리라면 높이가 5면 된다. 16의 5승은 1,048,576이다. 메모리상에서 처리할 수 있다면 2분 트리도 유용하지만, 디스크에 저장된 데이터를 호출하려면 호출 횟수를 줄일 수 있는 n분 트리가 유리하다.

제품에 따라서는 'B 트리'라는 것을 이용하는 경우도 많다. B 트리란, 가지의 균형을 가능한 유지하는 다분기 트리다. 'B+트리'는 B 트리를 변형한 것으로, 트리의 끝에 달린 리프(Leaf, 나뭇잎) 노드라는 노드에만 값을 저장하는 방식이다.

또한 'B*트리'라는 표기를 자주 접할 텐데, 이것은 리프를 리스트 구조로 엮은 것이다(그림 1.21). 이 B+트리나 B*트리는 DB나 파일 시스템에서 자주 접하게 되니 반드시 기억해 두도록 하자.

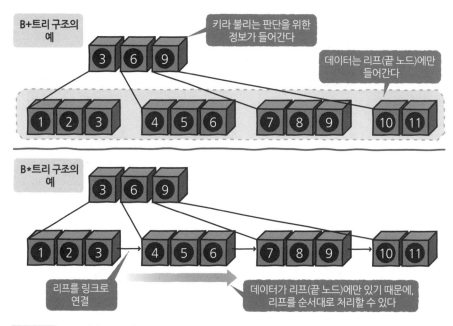

그림 1.21 B+트리와 B*트리

1.5.4 해시 알고리즘

저자가 대학에서 배웠을 때 충격을 받았던 알고리즘으로, 한 번의 계산만으로 데이터를 찾아 낼 수 있는 특성을 가졌다. 당시에 '나는 이런 발상을 할 수 없어'라고 생각했을 정도다. 먼저, 데이터 수와 같거나 그보다 큰 배열을 준비한다. 그리고 각 데이터에 대해 '해시(Hash)'라 불리는 계산을 해서 데이터를 저장할 위치(배열의 첨자)를 결정한다(그림 1.22).

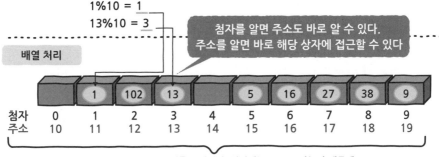

그림 1.22 해시 계산 원리

　가장 알기 쉬운 해시 계산은 나머지 계산이다. 데이터 수가 8개(1, 5, 9, 13, 16, 27, 38, 102) 있다고 하자. 먼저 10개의 상자로 구성된 배열을 준비한 후, 데이터를 나눗셈해서 그 결과를 첨자로 사용한다. 예를 들어, 1 나누기 10의 나머지는 1이고, 13 나누기 10의 나머지는 3이다. 이렇게 계산하면 0부터 9까지의 첨자가 결정된다. 이 첨자가 가리키는 위치에 데이터를 저장하는 것이다.

　102를 찾아보자. 배열 처음부터 찾을 필요 없이 나눗셈을 계산하면 된다. 102를 10으로 나누면 2라는 결과가 나온다. 주소를 알면 순식간에 접근할 수 있다는 컴퓨터 특성상 곧바로 102에 접근할 수 있다.

■ 계산량

　데이터가 상자에 들어 있다고 하자. 계산량은 어떻게 될까? 해시 값만 구하는 것이라면 데이터 수는 상관이 없다. 즉, O(1)이다. 아무리 데이터가 늘어나도 순식간에 찾을 수 있다. 가히 꿈의 알고리즘이라 할 만하다.

■ 장점

　말할 것도 없이 데이터가 아무리 늘어나도 검색 시간에는 변화가 없다는 점이다.

또한, 해시 함수에는 치우침을 제거하는 효과가 있다. 앞선 예에서 말하자면, 한 자리 수와 10단위 수에 값이 집중되고 102의 앞과 뒤는 비어 있다. 하지만 해시 함수로 계산한 후에는 이런 빈 공간이 생기지 않는다.

■ 단점

'치우침을 제거한다'고 말했으나 동일 데이터에 대해서는 무력한데, 이는 동일 해시가 되기 때문이다. 또한, 다른 데이터지만 해시 값이 같아지는 경우도 있는데, 예를 들어 18과 28을 10으로 나누면 나머지는 8이 된다. 이와 같이 동일한 해시 값이되는 것을 '충돌(Collision)'이라 한다. 이런 경우는 어떻게 대처하면 좋을까?

첫 번째 방법은 리스트 구조로 연결하는 것이다(그림 1.23). 또 다른 방법은 '리해시(Rehash)'라는 것으로, 해시를 재계산해서 다른 위치에 저장하는 방법이다.

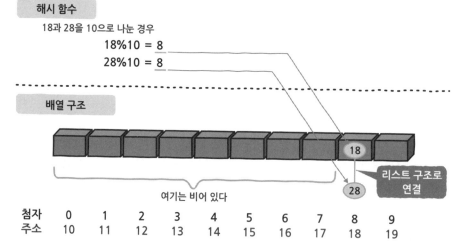

그림 1.23 충돌 대응 - 리스트 구조로 연결하여 해결하기

데이터가 치우치는 현상에 주의해야 한다. 어떤 테스트에서 해시 성능이 나빠 원인을 조사해 본 적이 있었는데, 11, 21, 31, 41과 같이 규칙성을 가진 데이터가 존재하여 나머지 값이 같아지는 현상이 발생하고 있었다. 이렇듯 테스트 데이터는 상용환경과 달리 규칙성을 가지기 쉬우므로 주의하자.

또한 저자가 숨은 단점이라고 생각하는 것이 있는데, 바로 해시를 계산해서 배열에 데이터를 저장하는 작업이 오래 걸린다는 점이다(O(n)이다). 검색하기 전에 이 작업만으로도 시간이 꽤 걸리므로 만능 알고리즘이라 보기는 힘들다.

■ 개선 또는 변형

문자열의 해시 계산은 어떻게 할까? 알파벳도 숫자로 바꿀 수 있다. 예를 들어, 컴퓨터에서는 '문자 코드'라는 숫자를 사용해서 문자를 표시하므로, 문자열의 문자 코드 숫자를 전부 더해서 나머지 계산을 하는 방법이 가능할 수도 있다.

1.5.5 큐

'큐(Queue)'는 파이프 안에 공을 하나씩 넣으면 반대쪽 입구에서 하나씩 나오는 처리를 떠올리면 된다(그림 1.24). 순서대로 처리해야 하는 작업에 적합하다. 계산대에서 순서를 기다리거나 은행에서 순서를 기다리는 것도 큐다. 사람의 감성에도 잘 어울린다고 할 수 있다.

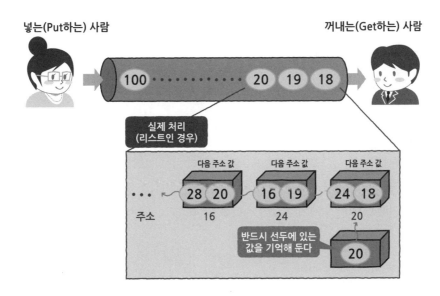

그림 1.24 큐 처리

잘 느끼지 못할 수도 있는데, 이 큐는 시스템 내부의 다양한 곳에 사용되고 있다.
그림 1.25에서는 큐가 사용되는 곳을 표시하고 있다.

먼저 넣은 것을 먼저 처리하는 형식을 'FIFO(First In First Out)'라 한다.

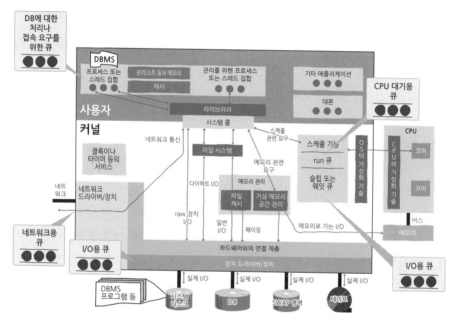

그림 1.25 다양한 곳에 큐가 사용된다

■ 계산량

각 처리는 보통 O(1)다. 선두 데이터의 위치를 기록해 두면 곧바로 처리할 수 있다.

참고로 큐에서 성능 문제가 발생하면 스캔(전부 확인)이 발생하고 있는 경우가 많은
데, 주로 큐를 청소하거나 넣은 순서와 다른 순서로 데이터를 꺼냈을 때 이런 문제가
발생한다. 이때는 O(n)이 돼서 성능이 저하될 수 있다.

■ 장점

대량의 처리가 발생해도, 어쨌든 큐에 넣어 두면 순서를 기다리는 대기 상태로 유
지할 수 있다. 인기 있는 인터넷 사이트에 접속하면 '잠시 기다리세요'라는 화면이 뜨

는 경우가 있다. 이 경우는 어떤 처리가 큐에 저장돼 있어서, 그것이 끝난 후에야 처리가 진행되는 것이다.

또한, 큐를 연계 포인트로 사용해서 쿠션으로 이용할 수도 있다. 저자는 이것을 '트랜잭션을 자른다'라고 표현한다(그림 1.26). 불안정한 시스템이나 인터넷의 프론트엔드에서 유용하다.

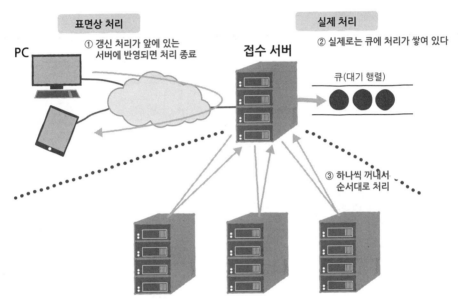

그림 1.26 큐에 쌓아둠으로써 처리를 분리한다

이렇게 하면 이용자의 대기 시간이 짧아진다. 또한, 일시적인 처리가 다수 발생하더라도 안정적으로 처리할 수 있다. 단 실시간 처리에는 적합하지 않다는 점과, 처리 결과를 확인하기 위해서 별도로 접근할 필요가 있다는 것에 주의해야 한다.

■ 단점

큐는 무한대가 아니므로 넘칠 수가 있는데, 이때 의뢰자는 처리가 완료됐는지, 아니면 실패했는지를 알 수 없다. '응답이 늦어지고 있습니다. 잠시 후에 다시 시도해 주십시오'라고 표시되는 것을 본 적이 있을 것이다. 이것은 큐가 넘쳤을 때도 볼 수 있다.

　또한 그냥 큐에 넣어 두기만 하면 되는 것이 아니며, 시간이 많이 흐른 요청 작업은 그 의미를 잃어버릴 수 있다. 의미가 없어진 요청을 쌓아 두기보다는 에러 처리를 하는 편이 시스템 전반적으로 안정성을 유지할 수 있는 방법이다(그림 1.27). 이 문제는 4장 '대역 제한'에서 설명하겠다.

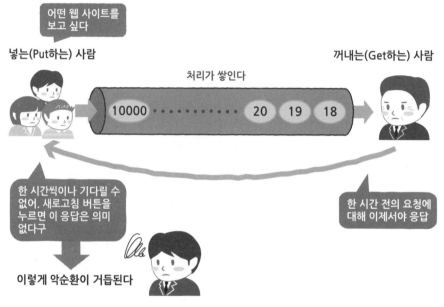

그림 1.27 너무 많이 쌓아 두면 좋지 않다

■ 개선이나 변형

　큐 구현은 리스트 구조뿐만 아니라 배열 링(가장 마지막에 도착한 것이 선두가 됨)을 이용하는 경우가 많다(그림 1.28).

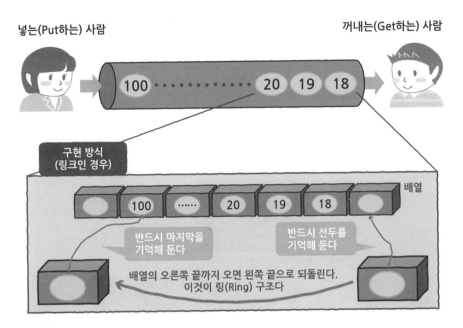

그림 1.28 큐 구현 방식(배열 링)

큐 데이터는 DB나 파일에 저장하는 경우도 있으며(특히, 데이터가 없어져서 곤란한 경우에는 DB에 저장한다), 전체적으로 보면 서버나 시스템 자체가 큐가 되는 경우도 있다. 예를 들어, 증권 시장 등에서는 증권 회사의 요청을 받아서 일정 규칙에 따라 선착순으로 처리한다. 이런 의미에서는 큰 큐 시스템이라 할 수 있다.

배열이나 리스트로 큐를 구현한 경우, 데이터가 늘어나면 검색 시간도 늘어난다. 이 때문에 큐 구조에 트리 구조를 적용해서 데이터 검색 속도를 높이는 경우도 있다.

1.5.6 스택

큐가 파이프에 공을 넣는 형태라면, 스택은 서류나 책을 아래서부터 위로 쌓아 가는 형태고, 처리는 그 반대 순서로 위에서부터 하는 방식이다. 즉, 새로운 것을 우선시하는 방법이다. 예를 들어, 프로그램을 작성할 때 함수 A가 함수 B를 호출하고, 함수 B가 함수 C를 호출하는 식으로 처리가 연결되는 경우가 있다. 이 경우 함수 A 위에 함수 B가 올라가고 다시 그 위에 함수 C가 올라가는 형태가 된다(그림 1.29).

이처럼 먼저 넣은 것을 나중에 처리하는 방식을 'FILO(First In Last Out)'라고 한다.

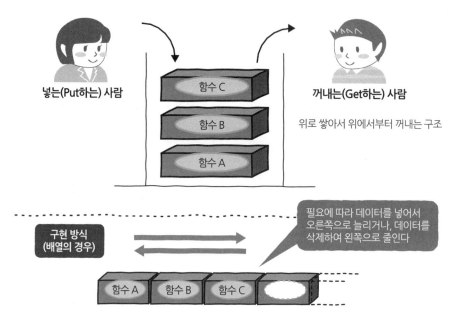

그림 1.29 스택 처리

■ 장점

필요한 만큼만 공간을 사용하고 공간이 단편화역주3되지 않는 것이 장점이다. 처리가 끝나면 해당 영역이 비기 때문에 연속된 빈 공간이 된다. 다음 요청이 들어오면 이 빈 공간에 두면 된다(그림 1.30).

OS가 프로그램을 실행할 때에도 이 구조를 사용한다. 이 때문에 메모리 영역을 낭비하지 않고 여러 함수를 호출해서 처리할 수 있다. 이것은 큐로는 구현하기 어렵다.

역주3 단편화란, 데이터가 특정 공간으로 치우쳐서 저장되어 있는 상태를 가리킨다.

■ 계산량

1회 처리에 보통 O(1)이 된다.

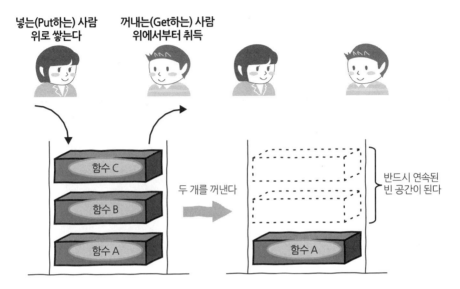

그림 1.30 스택은 단편화가 발생하기 어렵다

■ 단점

FILO를 적용할 수 있는 곳이 많지 않으며, 제일 처음에 넣은 데이터가 마지막까지 방치되는 것이 단점이다. 그러나 FIFO 자체를 전제로 해서 채용하는 경우가 대부분이라 이러한 단점으로 인해 문제가 발생하는 일은 드물다.

■ 개선 또는 변형

OS상에서 볼 수 있는 프로세스 스택 추적이나 자바(Java) VM의 스레드 덤프에서 나오는 스택 추적은 이 스택 내용을 파악해서 출력하는 것이다. 즉, 특정 함수가 어떤 함수를 호출하는지를 스택 그대로 보여 준다.

1.5.7 소트(퀵 소트)

'소트(Sort)'는 데이터를 정렬하는 처리다. 데이터를 하나씩 꺼내서 해당하는 링크 위치에 넣는(삽입 소트) 처리를 생각하면 된다(그림 1.31).

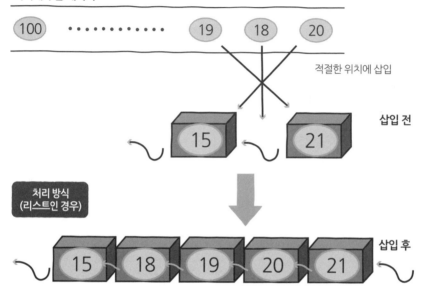

처리해야 할 데이터

적절한 위치에 삽입

삽입 전

처리 방식 (리스트인 경우)

삽입 후

그림 1.31 삽입 소트 처리

여기서는 소트 중에서도 성능이 좋은 '퀵(Quick) 소트'를 소개하겠다(그림 1.32). 1부터 20까지 데이터가 배열에 들어 있다고 하자. 그중 가운데 숫자를 선택한다. 이 숫자는 10이다. 배열 왼쪽에는 10보다 작은 숫자, 오른쪽은 큰 숫자가 오도록 재배열한다. 다음은 왼쪽에 있는 숫자들에 대해 동일한 처리를 반복한다. 이렇게 하면 숫자가 깔끔하게 정렬된다. 오른쪽도 동일하게 처리하면 정렬이 완료된다. 퀵 소트는 트리 구조를 위에서부터 만들어가는 형태다.

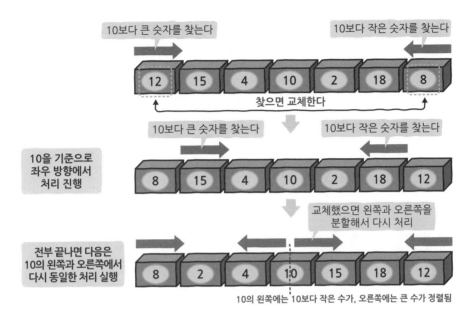

그림 1.32 퀵 소트

■ 계산량

퀵 소트 계산량은 평균적으로 'O(nlogn)'이 된다[주2].

■ 장점

전반적인 소트의 장점으로 데이터 검색 속도가 향상된다는 점을 들 수 있다. 또한, 소트를 통해 데이터 중복 상태도 파악할 수 있다.

■ 단점

단점으로는 소트 자체에 시간이 걸린다는 점이다. 소트는 1회 김색과 비교해서 시간이 더 걸린다. 데이터를 여러 번 검색할 필요가 있다면 의미가 있지만, 일회성 검색이라면 소트의 이점이 그리 크지 않다.

주2 예외 등을 생각하면 'O(n2)'다. 설명이 길어지므로 계산량을 구하는 방법이나 예외에 대한 설명은 생략하겠다.

참고로 시간이 걸리는 것을 '코스트(cost)가 걸린다'고 표현하는 경우가 있다.

■ 개선 또는 변형

소트에는 다양한 종류가 있다. 자주 사용하는 것 중에는 '소트 병합'(소트된 데이터를 서로 병합해서 더 큰 소트 데이터를 만드는 방법) 등이 있다.

1.5.8 캐시①(라이트 백)

'캐시'(Cache) 자체는 알고리즘이 아니지만, 성능에 있어 매우 중요한 기술이기 때문에 여기서 소개하겠다. 캐시라는 것은 '몰래 놓아둔다'는 의미다. 컴퓨터에서는 성능 향상을 목적으로 사용되는데, 성능 목적이기 때문에 배치 위치보단 빠른 속도가 중요시된다. 예를 들면 CPU도 캐시를 가지고 있는데, 이것은 메인 메모리나 디스크와 데이터를 교환하면 시간이 걸리기에 자주 사용하는 데이터를 가까운 곳에 두어 효율적으로 활용하기 위해서다(그림 1.33).

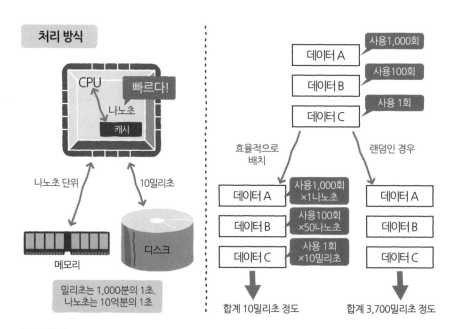

그림 1.33 캐시 구조

'라이트 백(write back)'이라는 캐시 방식은 데이터 갱신 방법이다. 데이터를 갱신할 때, 정식 데이터는 갱신하지 않고 캐시 데이터만 갱신했다가 나중에 정식 데이터를 갱신하는 방법이다(그림 1.34).

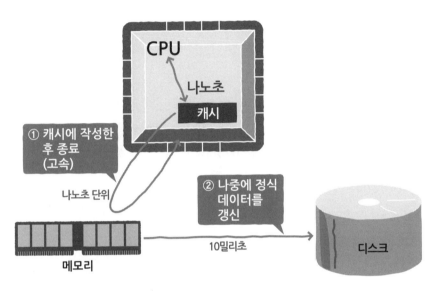

그림 1.34 라이트 백 동작

■ 장점

정식 데이터의 위치는 멀리 떨어져 있어서 처리 속도가 느리다는 특징이 있다. 라이트 백은 정식 데이터 기록을 기다리지 않기 때문에 속도가 빠르다. 물론, 읽기 처리 캐시를 이용하면 빠르게 처리된다.

■ 단점

캐시 데이터가 망가지면 정식 데이터가 오래된 데이터를 보유하고 있을 경우, 불일치가 발생할 수 있다. 정식 데이터도 항상 최신 상태로 유지하고 싶다면 뒤에서 설명할 라이트 스루를 사용하면 된다.

■ 개선 또는 변형

무슨 일이 있더라도 데이터가 소멸되지 않는 캐시가 존재한다. '비휘발'이나 '배터리 백업' 등의 용어가 사용된 캐시는 예상치 못한 정전이나 장비 고장 시에도 데이터가 소멸되지 않는다. 물론, 이런 기능을 가지고 있는 캐시는 가격이 비싸다.

1.5.9 캐시②(라이트 스루)

정식 데이터도 반드시 갱신해야 하는 경우가 있다. 이 때는 '라이트 스루(write through)'라는 방식을 이용한다. 시간은 걸리지만 데이터를 확실하게 갱신할 수 있는 방법이다. 예를 들어, 사라지면 곤란한 데이터라서 디스크에 확실히 저장해 두어야 하는 경우 등이다.

■ 장점

캐시에 데이터가 있으면 읽기 처리가 빠르고, 쓰기 처리도 보장된다.

■ 단점

정식 데이터에 기록하기까지 시간이 걸리기 때문에 응답이 늦어질 수 있다.

■ 개선 또는 변형

OS상에서 무언가를 기록한 경우, 반드시 라이트 스루 상태라고 할 수는 없다. 캐시에 임시로 기록해 두었다가 나중에 정식 데이터에 반영하는 경우도 있으며, 이것이 OS 정지가 필요한 이유 중 하나다. 정지 시에 기록하지 않은 데이터를 디스크에 동기화한다.

참고로, 중요한 쓰기 처리에 대해서는 '바로 작성'하도록 설정돼 있다[주3]. 예를 들어, DBMS 로그 데이터는 소멸되어서는 안 되므로 보통 '바로 작성' 상태로 되어 있

주3 파일을 열 때 프로그램 내에서 자동으로 지정된다. 이 때문에 이용자는 해당 동작을 의식하지 못한다.

다. 이것이 바로 장비가 고장 나도 DBMS 데이터를 복구할 수 있는 이유다.

Column

DBMS는 데이터 구조와 알고리즘의 보고

데이터를 단기적, 장기적으로 축적하고 성능도 좋아야 할 것. 그것이 DBMS다. 때문에 DBMS에는 다양한 데이터 구조와 알고리즘이 적용돼 있다. DBSM 내부 구조를 배우면 자연스럽게 알고리즘도 마스터하는 것이 가능하다.

예를 들어 트리 구조는 인덱스에서 자주 사용되며, 테이블 결합에 해시를 사용하는 DBMS도 있다. 소트는 SQL 처리 시에 사용되며 인덱스를 만들 때도 필요하다.

저자는 'DBMS와 알고리즘을 함께 고려해서 전체를 최적화할 수 있다면 전문가'라고 주변에 말하고 있다. 이 세상에는 애플리케이션 알고리즘만 생각해서 최적화하려는 사람과(예: 애플리케이션이 필요할 때만 DBMS에 접속하는 케이스, 그림 A 왼쪽) DBMS만 생각해서 최적화하는 사람(DBMS 접속만 빠르면 문제없다는 경우, 그림 A 오른쪽)이 많기 때문이다.

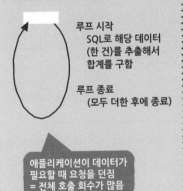
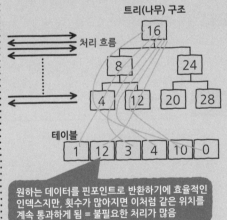

그림 A 자주 볼 수 있는 비효율적 방식

애플리케이션 알고리즘과 DBMS 알고리즘을 함께 고려해서, 가장 빠른 방법을 생각하는 것이 좋다(그림 B). 이것은 특히 배치(Batch) 처리 시에 중요하다.

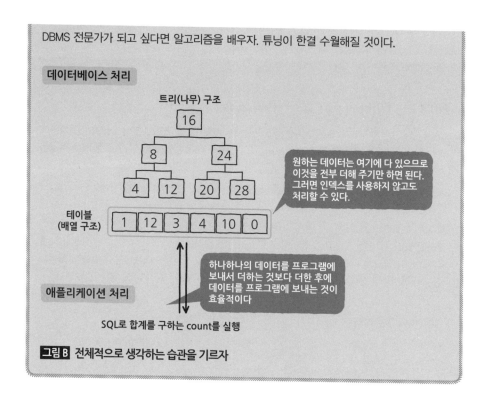

DBMS 전문가가 되고 싶다면 알고리즘을 배우자. 튜닝이 한결 수월해질 것이다.

데이터베이스 처리

트리(나무) 구조

원하는 데이터는 여기에 다 있으므로 이것을 전부 더해 주기만 하면 된다. 그러면 인덱스를 사용하지 않고도 처리할 수 있다.

테이블 (배열 구조)

하나하나의 데이터를 프로그램에 보내서 더하는 것보다 더한 후에 데이터를 프로그램에 보내는 것이 효율적이다

애플리케이션 처리

SQL로 합계를 구하는 count를 실행

그림 B 전체적으로 생각하는 습관을 기르자

1.5.10 락과 성능

성능에 관한 책을 보면서 항상 부족하다고 느낀 것이 '락(Lock, 잠금)'에 관한 설명이다. 현실에서 가장 자주 발생하는 성능 문제는 바로 락이다. 락이라고 하면 DB의 '레코드 락'이나 '테이블 락' '자바 락(synchronized)' 같이 쉽게 알 수 있는 것뿐만 아니라, 'CPU 커맨드 레벨 락' 'OS 내부 락' 'DB 내부 락' 등 보이지 않는 곳에서 발생하는 락도 있다. 실전에 사용할 수 있는 기술은 4장에서 다루기로 하고, 여기서는 락 개념에 대해 소개하겠다.

■ 락의 본질

락은 병렬로 처리할 때 필요한 메커니즘이다. 예를 들어 리스트 구조에서 1과 4사

이에 2라는 데이터를 넣으려고 하는데, 거의 동시에 다른 프로그램이 1과 4사이에 3
을 넣으려고 한다고 가정해 보자. 어떤 문제가 발생할까? 리스트가 망가져 버린다(그
림 1.35).

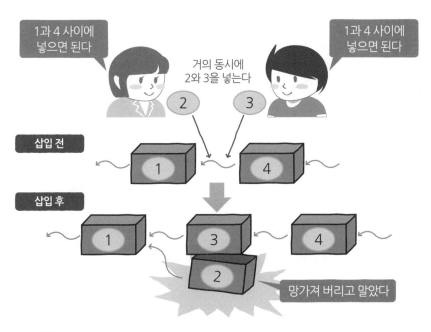

그림 1.35 락이 필요한 이유

　이와 같은 사태를 방지하기 위해서는 리스트 갱신 중에는 다른 프로그램의 갱신
처리를 기다리도록 해야 한다. 락은 어디까지나 특정 처리가 진행되고 있는 상태를
보호하기 위한 구조이자, 다른 처리가 끼어들지 못하도록 하는 것이다.
　앞에서 설명한 알고리즘들도 사실은 처리 시점에 따라 오류가 발생할 수 있는 경
우가 많다. 배열 변경도 그렇고, 리스트 구조, 큐, 스택, 트리 변경도 그렇다. 기본적
으로 데이터 변경 작업은 모두 락을 지켜야 한다. 단, 자신 혼자만 처리하는 경우라
면 락이 필요 없다. 학교에서 락을 사용한 프로그램을 잘 만들지 않는 것은 이런 사
정에서 비롯된 것이다. 많은 사람이 사용하는 시스템에는 수많은 락이 숨겨져 있다.

■ 락 대기 상태의 처리

락 대기는 하나의 처리만 실행될 때는 발생하지 않는다. 때문에 개발 시에는 이를 알지 못하는 경우가 많다. 하지만 성능 테스트나 실제 환경이 되면 다수의 요청이 흐르게 되고, 락이 개방될 때까지 대기하는 처리도 늘어난다. 락 개방 대기는 은행 창구나 슈퍼의 계산대에서 줄지어 선 것과 같이 기다리는 행렬을 말한다(그림 1.36). 이것은 지수 함수처럼 대기 시간이 늘어나는 것이 특징이다. 성능 테스트 부족은 가게를 열기 전에 한 명의 고객만 데리고 연습을 했는데, 문을 여니 수십 명이 몰려와서 대혼란이 발생하는 상황에 빗댈 수 있다. 참고로 성능 테스트 방법에 대해서는 5장에서 소개하겠다.

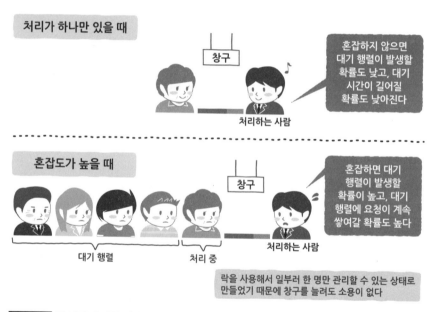

그림 1.36 락 대기에 의한 대기 행렬

■ 락 대기를 해결할 방법

락 대기 문제를 어떻게 해결할 수 있을까? 락이 된 상태에서는 처리가 끝나지 않는 한 락이 개방되지 않기 때문에 문제 해결이 어렵다. 기본적인 해결책은 '락이 된 처리를 빨리 끝내는 것'이다. DB 테이블에 락을 건 상태에서 SQL을 발행한 경우, 해당

SQL을 빨리 끝내면 락 대기 시간을 줄일 수 있다.

다음은 락을 분할하는 방법이다. DB 테이블에 락을 거는 것이 아니라, 레코드에 대해 락을 걸어서 SQL을 발행하면 병렬 실행이 가능하다. 이처럼 락 단위를 작게 해서 대기 시간을 줄일 수 있다.

Column

[상급자편] 락 구조는 어떻게 구현돼 있을까?

락 알고리즘이란 사실 매우 어려운 것이다. '락 여부를 조사해서 락이 걸려있지 않으면 락한 후에 플래그를 세우면 되지 않나?' 라고 생각할 수도 있는데, 아쉽지만 틀린 답이다. 예를 들어, A라는 프로그램과 B라는 프로그램이 거의 동시에 락 여부를 확인한다면 어떻게 될까? CPU 클록이 조금이라도 시간차를 두고 A와 B를 실행하면, 둘 다 락 상태라고 착각하게 된다(그림 A).

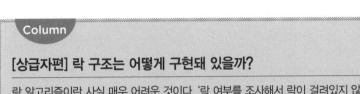

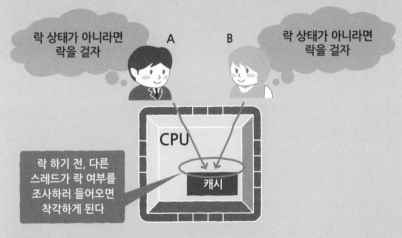

그림 A 락 시 일순간의 차이

이처럼 시점 차이로 문제가 발생하지 않도록 하기 위해서는 사실 하드웨어(CPU 등) 명령을 사용하는 것이 일반적이다. 게다가 하드웨어 명령이라면 '락 상태인지 체크'와 '락 상태가 아니면 락을 건다'라는 처리가 서로 겹치지 않게 실행할 수 있다. 이것을 '아토믹(Atomic, 성공 또는 실패 둘 중에 하나만 있는 처리)'이라 하며, CPU 명령을 사용함으로써 실수 없는 락을 실현할 수 있다. 일반 프로그램은 이런 CPU 명령을 직접 사용하는 것이 아니라 OS의 뮤텍스(mutex)나 자바의 싱크로나이즈드(Synchronized) 같은 락 함수를 사용한다.

흥미가 있는 사람은 'Test and Set'이나 'Compare and Swap'이라는 용어를 조사해 보자.

[상급자편] 성능에는 정상 처리만 있는 것이 아니다

성능 문제에서 어려운 것은 정상 처리가 아니라 이상 처리다. 장애 발생으로 장비가 격리되거나, 부하가 갑자기 늘어나는 등, 일반적인 운용 상황이 아닐 때는 1장에서 4장까지 소개한 방법 외에 추가적인 방법이 필요하다. 애플리케이션을 개발할 때도 이상 처리에 대응하기 위한 기술은 우수한 실력을 필요로 한다. 물론, 성능에 대한 이상 처리 시에도 실력 차이를 가늠할 수 있다.

현장에서 문제가 되는 것에는 유지관리 시의 성능, 서버 가동 직후의 성능(캐시 등이 동작하지 않아서 발생), 클러스터 변경 시의 성능(리소스 이동), 네트워크 장비 장애 시의 성능, 복구 시의 성능 등이 있다.

해결책을 굳이 제시하자면, '유지관리 시에는 큐에 인덱스적인 처리가 아닌 풀스캔(full-scan)이 동작하고 있을 가능성이 있다' '(유지관리나 교체에 대비해서) 리소스를 너무 할당하지 않도록 하자. 리소스가 많으면 시간이 걸린다' '(유지관리나 교체에 대비해서) 적절한 시점에 설정해 둔다' '장애 테스트 시에 부하를 걸어서 성능도 함께 확인할 것을 추천' 등이 있다.

CHAPTER
02

성능 분석의 기본

2.1 | 성능의 시작은 측정부터

측정이 되지 않으면 성능에 대해 얘기할 수 없다. '보는 것(측정하는 것)이 되지 않으면 다룰 수도 없다. 원인을 모르면 대응 방법도 알 수 없기 때문이다.' 즉, 성능 문제 대처나 성능 튜닝은 바른 측정이 수반돼야 한다. 저자는 잘못된 측정이나 측정 데이터에 대한 이해로 튜닝에 문제가 발생하는 것을 많이 보아왔다. 여러분들은 바른 측정을 하고 있는가?

이번 장에서는 성능 측정 개념과, 성능 정보 취득용 OS 명령어, 성능 정보 보는 방법 등을 소개하겠다.

2.2 | 필요한 성능 정보란?

sar 정보[역주1]만 있으면 괜찮다고 생각하고 있진 않은가? 그리고 문제 발생 후에 sar 정보밖에 없어서 '애플리케이션이 느려진 것 같은데 I/O가 나쁜가? CPU를 많이 사용하고 있네' 하면서 분석을 시작하고 있지는 않은가? 저자는 이런 현장을 볼 때마다 필요한 성능 정보나 특징을 이해하지 못했다고 느낀다.

각 성능 측정 툴의 특징을 이해하기 위해, 성능 분석 원칙이나 성능 정보 종류에 대해 먼저 설명하겠다.

2.2.1 '샌드위치' 원칙

성능 측정의 기본은 '샌드위치로 만드는 것'으로, 시간적인 전후 관계와 장소적인

역주1 sar는 리눅스/유닉스 명령어로 시스템 정보를 모니터링하는 툴이다.

전후 관계를 모두 고려해야 한다.

예를 들어, 1시부터 1시30분까지의 상황을 알고 싶다면, 1:00~1:30 범위의 정보를 파악한다. 또는 1:00~1:30을 1분 단위로 나누어 정보를 취득해도 된다. 이것이 바로 '시간적인 전후 관계'를 고려하는 샌드위치 법칙이다.

다음은 장소적인 전후 관계다. 문제가 있는 네트워크 부분이 있다고 하자. 그 앞뒤에 있는 서버의 성능 정보를 조사하면 어느 정도 느려져 있는지 확인할 수 있다(그림 2.1).

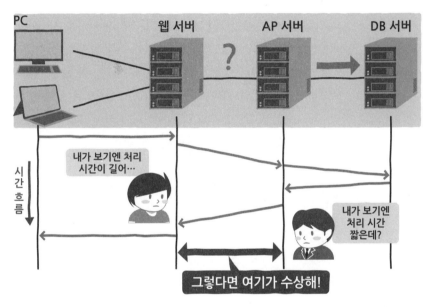

그림 2.1 성능의 샌드위치 법칙

당연한 말을 한다고 생각할 수도 있지만, 이 원칙을 지키지 않는 현장을 많이 봤다. 예를 들어, 'OS 정보는 한 시간에 한 번씩 sar을 실행해서 취득하고 있어요. 1:10~1:11 사이에 느려지는 것 같은데 확인해 주실래요?' '배치(Batch)를 분석해 줬으면 좋겠는데, 데이터베이스 정보는 0:00~9:00 사이에 한 번만 취득해요' 등등, 현장에서 자주 듣는 이야기다.

이런 정보로 어디까지 파악이 가능할까? 책상에 가만히 앉아서 하는 계산이긴 하지만 한번 곰곰히 생각해 보자. 문제가 1:10~1:11에 발생한다고 하면, 문제 시간은 1분간이다. 이때 CPU 사용률(CPU가 어느 정도 사용되고 있는지 표시하는)을 100%라 하고, 나머지 시간에는 10%라고 하자. 한 시간의 sar 데이터에서는('1분간의 100% 데이터+59분의 10%'의 평균) 약 12%였다. 이것만으로는 'CPU 사용률이 2%만 올랐다'라고 할 수밖에 없다. '이 2%가 1:10~1:11에 집중돼 있을지도 몰라'라고 생각할지라도, 그것을 확인할 방법이 없기에 이 데이터만으로는 결국 미궁에 빠지고 만다.

핵심은 '어떤 문제를 파악하고 싶은지'를 사전에 생각해 두지 않았다는 것이다. 어느 정도 시간의 성능 문제인지, 어떤 부분에서 느려지는 문제인지 이것을 사전에 파악하고 있다면, 사용해야 할 측정 툴과 대상 범위(샌드위치 대상)를 좁힐 수 있다. 단, 툴에 따라서는 부하가 걸리는 툴도 있기 때문에 범위를 좁게 한다고 꼭 좋은 것만은 아니다. 예를 들어, 오라클(Oracle)의 AWR이라는 툴은 10초 간격으로 실행하기에는 적합하지 않은 반면, vms처럼 2~3초 간격으로 실행해도 전혀 문제가 없는 것도 있다. 부하 정도가 확실하지 않다면 테스트 환경에서 확인한 후에 이용하도록 하자.

2.2.2 성능 정보 세 가지

다음은 성능 정보의 종류에 대해 소개하겠다. 성능 정보는 세 가지로 나눌 수 있으며, 각각 '요약 형식' '이벤트 기록 형식' '스냅샷(Snapshot) 형식'과 같다[주1].

요약 형식은 sar나 vmstat 처럼 일정 시간 단위로 정보의 합계나 평균을 보여 주는 방식이다(그림2.2). 이 형식의 장점은 대략적인 상태를 쉽게 파악할 수 있다는 것이다. 'CPU 사용률이 평균 5%였다. CPU 리소스 관점에서는 문제가 없는 것 같다'처럼 직관적으로 확인할 수 있으며, 초기 단계 정보 파악용으로는 편리한 방식이다.

단, 값이 평균화되기 때문에 기간 내 변동은 파악이 어렵다.

주1 저자가 나름대로 구분한 것으로, 일반적으로 통용되는 개념은 아니다.

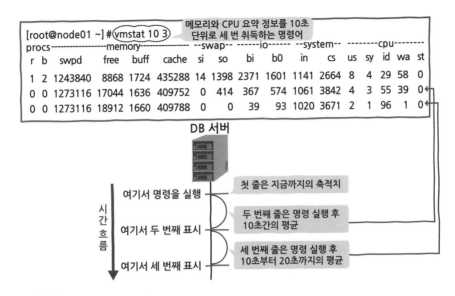

그림 2.2 요약 형식 정보의 예

이벤트 기록 형식은 개별 처리(이벤트)를 순차적으로 기록하는 방식이다(그림 2.3). 패킷 캡처나 시스템 콜 기록 등이 이에 해당한다. 패킷 캡처에서는 언제, 어디서부터, 어디로 패킷이 이동했는지를 전부 보여 준다. 이 방법이라면 언제 무엇이 발생했는지를 대부분 알 수 있다.

단, 이벤트 기록 형식의 툴 대부분은 성능 데이터가 방대해진다는 단점이 있고, 부하가 커서 상용 환경에 적용하기는 어렵다. 그러므로 어느 정도 문제를 파악한 후에 상세한 내용을 조사하기 위한 툴이라고 할 수 있다.

No.	Time	Source	Destination	Protocol	Info
61	78.524743	192.168.0.21	192.168.0.22	TNS	Request, Data (6), Data
62	79.564910	192.168.0.22	192.168.0.21	TCP	1521 > 32784 [ACK] Seq=0 Ack=204 Win=2252 Len=0 TS
64	79.288530	192.168.0.21	192.168.0.22	TCP	32784 > 1521 [ACK] Seq=204 Ack=135 Win=1924 Len=0
85	99.767341	192.168.0.21	192.168.0.22	TNS	Request, Data (6), Data
86	99.767456	192.168.0.22	192.168.0.21	TCP	1521 > 32784 [ACK] Seq=135 Ack=410 Win=2252 Len=0
88	99.840787	192.168.0.21	192.168.0.22	TCP	32784 > 1521 [ACK] Seq=410 Ack=286 Win=1924 Len=0

여기에 시간 정보가 있다. 한 줄이 하나의 패킷으로, 모두 기록하기 때문에 패킷이 많이 발생하면 전체를 파악하기가 힘들다

그림 2.3 시계열(이벤트 기록 형식) 정보 예(패킷)

스냅샷 형식은 ps 명령어나 top 명령어처럼 순간의 상태를 기록하는 것이다(그림 2.4). 이벤트 기록 형식을 동영상(모두 기록하는)이라고 하면, 스냅샷은 사진이라고 할 수 있다. 사진과 같이 한 장만 있어서는 별로 도움이 되지 않지만, 정기적으로 스냅샷을 연속해서 기록하면 성능 문제를 해결하는데 도움이 된다. 동네에 있는 감시 카메라에 특정 시점의 피해자와 용의자가 찍혀 있고 그 다음 순간에 피해자가 넘어져 있다면 용의자를 특정하여 의심해 볼 수 있다.

이와 같은 방식으로, 스냅샷 형식은 원인 판명 시에 유용하다.

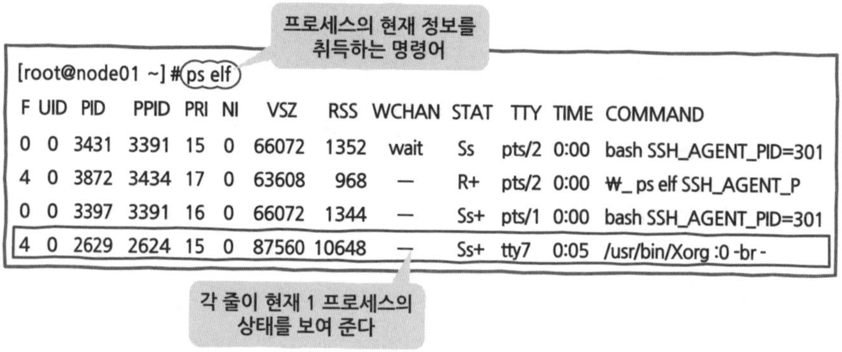

그림 2.4 스냅샷 형식 정보의 예

2.2.3 시스템 구조와 성능 문제 발생 시의 동작

이번 장에서 다룰 시스템의 구조를 정의해 보자. 흔히 사용하는 3계층 웹 시스템이다. 웹(Web) 서버와 애플리케이션 서버(AP), DB(데이터베이스)가 있다. OS는 리눅스, AP 서버(Application Server)에는 웹로직(WebLogic)과 자바 VM을, DB 서버에는 오라클을 사용한다(그림 2.5).

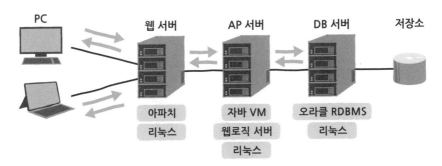

그림 2.5 이번 장에서 사용하는 시스템 구성

만약 웹 서버에서 막혀 있으면 그림 2.6의 상단처럼 된다. DB 서버의 저장소에서 막히면 그림 2.6의 하단처럼 된다. 성능 문제가 있을 때 제일 먼저 파악해야 할 것은 '어디서 문제가 발생했는가?'와 '어디가 막혔는가?'다.

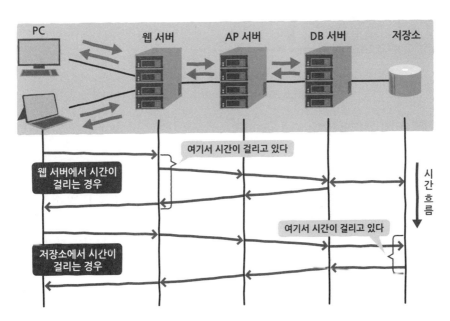

그림 2.6 어디서 문제가 발생하고 있는 것일까

그러면 어디를 봐야지 효율적으로 파악할 수 있을까? 핵심은 '큐'와 '스레드'다. 큐는 1장에서 소개한 그 큐로, 서버나 소프트웨어 진입점에 대부분 존재한다. 스레드란, CPU로 처리하기 위한 단위다. 대신 일해 주는 하인이라고 생각하면 된다. 스레드가 CPU에 할당되면 일이 시작된다(그림 2.7)[주2].

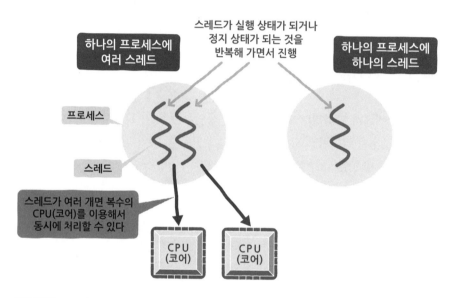

그림 2.7 CPU와 스레드의 관계

이 '스레드와 큐를 본다'는 것이 쉬운 분석 방법이다. 예를 들어 웹 서버에서 막힌 경우, 그림 2.8처럼 웹 서버의 큐나 스레드가 쌓여 있을 가능성이 높다. 이 경우에는 AP 서버의 큐와 스레드는 비어 있다.

이것은 요약 형식, 이벤트 기록 형식, 스냅샷 형식에 따라 보는 방식이 달라진다. 이것을 하나의 그림으로 표현하면 그림 2.9가 되는데, 그림을 살펴보면 세 가지 차이를 확실히 이해할 수 있을 것이다. 이처럼 서버나 소프트웨어가 연결된 상태를 머릿속에 그려 가면서 분석하는 습관을 기르도록 하자.

주2 스레드에 대한 상세한 내용은 OS 관련 도서를 찾아보자.

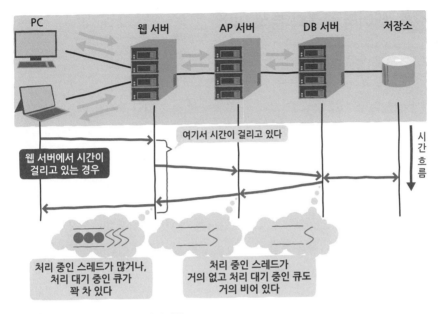

그림 2.8 웹 서버에서 처리가 막힌 경우

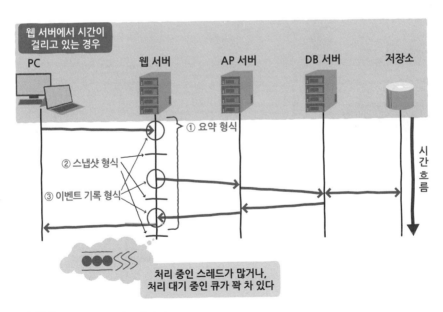

그림 2.9 세 가지 성능 정보의 차이

2.2.4 데이터 종류와 분석 비법

세 가지 성능 정보 각각에 대한 특징과 활용 방법을 소개하겠다.

요약 형식은 과거 시점의 대략적인 상태를 조사하기에 유리하다. 무엇이 발생했는지 조사하는 등, 단서를 찾을 수 있다. 주의해야 할 것은 원인 조사가 어렵다는 점으로, '대략적인 상태'라는 것은 CPU 사용률이 높은지, I/O 평균 응답이 나쁘지는 않은지 등의 '현상'을 가리킨다. 그리고 원인은 이 '현상'으로부터 추측할 수밖에 없다.

이벤트 기록 형식에서는 성능 파악 시에 '도착과 출발'을 항상 의식해야 한다. 도착과 출발은 기록할 수 있으나, 도중에 발생한 처리는 기록되지 않으므로, '도착과 출발 사이에 있으니 처리 중일 것이다'라고 판단할 수밖에 없다(그림 2.10). 도착과 출발의 경우, 같은 장비에서 측정하는 것이 중요하다. 장비 간 시간이 미묘하게 차이가 나는 경우가 존재하기 때문이다.

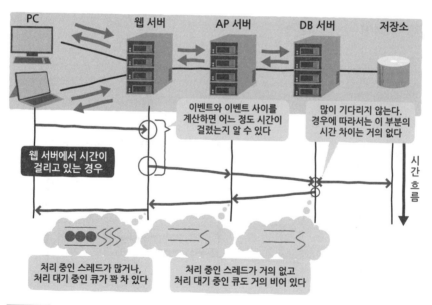

그림 2.10 이벤트 기록 형식 분석 방법

스냅샷 형식은 원인을 조사하기에 적합하며 정보를 프로세스 단위, 스레드 단위, 처리 단위로 취득한다. 확인해야 할 정보가 많지만, 문제 시간을 파악할 수 있으면 그 시간대 처리만 조사하면 되기에 원인 파악이 용이하다. 스냅샷은 현재 순간을 파악할 때도 유용한데, '지금 문제가 발생하고 있진 않은가?'라는 의문에 곧바로 대답할 수 있는 정보를 제공한다.

이벤트 기록 형식에서는 '도착'과 '출발' 지점을 맞추는 데 시간이 걸리고, 요약 형식에서는 정보를 요약하기까지 기다려야 하기 때문에 시간이 걸린다. 참고로 단시간 내에 요약 정보를 취득할 수 있는 명령(vmstat 같은)은 예외로 상황을 즉시 파악할 수 있다.

성능 정보는 IT 엔지니어의 도구다. 초보자일 때는 하나의 성능 툴을 배워서 그것만 계속 사용하려 하지만, 시행착오를 거치면서 사용하고 있는 툴의 한계와 특징을 이해하게 되어 각종 도구(툴)를 적재적소에 사용할 수 있게 된다. 올바른 도구를 제대로 사용하게 될 때 비로소 프로가 되는 것이다.

2.3 │ 성능 분석 시에 중요한 이론

저자는 젊었을 때부터 지금까지도 기본이 가장 중요하다고 여기고 있다. 성능에 있어 대표적인 기본은 바로 '대기 행렬 이론'이다. '옛날에는 일일이 대기 시간을 계산했었다'라는 이야기를 들어 봤을 것이다. 사실 지금도 이 대기 행렬 이론을 배울 가치는 무척 크지만, 배울 기회가 기껏해야 정보처리기사 시험 정도밖에 없어서 안타까울 뿐이다. 이 기회에 확실히 익혀 두도록 하자.

2.3.1 대기 행렬 이론의 용어

먼저 용어부터 소개하겠다(그림 2.11). 행렬을 '큐'라고 부른다.

1장에서도 소개했지만 큐는 다양한 곳에 존재하며, 행렬을 기다리고 있는 시간을 '접근 대기 시간'이라 한다. '응답 시간'이란 '접근 대기 시간＋서비스 시간'을 가리킨다. 예를 들어, 접근 대기 시간이 5분이고, 창구에서의 서비스 시간(서비스에 걸리는 시간)이 5분이라고 하면, 투입돼서 돌아오기까지의 시간인 응답 시간은 10분이다.

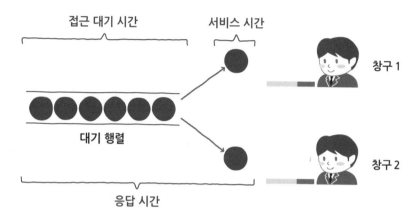

접근 대기 시간

서비스 시간

창구 1

대기 행렬

창구 2

응답 시간

그림 2.11 대기 행렬 이론의 기초 용어

대기 행렬 식은 'M/M/1'과 같이 표기한다. 처음 기호(여기서는 M)가 요청 도달 시점의 특징을 나타낸다. 'M'은 랜덤 분포를 의미한다. 다음 기호(여기서는 M)가 서비스 타임의 특징을 나타내며, 이 'M'도 랜덤 분포를 의미한다[주3]. 마지막 기호(여기서는 1)는 처리 병렬도를 가리킨다. '1'이면 단일 처리다.

처리 능력을 완전히 초과하지 않더라도 도착이 (거의) 랜덤이기 때문에 처리 능력을 일시적으로 넘어서서 대기 행렬이 발생할 수 있는데, 이러한 대기 행렬의 평균 대기 시간을 계산하는 것이 가능하다.

2.3.2 대기 행렬의 평균 대기 시간 계산

M/M/1의 계산 방법은 다음과 같다.

평균 사용률 ρ = (처리 시간 × 처리 건수) / 단위 시간

대기 시간 / 처리 시간 = ρ / (1 - ρ)

주3 처음 M은 '포아송 분포'라고 하며, 다음 M은 '지수 분포'라고 한다. 각각 무작위는 아니지만, 우선은 그 렇다고 생각해도 좋다.

처리 시간을 1초, 처리 건수를 1시간당 3,000건이라고 하면 …

ρ = 3000 / 3600 = 0.83 …

대기 시간 / 1초 = 0.83 / (1 − 0.83)

대기 시간 = 4.88

응답 시간 = 4.88(대기 시간) + 1(처리 시간)

이 식을 통째로 암기하는 것은 추천하지 않는다. 어디까지나 특징만 이행하면 되며, 평균 사용률이 100%가 아니더라도 대기 시간이 발생하는 것은 요청 도착이 균일하지 않기 때문이다. 그리고 이런 편중이 있는 요청이 도착할 때 사용률이 높다는 것은 대기 행렬이 만들어지는 시간대가 있다는 것을 의미한다.

중요한 것은 사용률이 100% 가까이 되면서 대기 시간이 지수 함수 형태로 길어진다는 점이다. 이것은 긴 대기 행렬이 발생한다는 것을 의미한다. 그림 2.12를 살펴보도록 하자. 사용률이 올라가면 대기 시간도 길어진다는 것을 알 수 있다.

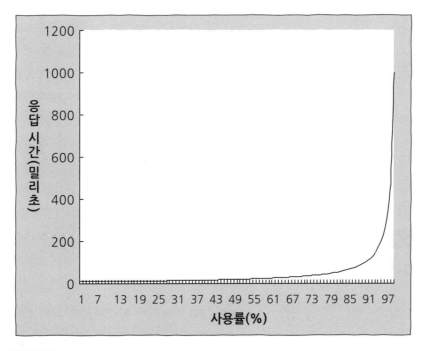

그림 2.12 대기 행렬의 응답 시간 그래프 예

예를 들어, 사용률이 10%인 처리에서 사용률이 10% 올라도 응답 시간은 거의 바뀌지 않는다. 하지만 사용률이 85%인 시스템에서 10%가 오르면, 응답 시간이 배가 돼버린다. 사용률이 100%에 가까울수록 대기 행렬에 따른 대기 시간이 급격하게 늘어나는 특성이 있다. 이것은 성능 분석에 있어 매우 중요한 사실이다.

대기 행렬 이론으로부터 추론할 수 있는 다른 특징은 처리가 병렬화될수록 최고 대기 시간이 낮아진다는 점이다. 단일 처리에서는 상황에 따라 변동 폭이 클 수밖에 없지만, 서버처럼 병렬로 처리할 수 있는 장비는 비교적 안정적인 운영이 가능하다.

2.3.3 사용률과 대기 행렬의 예

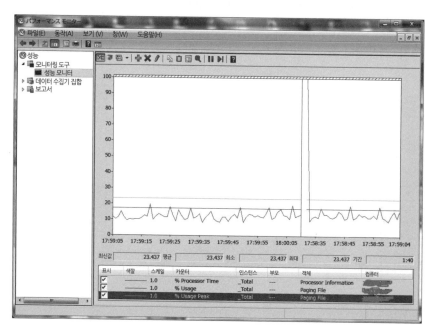

그림 2.13 CPU 사용률의 급격한 변화

그림 2.13을 보자. 윈도우즈(Windows)의 CPU 사용률인데, 그림처럼 값이 갑자기 커지는 경우가 있다. 이렇게 갑작스레 튀는 부분을 '스파이크'라고 부르기도 한다. 스파이크가 전혀 없는 시스템은 존재하지 않기에 가끔 발생하는 것은 허용해도 무방

하다. 단, 이 스파이크가 문제없다는(성능에 영향을 주지 않는다는) 사실을 중요 시스템에서 확인해야만 한다.

또한, 스파이크를 한 번 확인한 후에도 계속 정기적으로 확인해서 새로운 스파이크가 증가하지 않았는지 살펴봐야 한다. 시스템은 변화하는 것이어서 새로운 스파이크가 문제를 야기하고 있을 수 있으며, 그것이 시스템 관리자가 알아채지 못하는 문제의 발단이 될 수도 있다. 저자는 보통 때와 다른 점을 확인한 덕에 몇 번이나 사고를 미연에 방지할 수 있었다. 중요 시스템에서는 비용 대비 효과를 고려해서 실시하자.

병렬 처리 정도가 낮으면 사용률이 급격하게 올라가거나 대기 행렬 발생 빈도가 높아진다. 예를 들어 CPU 코어가 하나밖에 없으면, 긴 CPU 처리가 하나만 실행되고 CPU 사용률이 100%가 되기 쉽다. 이에 비해 복수의 CPU 코어가 있는 경우 사용률 100%에 쉽게 이르지 못하며, 대기 행렬도 균등하게 나뉘기 때문에 큐에도 비교적 여유가 생긴다. 편의점의 계산대를 떠올리면 더 이해하기 쉬울 것이다. 이런 특징 때문에 코어 수가 적은 경우의 CPU 사용률과 대기 행렬(run 큐)에는 주의가 필요하다. 다소 대기 시간이 높은 경우라도 이것이 짧은 순간이라면 괜찮다는 의견도 있다 (그림 2.14).

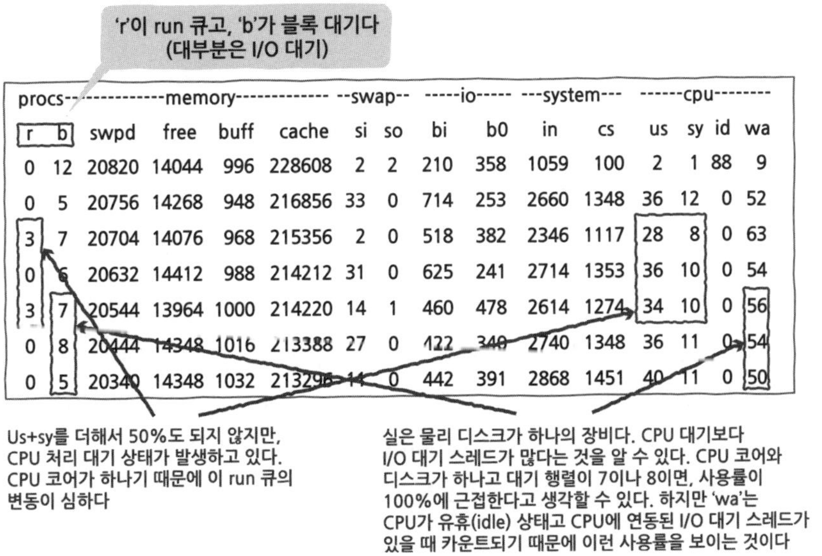

'r'이 run 큐고, 'b'가 블록 대기다
(대부분은 I/O 대기)

procs		memory				swap		io		system		cpu			
r	b	swpd	free	buff	cache	si	so	bi	bo	in	cs	us	sy	id	wa
0	12	20820	14044	996	228608	2	2	210	358	1059	100	2	1	88	9
0	5	20756	14268	948	216856	33	0	714	253	2660	1348	36	12	0	52
3	7	20704	14076	968	215356	2	0	518	382	2346	1117	28	8	0	63
0	6	20632	14412	988	214212	31	0	625	241	2714	1353	36	10	0	54
3	7	20544	13964	1000	214220	14	1	460	478	2614	1274	34	10	0	56
0	8	20444	14348	1016	213388	27	0	422	340	2740	1348	36	11	0	54
0	5	20340	14348	1032	213296	14	0	442	391	2868	1451	40	11	0	50

Us+sy를 더해서 50%도 되지 않지만, CPU 처리 대기 상태가 발생하고 있다. CPU 코어가 하나기 때문에 이 run 큐의 변동이 심하다

실은 물리 디스크가 하나의 장비다. CPU 대기보다 I/O 대기 스레드가 많다는 것을 알 수 있다. CPU 코어와 디스크가 하나고 대기 행렬이 7이나 8이면, 사용률이 100%에 근접한다고 생각할 수 있다. 하지만 'wa'는 CPU가 유휴(idle) 상태고 CPU에 연동된 I/O 대기 스레드가 있을 때 카운트되기 때문에 이런 사용률을 보이는 것이다

그림 2.14 vmstat 예

참고로 배치 처리는 조금 다르다. 이 처리는 적은 수의 스레드가 연속적으로 처리하는 형태가 일반적이기 때문이다. 따라서 다른 스레드가 끼어들지 않는다. 즉, 처리 시간이 길어지더라도 대기 행렬은 길어지지 않는 것이다. 배치 처리의 경우, 대기 행렬이 짧더라도 성능에 문제가 있는 경우가 있다. 이는 대기 행렬로는 알 수 없으므로, 처리 시간이 긴지를 확인해서 판단하는 것이 일반적인 방법이다.

2.3.4 실제로 정보를 어떻게 취득할까?

여기서 생각해야 할 것은 알고 싶은 대상(또는 문제)과 측정 방법 및 측정 간격이 맞는지다. 몇 번이고 같은 얘기를 하지만, 목적에 맞지 않는 방법을 사용하는 현장이 많다. 예를 들어, 1분간의 처리 저하 문제를 조사하고 싶다고 가정해 보자. 60분 간격의 sar만으로는 사후 분석이 어려우며, 대기 행렬 계산을 생각하더라도 정보가 너무 평균화돼 있다. 그러므로 1분 정도의 측정 간격이 필요하다.

한편, 매우 중요한 시스템의 경우 성능 정보 취득 처리를 최소화하면서도 원인 분석을 제대로 해낼 수 있는 구조가 필요하다. sar로 CPU가 사용률 변화를 파악하여 이상 증상을 확인할 수는 있지만, 원인은 알 수 없다. ps 명령이나 top 명령, 또는 미들웨어의 경우는 당시 어떤 처리가 동작하고 있었는지 알 수 있는 로그 정보가 필요하다.

이런 관점에서 사전에 적절한 정보를 취득할 수 있는 구조가 준비돼 있는지 반드시 확인해야 한다. 문제가 발생해서 조사하라는 지시가 내려왔는데, 정보 부족으로 조사를 하지 못한다면 상사에게 혼나는 것은 여러분이다.

'어떤 정보를 취득해야 하는가?'에 대한 절대적인 정답은 없지만, 저자는 다음과 같은 성능 정보를 취득할 것을 권장한다. 이 정보들은 중요 시스템을 고려한 것으로, 시스템별 정책이 있기에 실제 사용을 위해서는 커스터마이징이 필요할 수도 있다.

참고로 이것은 감시와는 다르다. 사후에 분석이 가능하도록 성능 정보를 취득한다는 의미다. 5초 간격으로 vmstat을 실행해서 CPU 사용률이 높으면 경고를 보내도록 하는 것은 오히려 운영상 부담이 되므로, 감시와 분석 로그는 나누어 생각하도록 하자.

표 2.1 저자가 추천하는 성능 정보

대상	성능 정보
각 서버 OS	vmstat 5초 간격 상시
	iostat 1분 간격 상시. DB 서버처럼 I/O가 많은 서버만 해당. 서비스 시간 기록이 중요
	ps 5분 간격 (또는 top 명령 수십 초 간격) 상시
웹 서버, AP 서버	접속 로그 상시
	AP 서버의 처리 대기 큐 정보 상시
	AP 서버의 스레드 사용 상태 정보 상시
	AP 서버의 DB 연결 사용 상태 정보 상시
	자바인 경우 GC 로그 상시
	자비의 부하가 낮은 상세 이벤트 로그(예: Flight Recorder) 상시
	접속 요청 정보(예: listener.log) 상시
DB 서버	DBMS의 요약 정보(예: AWR) 30분 간격 상시
	DB 세션의 스냅샷(예: ASH(Active Session History)) 상시

Column

성능은 정기적으로 확인해야 한다

운영의 일환으로 성능 정보를 취득해서 관리하는 현장이 늘고 있지만, 정기적으로 분석해서 사고를 미연에 방지하는 현장은 많지 않다. 이상적인 것은 정기적으로 확인해서 문제 방지를 위해 노력하는 것이다. 이를 통해, 배치 처리가 느려지는 것, 메모리 부족, 저장소 속도가 느려지는 것, 데이터 처리 건수가 늘어나는 것, 처리가 중복되는 것 등을 파악할 수 있게 된다.

이런 운영을 위해서는 몇 가지 조건이 있다. 첫 번째, 비용 대비 효과가 높아야 한다. 바꿔 말하면, 장애가 발생했을 때 영향을 크게 받는 시스템이어야 한다. 다음은 개발 측의 협력적인 태도다. 보통 성능 문제 확인은 운용 측이 조사하는데, 무언가 잘못된 것을 발견하더라도 개발 측 도움이 없으면 원인 조사가 어려워서 결국 더 큰 문제로 이어진다. 저자는 운용 담당자에게 권한을 부여해서 개발 측에 도움을 요청할 수 있도록 하는 것이 중요하다고 생각한다.

2.4 | OS 명령

성능 정보를 취득하기 위한 구체적인 OS 명령을 소개하겠다. 이 책은 리눅스와 윈도우즈를 대상으로 하고 있다. OS 성능 정보는 현장에서 폭넓게 사용되는 만능 정보라고 생각할 수 있지만, 어디까지나 OS 관점에서 본 정보일 뿐이라는 것이 중요하다.

먼저 리눅스 명령을 살펴보자. 지금까지 다룬 중요 사항들을 효율적으로 설명하기 위해 여기서는 다음과 같은 사항을 정리하고 있다.

- 명령어 이름
- 성능 정보 종류(요약 정보, 이벤트 기록, 스냅샷)
- 어디서 측정하고 있는가(어디를 샌드위치 범위로 지정하고 있는가)
- 알 수 있는 것과 없는 것
- 함께 보면 효과적인 성능 정보(샌드위치나 추가 분석을 위한 추천 정보)
- 기타(부하 개념, 취득 간격 예)

2.4.1 sar

■ 성능 정보 종류

요약 형식이다.

■ 어디서 측정하고 있는가

OS 커널을 통해 취득할 수 있는 OS 정보를 보고 있다. OS 레벨이기 때문에 애플리케이션에서 본 I/O 정보와 다를 수 있다.

■ 알 수 있는 것

주로 CPU 사용률과 유휴(Idle) 상태, 읽기/쓰기 시의 I/O양, 메모리의 대략적인 상태 등을 알 수 있다.

■ 알 수 없는 것

프로세스 단위 상태, 순간적인 성능 문제(단, 간격을 짧게 하면 어느 정도는 알 수 있음), 원인이 되는 프로그램이나 프로세스, 하이퍼 스레드 등의 실제 CPU 사용 상태 (그림 2.15) 등과 같은 정보는 알 수 없다.

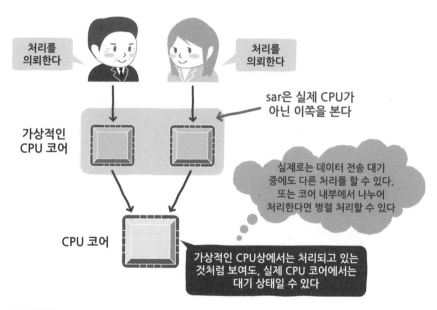

그림 2.15 최근에는 CPU 상태를 알기가 어렵다

■ 함께 보면 효과적인 성능 정보

top 명령 등을 통해 얻을 수 있는 프로세스 단위의 스냅샷 정보와 각종 애플리케이션의 성능 정보다. 예를 들면, DB 서버의 경우에는 DBMS 스냅샷 형식 정보다.

■ 기타

sar는 자동으로 기록되기 때문에, 대략적인 상황 파악을 위해 과거 내역을 확인할 수 있다. sar 명령 자체가 부하가 높다는 소리는 들어 본 적이 없다.

sar 명령은 정보 출력 항목 수가 적어서 정작 필요한 정보 취득이 어려운 경우가 있다. 이 때문에 전용 명령(vmstat나 iostat) 등으로 더욱 상세한 정보를 취득하는 경우도 있다.

이미 15시 22분이 됐다

```
[oracle@em1 ~]$ date
2014년 4월 20일 일요일 15:22:40 KST
[oracle@em1 ~]$ sar -f
Linux 2.6.18-274.3.1.0.1.el5 (em1.XXX)      2014년 4월 20일

14시 56분 16초      LINUX RESTART

15시 00분 02초    CPU    %user    %nice    %system    %iowait    %steal    %idle
15시 10분 01초    all    7.80     0.13     3.98       35.75      0.00      52.35
15시 20분 01초    all    1.68     0.00     2.42       1.67       0.00      94.23
평균값 :          all    4.74     0.06     3.20       18.70      0.00      73.30
```

옵션을 지정하여 자동으로 기록된
파일에서 과거 데이터를 출력한다

그림 2.16 sar 출력 예

2.4.2 vmstat

■ 성능 정보 종류

요약 형식이다.

■ 어디서 측정하고 있는가

OS 커널을 통해 취득할 수 있는 OS 정보를 보고 있다.

■ 알 수 있는 것

실행 대기 중인 평균 프로세스 수와 어떤 이유로 대기하고 있는(블록되고 있는) 평균 프로세스 수, CPU 사용률, 스왑(swap) I/O, 보통 I/O, 컨텍스트 스위치 횟수 등을 알 수 있다.

■ 알 수 없는 것

프로세스 단위 상태, 순간적인 성능 문제(단, 간격을 짧게 하면 어느 정도는 알 수 있음). 원인이 되는 프로그램이나 프로세스. CPU 코어 상태의 차이(일부 문제에서는 코어 단위로 상태가 달라지는 경우가 있다)와 같은 정보는 알 수 없다.

■ 함께 보면 효과적인 성능 정보

top 명령 등 프로세스 단위의 스냅샷 정보, 또는 DB 서버의 경우는 DBMS 스냅샷 정보다.

■ 기타

보통 단기간에 취득해도 문제가 없는 명령이다. 수 초나 수십 초 정도의 문제도 조사해야 하는 시스템이라면 수 초 단위로 설정하면 좋다. CPU 사용률보다 실행 대기 중인 평균 프로세스 수(r열)나 블록된 프로세스 수(b열)에 주목해야 한다.

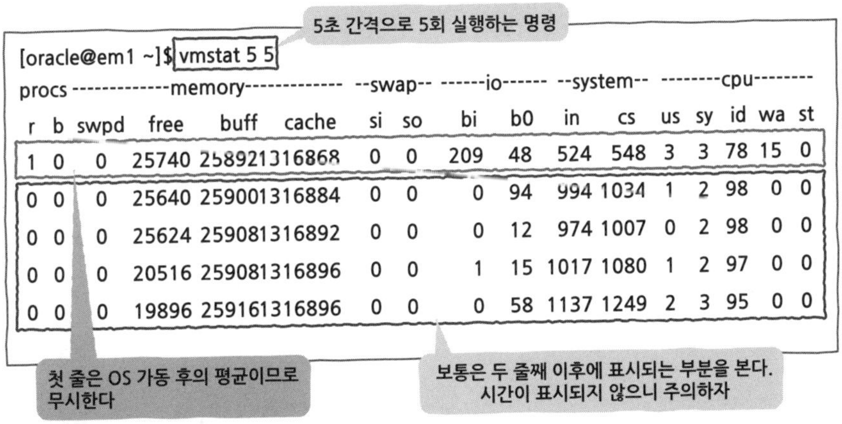

```
                                    ┌ 5초 간격으로 5회 실행하는 명령
[oracle@em1 ~]$ vmstat 5 5
procs -------------memory------------- --swap-- ------io------ --system-- --------cpu--------
 r  b  swpd   free    buff   cache   si  so    bi   b0   in    cs  us sy id wa st
 1  0    0  25740 258921316868    0   0   209   48   524  548   3  3 78 15  0
 0  0    0  25640 259001316884    0   0     0   94   994 1034   1  2 98  0  0
 0  0    0  25624 259081316892    0   0     0   12   974 1007   0  2 98  0  0
 0  0    0  20516 259081316896    0   0     1   15  1017 1080   1  2 97  0  0
 0  0    0  19896 259161316896    0   0     0   58  1137 1249   2  3 95  0  0
```

첫 줄은 OS 가동 후의 평균이므로 무시한다

보통은 두 줄째 이후에 표시되는 부분을 본다. 시간이 표시되지 않으니 주의하자

그림 2.17 vmstat 출력 예

wa열은 주의가 필요하다. 보통 I/O 대기 관련 값이라 생각하기 쉬운데, I/O 대기가 늘면 wa열이 오르는 경향이 있긴 하지만 꼭 그런 것만도 아니다(그림 2.18처럼 디스크 I/O 대기의 wa는 CPU 사용률이 오르면 자연스럽게 줄어든다. 이번 절 후반부에 다시 설명하겠다). I/O 대기에 관해서는 b열을 활용하자. b열은 페이징에 의한 성능 저하 시에도 수치가 올라간다. r열의 적정 값은 CPU 코어 수의 두 배나 네 배 이하라고 하지만, 코어 수가 하나인 경우에는 CPU 사용률이 높아지면 6 또는 7이 돼도 괜찮은 경우가 많다.

그리고 첫 번째 줄은 OS가 가동된 후의 평균을 출력하고 있으니 주의하자. 보통 두 번째 줄 이후부터 본다. 비법 중 하나는 시간을 출력하는 것이다. 어떤 줄이 몇 시 몇 분에 발생한 것인지 알기 쉽게 해두면 조사하기도 쉬워진다.

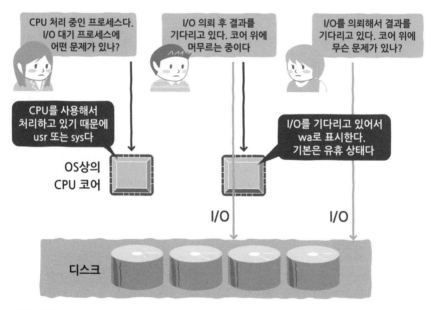

그림 2.18 wa열 확인 시에는 주의가 필요

시간 동기화는 중요하다

시간 동기화는 상용 환경에서는 일반적인 반면, 개발이나 테스트 환경에서는 무시되는 경우가 있다. 시간 동기화는 NTP를 이용하며, 두 가지 의미로 매우 중요하다.

첫 번째는 동기화를 하지 않으면 문제 발생 시에 정보를 파악하는 것이 어렵다. AP 서버에서는 10:01:30인데 DB 서버에서는 12:25:10이라고 가정해 보자. AP 서버의 로그를 보고 DB 서버를 확인하려고 해도 시간이 이미 어긋나서 확인이 어렵다. 어긋난 시간 차이를 알아낸다고 해도, 일일이 변환해야 하므로 스트레스가 쌓인다.

두 번째, 시간 동기화의 중요성은 시간 조정에 관한 문제다. 시간을 맞추려고 시간을 조정하는 경우가 발생할 가능성이 있는데, 이것은 성능 정보를 분석할 때 문제를 일으킬 수 있다. 참고로 이런 현상을 방지하기 위해 slew 모드라는 것이 있다. slew 모드는 조금씩 시간을 조정해서 아주 짧은 시간 조정만 허용하는 모드로, 시간에 민감한 애플리케이션이라면 이 모드를 이용하자.

2.4.3 ps

■ 성능 정보 종류

스냅샷 형식이다.

■ 어디서 측정하고 있는가

OS 커널을 통해 프로세스 정보를 취득한다.

■ 알 수 있는 것

실행 시점에 어떤 프로세스가 상주하고 있는가, 실행 시점이 프로세스 상태(실행 중, 정지 중 등), 프로세스 이름 또는 명령어, 프로세스 번호, 프로세스별 CPU 사용 누적 시간 등을 알 수 있다.

운 좋게 성능 문제가 발생하고 있는 중에 ps 명령이 실행됐다면, 해당 시점에 실행 중인 애플리케이션을 파악하는 것이 가능해져 원인을 찾아낼 수도 있다.

■ 알 수 없는 것

메모리나 CPU 사용률 등의 대략적인 상태나 실행 중인 각 스레드 정보는 초기 설정 상태에서는 알 수 없다.

■ 함께 보면 효과적인 성능 정보

sar이나 vmstat 등의 요약 형식 정보가 있다. ps 명령으로 프로세스를 찾은 후, 프로세스의 스택이나 트레이스 등으로 상세 내용을 조사할 수 있다.

■ 기타

부하가 비교적 높은 명령이기 때문에 짧은 주기로 반복 실행하기에는 적합하지가 않다. 이때는 top 명령을 이용하는데, 횟수가 적어도 ps 명령을 정기적으로 취득해 두면 조사 시에 프로세스 정보를 파악할 수 있어서 편리하다. 예를 들어, 애플리케이션 프로세스 번호 등을 조사할 수 있다. 또한, 정지 중인 프로세스 등 약간 다른 관점에서 프로세스를 조사하고 싶을 때도 있으므로 ps 명령으로 프로세스 목록을 정기적으로 취득해 둘 것을 권한다.

```
[oracle@em1 ~]$ ps -elf
F S UID      PID  PPID  C  PRI NI ADDR   SZ WCHANSTIME TTY   TIME      CMD
4 S root       1    0   0  75  0  —    2592   ?  14:55  ?  00:00:00 init [5]
  ⋮
<중략>
  ⋮
0 S oracle  3386    1   0  75  0  —  260639  —  15:03  ?  00:00:07 oracleord (LOCAL=NO)
0 S oracle  3434    1   0  75  0  —  258270  —  15:03  ?  00:00:00 oracleord (LOCAL=NO)
```

오라클이라는 사용자가 oracleorcl…이라는 명령어를 실행하고 있으며, 프로세스 번호가 3386이라는 것을 알 수 있다. 또한, 현재 상태는 'S'(Sleep)고 지금까지의 CPU 누적 사용 시간이 7초라는 것을 알 수 있다

그림 2.19 ps 출력 예

2.4.4 netstat

■ 성능 정보 종류

요약 형식(성능 통계 정보) 및 스냅샷 형식(라우팅 정보 등)이다.

■ 어디서 측정하고 있는가

드라이버 수준이다. 케이블을 직접 측정하는 것이 아니기 때문에 네트워크 문제를 반드시 검출할 수 있는 것은 아니다.

■ 알 수 있는 것

-a 옵션으로 실행 시점의 소켓 정보(스냅샷 형식)와 -r 옵션으로 실행 시점의 라우팅 정보(스냅샷 형식), -i 옵션으로 인터페이스 단위의 통계 정보(요약 형식)를 알 수 있다.

■ 알 수 없는 것

네트워크 통신에 문제가 발생했는지는 알 수 없다. 최근에는 드라이버 수준의 통계에 잡히지 않는 문제가 많이 발생하므로, netstat의 에러나 파손 수치가 높지 않아도 문제가 발생하는 경우가 있다. 반대로 네트워크 에러나 손실 수치가 올라가서 네트워크를 조사했지만, 과거에 발생한 문제가 남아 있었고 실제로는 해당 시간의 네트워크와는 상관없는 경우도 많았다.

-i로 통신량을 확인하는 경우도 있다. 데이터 통신량은 누적 값이다. 지속적으로 취득해 두면, 차이를 계산해서 해당 시간의 통신량을 구할 수 있다.

■ 함께 보면 효과적인 성능 정보

네트워크 성능이 이상하다고 느꼈다면 해당 네트워크 통신을 사용하고 있는 애플리케이션의 성능 로그(특히 이벤트 형식 로그)를 보거나, 패킷 캡처를 통해 이벤트 로그를 취득해야 한다. 드라이버 수준에서는 괜찮은 것처럼 보여도, 애플리케이션 수준에서 문제가 있는 경우가 많다(그림 2.20).

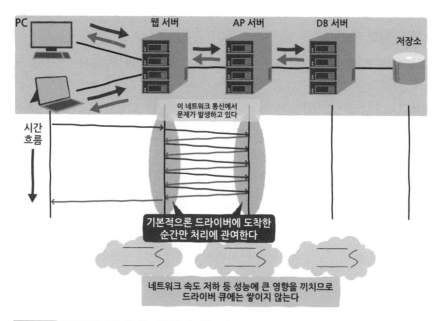

그림 2.20 드라이버 수준에서는 인식할 수 없는 네트워크 문제

■ 기타

저자의 경우, 통신량이나 소켓 목록, 라우팅 정보 등을 확인하고 싶을 때 사용한다. 클라우드 환경이나 테스트, 검증 환경 등에서 필요에 따라 사용하면 편리하다.

```
# netstat -r
Kernel IP routing table
Destination    Gateway           Genmask         Flags   MSS   Window   irtt   Iface
192.168.0.0    *                 255.255.255.0   U       0     0        0      eth0
169.254.0.0    *                 255.255.255.0   U       0     0        0      eth0
default        warpstar-a94142   0.0.0.0         UG      0     0        0      eth0
```

Route(경로) 정보. 192.168.X.X와 169.254.X.X는 직접 통신할 수 있지만,
다른 것(default)은 warpstar 라우터를 통과한다

```
[root@koda22 xe]# netstat -a
Active Internet connections (servers and established)
Proto    Recv-Q    Send-Q    Local Address        Foreign Address           State
tcp      0         0         *:32769              *:*                       LISTEN
tcp      0         0         *:sunrpc             *:*                       LISTEN
tcp      0         0         *:1521               *:*                       LISTEN
〈중략〉
tcp      0         0         192.168.0.22:1521    koda21.localdomain:32796  ESTABLISHED
```

커넥션(접속) 정보. 세 번째 줄에서는 1521(오라클의 리스너)가 LISTEN
상태(접속 요청을 기다리고 있음)인 것을 알 수 있다. 마지막 줄에서는
자신의 1521 포트와 koda21 장비의 32796 포트가 연결돼 있다

그림 2.21 netstat 출력 예

2.4.5 iostat

■ 성능 정보 종류

요약 형식이다.

■ 어디서 측정하고 있는가

블록 장비 수준이다. OS 커널 내부다. 이 때문에 파일 캐시 같은 OS 파일 시스템
수준의 동작은 기록되지 않는다. 이것이, OS상의 애플리케이션 본 성능과 iostat 수
준의 성능 정보가 차이 나는 이유다(그림 2.22).

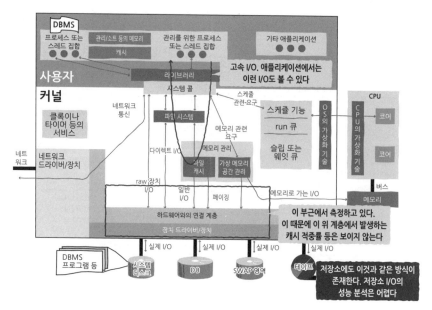

그림 2.22 외형적인 I/O와 실제 I/O

■ 알 수 있는 것

　디스크 사용률을 알 수 있다. -x 옵션으로 응답 시간이나 각종 큐 길이를 알 수 있다. 알기 쉽게 표시하려면 t와 x(리눅스에서는 t는 시간, x는 상세 정보 표시) 옵션을 사용하자. 큐의 길이를 보면 I/O가 얼만큼 발행됐는지 또는 기다리고 있는지를 알 수 있다.

　사용률을 보면 OS 측면에서의 디스크 가동 상태는 알 수 있지만, 주의가 필요하다. 정말 디스크가 한계에 다다랐는지를 OS를 통해 판단하기란 어렵다. 이유는 저장소 측에서 가상화나 분할이 진행되어 OS가 보는 디스크 정보와 실제 상태가 다른 경우가 많기 때문이다(그림 2.23). 다음 장에서 이 문제에 대해 자세히 다룰 예정이다. 한계치에 다다랐는지에 대한 여부는 응답 시간이 악화됐는시로 확인하는 편이 수월할 것이다.

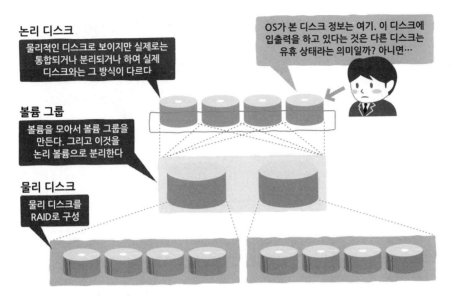

논리 디스크
물리적인 디스크로 보이지만 실제로는
통합되거나 분리되거나 하여 실제
디스크와는 그 방식이 다르다

OS가 본 디스크 정보는 여기. 이 디스크에
입출력을 하고 있다는 것은 다른 디스크는
유휴 상태라는 의미일까? 아니면…

볼륨 그룹
볼륨을 모아서 볼륨 그룹을
만든다. 그리고 이것을
논리 볼륨으로 분리한다

물리 디스크
물리 디스크를
RAID로 구성

그림 2.23 논리적인 디스크와 물리적인 디스크

다음은 active와 wait 개념을 이해해야 한다. active는 OS가 본 발행 완료 상태, wait는 발행하지 않고 남아 있는 상태다. 각 큐 길이와 평균 시간이 표시된다. 저장소가 한계에 다다르면 먼저 active의 큐 길이가 길어지고, 그 다음에 wait의 큐 길이가 길어져서 응답 시간이 더욱 저하된다. svctm 열은 '서비스 시간'이라고 하지만, 실제로는 응답 시간이라 이해하는 것이 맞다.

■ 함께 보면 효과적인 성능 정보

처음 1회째 표시는 가동 이후부터의 평균이기 때문에 무시하자. iostat는 장비가 많으면 부하가 약간 높아지기 때문에 1초 간격으로 실행하는 경우는 많지 않다. 하지만 한 시간 간격은 1~2분 사이에 발생할 수 있는 문제에 대응할 수가 없으므로 1~5분 정도의 간격이 적당하다고 생각한다.

실제 분석을 위해서는 IOPS라는 개념과 처리량이라는 개념을 배워야 하는데, 다음 장의 '3.3 저장소 성능 분석 개념'에서 설명하겠다. 어떤 캐시에도 히트하지 않는 경우, 하나의 I/O 응답 시간은 수 밀리초 정도가 적당하다. 수십 밀리초나 그 이상이 되면, 응답 시간 저하를 의심해야 한다. 참고로 iostat로 기록해야 하는 시스템은 DB

서버와 같이 I/O가 중요한 서버나, 디스크로 인해 문제가 자주 발생하는 서버다.

```
[oracle@em1 ~]$ iostat -xt 5 5
Linux 2.6.18-274.3.1.0.1.el5 (em1.jp.oracle.com)        2014년 04월 20일
시간: 16시 35분 13초
avg-cpu: %user %nice %system %iowait %steal %idle
          1.92  0.84   3.00    7.34   0.00  86.91
Device: rrqm/s wrqm/s   r/s   w/s   rsec/s  wsec/s  avgrq-sz avgqu-sz await svctm %util
sda       3.24  12.67  11.64  6.04  403.57  149.72   31.29    0.40   22.50  8.41 14.87
sda1      0.17   0.00   0.01  0.00    0.36    0.00   31.30    0.00   19.20 18.81  0.02
sda2      3.07  12.67  11.63  6.04  403.19  149.72   31.29    0.40   22.50  8.41 14.86

시간: 16시 35분 18초
avg-cpu: %user %nice %system %iowait %steal %idle
          0.62  0.00   2.05    0.00   0.00  97.33
Device: rrqm/s wrqm/s   r/s   w/s   rsec/s  wsec/s  avgrq-sz avgqu-sz await svctm %util
sda       0.00   4.00   0.00  1.40    0.00   43.20   30.86    0.00    0.14  0.14  0.02
sda1      0.00   0.00   0.00  0.00    0.00    0.00    0.00    0.00    0.00  0.00  0.00
sda2      0.00   4.00   0.00  1.40    0.00   43.20   30.86    0.00    0.14  0.14  0.02
```

첫 번째 출력은 가동 후의 평균값으로, 보통은 무시한다. 참고로 svctm(서비스 시간)이 18.81밀리초다. 디스크가 있지만 자세히 보면 I/O 횟수가 없기 때문에 예외로 처리(튜닝 대상이 아님)하는 경우가 많다

리눅스의 경우, r/s가 초당 읽기 횟수고 w/s가 초당 쓰기 횟수다. await가 I/O의 평균 시간(대기 시간도 포함), svctm이 서비스 시간으로, 디스크 처리에 걸린 평균 시간이다. %util은 디스크 사용률이다. 이 값들을 중심으로 살펴보도록 하자

그림 2.24 iostat 출력 예

2.4.6 top

■ 성능 정보 종류

기본은 스냅샷 형식이다.

■ 어디서 측정하고 있는가

OS 수준의 정보다.

■ 알 수 있는 것

실시간으로 OS 전체 상태를 파악할 때 유용하다. 요약된 정보를 적절하게 갱신해 가며 보여 준다. 구체적으로는 수 초 단위로 OS 전체 상태를 표시하고, 활동이 많은

상위 프로세스만 선별해서 정보를 표시해 준다.

어떤 프로그램이나 프로세스가 많이 동작하고 있는지를 알 수 있어, 문제 발생의 원인이 되는 후보를 쉽게 조사해 낼 수 있다.

■ 알 수 없는 것

실시간으로 표시할 때는 활동이 적은 프로세스 정보를 알 수 없다. 이런 프로세스 정보는 ps를 활용하도록 하자.

■ 함께 보면 효과적인 성능 정보

수상한 프로세스(프로그램)의 성능 정보다. 예를 들어, DBMS라면 해당 시점에 실행되고 있는 SQL 정보가 이에 해당한다. 이 정보를 취득할 수 없으면, 프로세스에 대한 pstack을 취득하면 된다.

■ 기타

top은 약간 부하가 높은 명령어다. 만일을 위해 부하가 주는 영향도를 고려해서 사용하도록 하자.

```
                                            OS 전체 상태를 보여 주는
                                                  각종 정보

top - 17:08:21 up 2:13, 3 users, load average: 0.34, 0.27, 0.17
Tasks: 187 total, 2 running, 183 sleeping, 1 stopped, 1 zombie
Cpu(s): 2.0%us, 1.3%sy, 0.0%ni, 94.0%id, 0.0%wa, 2.0%hi, 0.7%si, 0.0%st
Mem:  2058760k total,   2016300k used,    42460k free,    61512k buffers
Swap: 6094840k total,       12k used,  6094828k free,  1201644k cached

  PID   USER    PR   NI   VIRT   RES   SHR  S  %CPU  %MEM   TIME+    COMMAND
 4654  oracle   16    0   304m   23m   11m  S   3.7   1.2  0:15.35  gnome-terminal
 4235    root   15    0  98.5m   12m  6268  R   1.0   0.6  0:28.66  Xorg
 2646  oracle   -2    0  1001m   16m   14m  S   0.7   0.8  1:02.55  oracle
 3343  oracle   15    0  1177m  259m   20m  S   0.7  12.9  0:54.02  java
    8    root   10   -5      0     0     0  S   0.3   0.0  0:02.31  events/0
23979  oracle   15    0  12760  1160   824  R   0.3   0.1  0:00.12  top
    1    root   15    0  10368   688   580  S   0.0   0.0  0:00.55  init
    2    root   RT   -5      0     0     0  S   0.0   0.0  0:00.00  migration/0
```

이것은 각종 프로세스 상태다. 해당 시점의 상위 활동 프로세스가 표시되는데, 무엇이 원인이 돼서 문제가 발생하는지 조사하기가 쉽다

그림 2.25 top 명령 출력 예

2.4.7 패킷 덤프(wireshark, tcpdump 등)

■ 성능 정보 종류

이벤트 기록 형식이다.

■ 어디서 측정하고 있는가

드라이버 수준 정보다.

■ 알 수 있는 것

어떤 통신을 하고 있는지 상세하게 파악할 수 있다. 패킷 정보를 보면 어느 쪽이 처리 중이고 어느 쪽이 대기 중인지 알 수 있다. 또한, 서버 두 대를 샌드위치로 해서 좀처럼 확인하기 어려운 네트워크 부분 성능을 파악할 수 있다.

■ 함께 보면 좋은 성능 정보

패킷을 조사해서 수상한 애플리케이션을 발견했으면, 어떤 프로그램이 처리하고 있는지, 무엇을 기다리고 있는지를 조사해야 한다. 스냅샷 형식 정보 등으로 어떤 상태인지, 왜 느린지 등을 조사하면 된다. 또한, 네트워크 자체가 수상하다고 판단했다면, 네트워크 전문가에게 도움을 요청하자.

■ 기타

루트(root) 사용자만 실행할 수 있는 툴이다. OS상에서 패킷 덤프를 실행하면 성능에 크게 영향을 끼친다. 이때 발생하는 부하를 허용하거나, 개발 환경 등에 재현해서 정보를 취득하자. 부하를 줄이고 싶다면, 미러 포트(Mirror port)[역주2]라는 설정을 스위치에 적용하는 방법도 있다(상세한 내용은 네트워크 담당자에게 묻도록 하자).

역주2 역자가 네트워크 담당자는 아니지만, 궁금해 할 독자들을 위해 간단히 설명하겠다. 미러 포트는 스위치 장비에 설정하는 기능으로, 스위치 포트에서 발생하는 패킷을 복사해서 네트워크 감시 장비로 보내는 기능이다. 스위치 장비에서 발생하는 트래픽을 조사할 때 사용한다.

최근 고속 네트워크에서는 패킷 덤프를 하면 순식간에 엄청난 정보들을 출력한다. 하지만 매우 짧은 시간을 대상으로 하는 정보이며, 그 양이 너무 방대해서 사람이 직접 읽고 해석하는 것은 불가능하므로 해석 툴(무료도 있다)을 이용해야 한다.

패킷에는 모든 정보가 들어 있는데, 그중에 개인 정보나 패스워드도 들어 있을 수 있다. 이 때문에 패킷 데이터를 외부로 반출하는 것이 어려워져, 현장에서 바로 분석해야 하는 경우도 있다. 이런 제한 사항에 대해서 충분히 인지하고 있어야 한다.

> 사람이 성능을 확인하기 위한 목적이라면 헤더 정보 정도가 적당하다. 100만분의 1초까지 알 수 있다

```
17:35:27.710404 IP em1.jp.oracle.com.dbcontrol_agent > em1.jp.oracle.com.15883: R
1676525934:1676525934(0) win 0
17:35:29.984430 IP em1.jp.oracle.com.ncube-lm > em1.jp.oracle.com.45653: P 2264:2547(283) ack
2009 win 385 <nop,nop,timestamp 9333251 9328248>
17:35:29.984820 IP em1.jp.oracle.com.45653 > em1.jp.oracle.com.ncube-lm: P 2009:2260(251) ack
2547 win 385 <nop,nop,timestamp 9333251 9333251>
17:35:29.984919 IP em1.jp.oracle.com.ncube-lm > em1.jp.oracle.com.45653: . ack 2260 win 385
<nop,nop,timestamp 9333251 9333251>
17:35:31.325002 IP localhost.localdomain.44704 > localhost.localdomain.6150: S
1688447850:1688447850(0) win 32792 <mss 16396,sackOK,timestamp 9334593 0,nop,wscale 7>

17:43:32.632040 IP em1.jp.oracle.com.12976 > em1.jp.oracle.com.dbcontrol_agent: . ack 3565
win 314 <nop,nop,timestamp 9816201 9816200>
    0x0000:  4500 0034 8ca7 4000 4006 2ab5 c0a8 810b
    0x0010:  c0a8 810b 32b0 0f62 822d 4af8 81bc dee9
    0x0020:  8010 013a f000 0000 0101 080a 0095 c889
    0x0030:  0095 c888
17:43:32.632141 IP em1.jp.oracle.com.12976 > em1.jp.oracle.com.dbcontrol_agent: P 758:787(29)
ack 3565 win 314 <nop,nop,timestamp 9816201 9816200>
    0x0000:  4500 0051 8ca8 4000 4006 2a97 c0a8 810b
    0x0010:  c0a8 810b 32b0 0f62 822d 4af8 81bc dee9
    0x0020:  8018 013a 83ab 0000 0101 080a 0095 c889
    0x0030:  0095 c888 1503 0100 1879 b422 09d7 dcc6
    0x0040:  de3b 62be 7ee3 f1c3 ccc0 41e2 4ebd 1afc
    0x0050:  af
```

> 실 데이터를 볼 수 있다. 성능이라는 관점에서는 사람이 이 정도까지 볼 필요는 거의 없다. 단, 상세한 원인 분석이 필요한 경우에는 툴을 이용한 분석이 필요하며, 이때는 이 정도 수준의 정보가 필요하다

그림 2.26 패킷 덤프 예

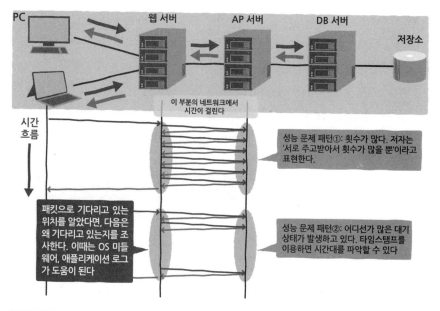

그림 2.27 성능 관점의 패킷 분석 비법

2.4.8 pstack

■ 성능 정보 종류

스냅샷 형식이다.

■ 어디서 측정하고 있는가

OS가 보는 콜 스택(Call stack)[주4] 정보다.

■ 알 수 있는 것

해당 프로그램(프로세스)가 실행 순간에 어떤 처리를 실행하고 있는지 알 수 있다. 어디까지나 스냅샷이므로, 반복 실행해서 정보를 취득해야 한다. 프로그램이 무언가

___

주4 1.5.6절에서 소개한 '스택'구조로 구성되어 있다.

를 기다리고 있다면, 아무리 pstack을 실행해도 같은 콜 스택에서 기다리게 된다. 같은 처리가 반복되고 있는 경우도 같은 스택이 많이 보인다.

■ 알 수 없는 것

pstack은 스냅샷이기 때문에 계속 같은 상태였다는 것을 단정지을 수 없다. 같은 상태인지를 조사하려면, 이벤트 기록 형식 툴을 함께 확인할 필요가 있다(그림 2.28). 참고로 OS가 보는 콜 스택이기 때문에 애플리케이션이 호출하고 있는 함수명과 다를 수 있다[주5].

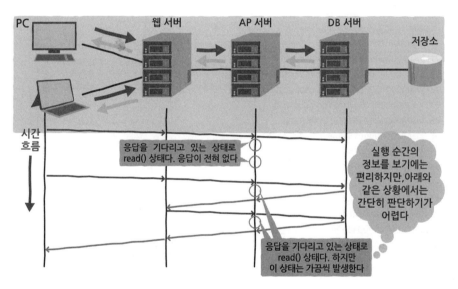

그림 2.28 스냅샷 형식에서 주의할 사항

■ 함께 보면 효과적인 성능 정보

이벤트 기록 형식 툴을 함께 사용하면, 대기 상태인 것과 그 상태에서 벗어났는지를 증명할 수 있다.

주5 예를 들어, 애플리케이션이 semop 함수(시스템 콜)를 호출했다고 하자. semop()을 호출해도 pstack으로 보면 semsys()라고 표기된다.

■ 기타

일반적으로 pstack은 부하가 낮다고 알려져 있으며, 성능에는 거의 영향을 주지 않는 툴이다. 그림 2.29는 pstack의 출력 예다.

참고로 자신이 개발한 프로그램이라면 pstack으로 함수명을 파악한 후, 소스 코드를 살펴보면서 어느 함수에서 시간이 걸리고 있는지 조사하면 된다. 한편, 패키지 제품의 함수명은 비공개인 경우가 많아서 조사가 어렵다. 단, 콜 스택상에 표시되는 OS 함수는 인터넷에서 찾아보면 내용을 조사할 수 있다.

오라클 서버의 프로세스 예

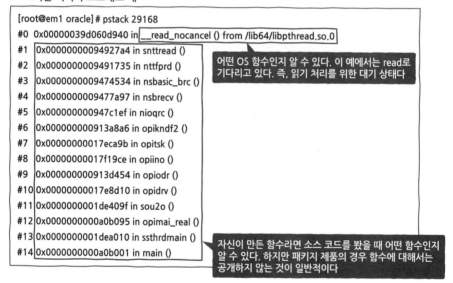

```
[root@em1 oracle] # pstack 29168
#0  0x00000039d060d940 in __read_nocancel () from /lib64/libpthread.so.0
#1  0x00000000094927a4 in snttread ()
#2  0x0000000009491735 in nttfprd ()
#3  0x0000000009474534 in nsbasic_brc ()
#4  0x0000000009477a97 in nsbrecv ()
#5  0x000000000947c1ef in nioqrc ()
#6  0x000000000913a8a6 in opikndf2 ()
#7  0x00000000017eca9b in opitsk ()
#8  0x00000000017f19ce in opiino ()
#9  0x000000000913d454 in opiodr ()
#10 0x00000000017e8d10 in opidrv ()
#11 0x0000000001de409f in sou2o ()
#12 0x0000000000a0b095 in opimai_real ()
#13 0x0000000001dea010 in ssthrdmain ()
#14 0x0000000000a0b001 in main ()
```

어떤 OS 함수인지 알 수 있다. 이 예에서는 read로 기다리고 있다. 즉, 읽기 처리를 위한 대기 상태다

자신이 만든 함수라면 소스 코드를 봤을 때 어떤 함수인지 알 수 있다. 하지만 패키지 제품의 경우 함수에 대해서는 공개하지 않는 것이 일반적이다

그림 2.29 pstack 출력 예

2.4.9 시스템 콜(strace 등)

■ 성능 정보 종류

이벤트 기록 형식이다.

■ 어디서 측정하고 있는가

OS가 보는 프로세스의 시스템 콜 정보다.

■ 알 수 있는 것

어떤 시스템 콜에서 기다리고 있는지, OS의 어떤 함수에서 시간이 걸리고 있는지를 알 수 있다.

■ 알 수 없는 것

애플리케이션 내부 어디쯤에서 시간이 걸리고 있는지는 알 수가 없다.

■ 함께 보면 효과적인 성능 정보

먼저 top 명령 등을 이용해서 어떤 프로세스가 의심스러운지 파악해야 한다. 파악하여 대상을 특정한 후, 필요에 따라 strace를 실행한다(특히, OS가 수상한 경우에는 strace를 사용한다).

함께 취득하면 효과적인 것은 정기적인 pstack 정보다. 이를 통해 대기 상태가 된 경우, 콜 스택도 함께 알 수 있다.

■ 기타

strace는 다른 조사 방법이 없을 때 사용한다. 패키지 제품에 사용할 때는 지원 여부를 확인하자.

strace는 부하가 높기 때문에 테스트 환경에서 문제를 재현한 후에 적용하도록 하자. 상용 환경에서는 처리가 늦어질 수 있다는 것을 인식한 뒤에 실행하도록 한다. 또한, strace 자체에 의해 속도가 더 느려질 수 있다는 것에 주의해서 분석하자.

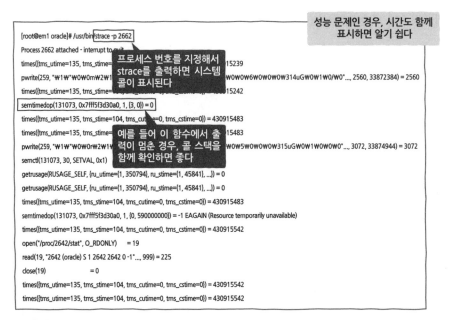

그림 2.30 strace 출력 예

2.4.10 프로파일러(Profiler)

■ 성능 정보 종류

요약 형식이다.

■ 어디서 측정하고 있는가

OS가 본 특정 프로세스의 함수 처리 시간이다.

■ 알 수 있는 것

어떤 함수가 몇 번 호출됐는지, 어떤 함수에서 시간이 걸리고 있는지를 알 수 있다.

■ 알 수 없는 것

순간적으로 발생하는 문제의 원인은 알기 어렵다.

■ 함께 보면 효과적인 성능 정보

가능하면 이벤트 기록 형식 정보도 함께 보자. 이를 통해 처리 중인 OS나 I/O, 네트워크에 의해 대기 상태가 발생하는지를 알 수 있다.

■ 기타

프로파일러는 개발자가 개발 환경에 있는 프로그램 전체 중 어디에서 시간이 걸리고 있는지 조사할 때 유용하다. 원래 OS 프로파일러는 대상 프로그램 컴파일 시에 -g(디버그) 옵션을 필요로 하는데, 이 때문에 대부분 자작 애플리케이션 조사에 사용된다. 프로파일러는 환경에 따라 명칭이 다르다(리눅스에서는 perf, Gnu에서는 gprof 등).

프로파일러는 OS상에서 성능 정보를 취득하기 위한 툴이지만, 각종 언어에서도 성능 분석에 많이 사용되기 때문에 세상에는 다양한 프로파일러 기능과 툴이 존재한다. 예를 들면, 자바 프로파일러나 PL/SQL 프로파일러 등도 있다. 참고로 OS 프로파일러는 이론상으로는 pstack을 연속 실행해도 같은 정보를 얻을 수 있다.

저자는 pstack을 연속 실행해서 어디서 처리하고 있는지 찾는 경우가 있다(그림 2.31). 현장에서는 프로파일러를 바로 실행할 수 없는 경우가 많으므로 이런 방법도 알아 두면 편리하다.

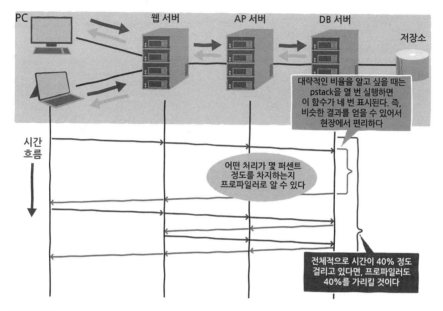

그림 2.31 프로파일러 처리와 pstack으로 대신하는 방법

2.4.11 윈도우즈의 경우

자세히 다루지 않지만 윈도우즈의 경우, 저자는 다음과 같은 툴이나 통계 정보를 사용한다. 보통 때 보지 못한 툴도 있는데, 이것은 제어판 깊이 숨겨져 있다. 특히, 성능 감시에 대해서는 여기서 다루는 항목 외에도 많은 수가 존재하므로, 필요한 사람은 반드시 조사해 보도록 하자.

■ 윈도우즈의 작업 관리자

sar나 vmstat, ps, top 등에 상응하는 툴이다. 익히 알려진 툴로, 애플리케이션을 강제로 종료할 때 많이 사용했을 것이다. 이외에도 프로세스가 CPU를 소비하고 있는지나 메모리의 전체적인 상태를 파악할 수 있다.

이미지 이름	사용자 ...	CPU	메모리(...	설명
smss.exe	SYST...	00	500 KB	Window...
SnippingTool.exe	kim	02	2,752 KB	
spoolsv.exe	SYST...	00	6,208 KB	Spooler ...
svchost.exe	LOCA...	00	11,096 KB	Host Pro...
svchost.exe	SYST...	01	9,396 KB	Host Pro...
svchost.exe	LOCA...	00	8,880 KB	Host Pro...
svchost.exe	SYST...	00	4,188 KB	Host Pro...
svchost.exe	NETW...	00	4,096 KB	Host Pro...
svchost.exe	SYST...	00	19,660 KB	Host Pro...
svchost.exe	SYST...	00	1,980 KB	Host Pro...
svchost.exe	LOCA...	00	1,512 KB	Host Pro...
svchost.exe	NETW...	00	6,776 KB	Host Pro...
svchost.exe	LOCA...	00	9,300 KB	Host Pro...
svchost.exe	LOCA...	00	5,668 KB	Host Pro...
svchost.exe	SYST...	00	1,352 KB	Host Pro...
svchost.exe	SYST...	00	16,692 KB	Host Pro...
System	SYST	01	80 KB	NT Kern...

그림 2.32 작업 관리자

■ 윈도우즈의 성능 모니터(perfmon)

sar, vmstat, iostat 등에 상응하는 툴이다. 성능 정보를 기록하거나 기록이 끝난 성능 데이터를 분석할 수 있으며, 작업 관리자에 비해 더 전문적인 툴이라 할 수 있 겠다[역주3](그림 2.33).

통계 항목이 많아서 처음에는 어려울 수 있다. 하지만 사용하다 보면 자신이 자주 보는 항목은 몇 개 안될 것이다. 저자가 자주 사용하는 것은 'Processor의 Privileged time(커널 시간 비율)' 'Processor의 User time(사용자 시간 비율)' 'System의 Processor Queue Length(CPU 대기 수)' 'PhysicalDisk의 Avg. Disk Queue Length(I/O 대 기 수)' 'Memory의 Pages/sec' 등이다.

역주3 이 툴은 윈도우즈 시작 버튼의 검색 창에 'perfmon'을 입력하면 실행할 수 있다

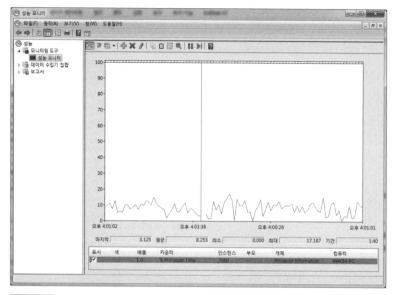

그림 2.33 성능 모니터

■ 윈도우즈 리소스 모니터

vmstat 등에 상응하는 툴이다. 리소스 단위로 상태를 표시해서 분석 범위를 좁힐 수 있으며, 리소스부터 조사하고 싶은 경우에 편리하다(그림 2.34).

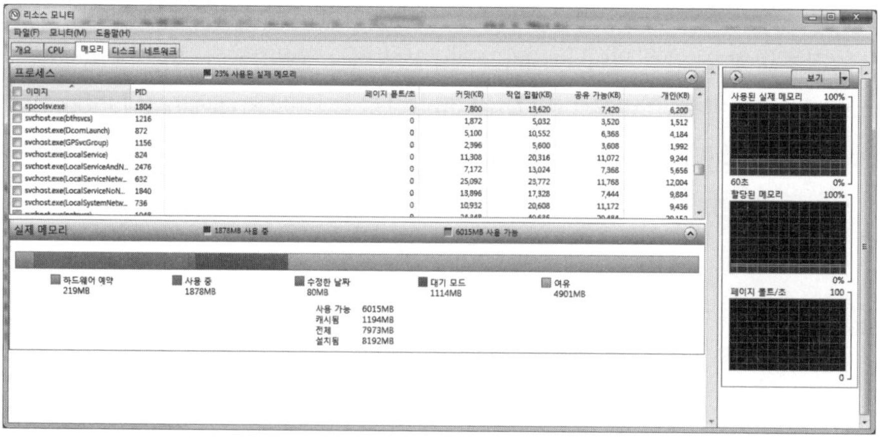

그림 2.34 리소스 모니터

실전 시스템 성능 분석

3.1 | 웹/AP 서버와 자바/C 애플리케이션

서버와 애플리케이션 성능 분석에 대해 설명하겠다.

3.1.1 웹 서버의 접속 로그

웹 서버의 경우 접속 로그가 기본이다. 접속 로그는 언제, 어떤 요청이 왔는지를 알 수 있는 이벤트 형식 로그다. 시간이나 URL 정보뿐만 아니라, 응답에 어느 정도 시간이 걸렸는지 기록할 수 있다.

접속 로그란 어떤 것일까? 부하 집중을 알 수 있는 로그다. 성능 분석 시에 부하가 높았는지 확인할 때 유용하며, 반대로 부하가 낮지는 않은지나, 처리 속도가 늦지는 않은가 등도 확인할 수 있다. 성능 문제를 분석할 때는 반드시 정확한 정보가 주어진다고 할 수 없다. XX시 XX분 XX초라는 정보를 정보를 받아도, 실제 그 시간에 접속이 발생하지 않았을 수도 있다. 또한, 도착 시간과 응답 시간 양쪽을 기록해 두면, 웹 서버에 어떤 문제가 발생하고 있는지 알 수 있다(그림 3.1).

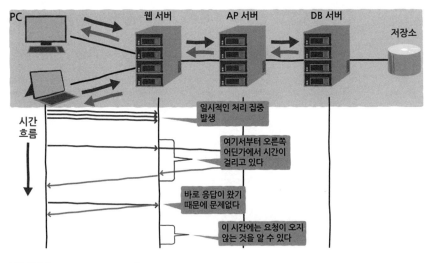

그림 3.1 접속 로그로 알 수 있는 것

웹 서버는 접속 해석 툴을 이용해서 성능 등의 정보를 취합할 수 있다. 운용상 자주 분석해야 하는 경우는 이런 툴을 활용하도록 하자.

3.1.2 애플리케이션/AP 서버 로그

자바나 C 언어 애플리케이션은 예전부터 Log4J 등을 이용해서 로그를 애플리케이션 내에 출력했다. '이 처리가 XX시 XX분 XX초에 처리를 시작했다' 등의 로그로 출력하는 방법이다. 이것은 이 책의 분류 기준으로 보자면 이벤트 기록 형식이라 할 수 있다. 또한, 항상 출력하는 것이 아니라 설정을 통해 로그 출력 기능을 끌 수도 있다. 앞의 웹 서버 접속 로그와 함께 사용하면, '이 요청이 이 시점의 애플리케이션 처리와 연결돼 있구나' 하는 식의 분석이 가능해진다. 단, 로그 출력 동기화에 대한 주의가 필요하다. 로그 출력이 대량이면, 로그 출력 동기를 기다려야 해서 애플리케이션 속도가 전반적으로 느려질 수 있다. 이때는 뒤에서 설명하는 비동기 방식을 활용하면 된다.

그러면 요약 형식 정보는 취득할 수 없는 것일까? 자바나 C 언어라면 프로파일러를 활용하면 된다. 처리 분포를 보고 '이 함수를 빠르게 하면 성능이 올라갈 것 같다'는 식의 성능 분석을 할 수 있다. C 언어 애플리케이션의 경우, 플랫폼에 맞는 프로파일러를 사용하면 된다. 자바는 어떨까? 자바는 자바 VM에 맞는(또는 포함된) 프로파일러 툴을 사용하면 된다. 선 자바(Sun Java) VM의 경우, VisualVM(jvisualvm)이라는 자바 VM 부속 툴을 이용해서 프로파일을 볼 수 있다. 단, 성능에 크게 영향을 주기 때문에 상용 환경보다는 테스트 환경에서 사용하는 것이 일반적이다.

그러면 스냅샷 정보도 취득할 수 있을까? C 언어 프로그램에서는 앞서 다룬 pstack 등의 OS 툴을 사용할 수 있다. 자바는 스레드 덤프를 사용하면 된다. 스냅샷 정보기 때문에, 짧은 순간에 빌생히는 문제가 아닌, 장시가에 걸쳐 발생하는 문제를 분석하기에 적합하다.

자신이 기록하지 않고, 자동으로 이벤트 형식 정보를 취득할 수는 없을까? 자바에는 이를 위한 몇 가지 툴이 존재한다. 예를 들어, HotSpot VM에서는 Flight Recorder라는 툴로 상세 로그 정보를 출력할 수 있다. 참고로, 이 정보를 바탕으로 프로파일도 가능하다. 상용 환경에서 갑자기 성능이 악화된 경우에는 Flight Recorder 같은 툴을 설치해 두면 쉽게 조사할 수 있다.

■ 자바와 C 언어의 성능 정보 취득 차이

성능 정보 취득에 있어 자바와 C 언어의 차이점은 무엇일까? 그것은 GC 로그다. 자바는 가상 머신(자바 VM)상에서 동작하고 있고, GC(Garbage Collection, 가비지 콜렉션)를 하고 있어서 성능에 영향을 줄 수 있다. 성능 분석의 관점에서는 GC 로그를 출력할 것을 권한다. 이를 통해, 그 기반인 자바 VM이 정상적으로 동작하고 있는지, GC가 발생하고 있는 애플리케이션에 영향을 주고 있는 것은 아닌지, 또는 풀 (Full) GC에 의해 GC가 동작하고 있는지를 알 수 있다. 자바 컨설턴트에 의하면 이 GC 로그를 제대로 활용하지 않아서 성능 문제를 해결하지 못하는 경우가 많다고 한다. 기반이 받쳐 주지 못하면 그 위에서 동작하는 애플리케이션이 제대로 동작하지 못한다. 이런 의미에서도 GC 로그는 무척 중요하다.

■ AP 서버 로그

다음은 AP 서버다. 이번 장의 서두에서 '도착과 출발'을 항상 염두하자고 얘기했었다. 도착 후에 저장되는 위치는 1장에서도 소개한 큐다. 예로 웹로직 서버의 경우 워크 매니저를 들 수 있으며, DBMS 쪽으로 출발하는 것은 JDBC 접속 풀이다. 그리고 도착과 출발 사이의 활동 상태는 스레드를 보면 알 수 있다(그림 3.2). 이 큐와 스레드, 연결 풀(또는 연결)은 저자의 경험상 어떤 AP 서버에도 해당되는 성능 분석의 핵심이다.

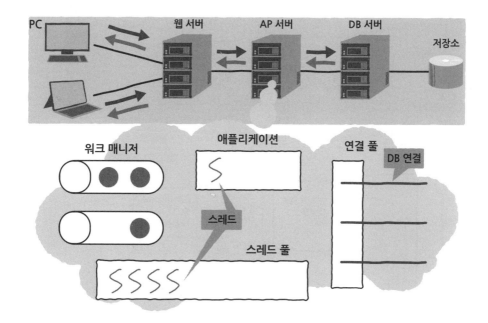

그림 3.2 웹로직 서버에서 확인해야 할 포인트

＊　＊　＊

이상의 내용을 정리하면 AP 서버가 있는 자바의 경우 그림 3.3과 같은 형태가 된다. OS상의 동작이나 자바 VM 동작을 무시할 수 없다는 것은 잘 알 것이다.

그리고 AP 서버가 없는 C 언어 프로그램은 그림 3.4와 같다. 애플리케이션 엔지니어라도 분석 시에는 이런 그림을 머릿속에 그려낼 수 있어야 한다.

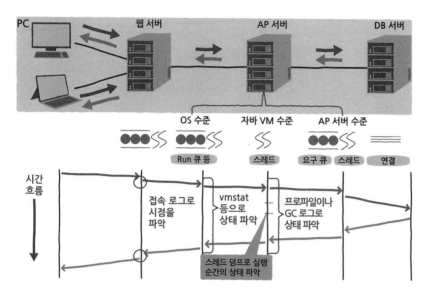

그림 3.3 AP 서버가 있는 자바 예[주1]

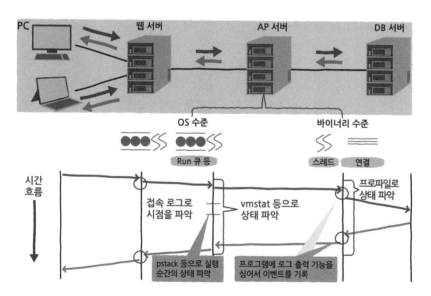

그림 3.4 AP 서버가 없는 C 언어 프로그램 예[주2]

주1 AP 서버를 3계층으로 표현한 경우
주2 AP 서버를 2계층으로 표현한 경우

3.2 | DB 서버의 성능 측정

DB 서버의 경우, OS나 네트워크 I/O에 대해서는 지금까지 설명한 대로다. 그래서 DBMS 부분만 별도로 요약 형식, 스냅샷 형식, 이벤트 기록 형식의 세 가지 관점에서 설명하겠다. 구체적인 툴 설명은 생략할 것이므로 해당 DBMS의 매뉴얼 등을 참고하자.

3.2.1 DBMS 성능 측정 이론

DBMS의 경우 요약 정보를 분석하는 것이 중요하며, 여기에 추가로 세션이나 SQL을 확인하는 것이다(그림 3.5). DB 서버에서는 스레드(세션)가 다수 존재하지만, 각각을 연속적으로 확인할 필요가 있다.

그 이유는 DB 서버에서는 스레드(세션) 간에 일어나는 처리를 자주 확인할 필요가 있어서다. AP 서버에서는 각 스레드가 비교적 독립된 처리를 하지만, DB 서버는 데이터를 일괄 관리하기 때문에 스레드 간 처리나 리소스 경합이 발생하기 쉽다. 물론 AP 서버와 마찬가지로 OS의 영향도 무시할 수 없다.

또한, DBMS는 많은 서버로부터 요청을 받기 때문에, 상용 DBMS 대부분은 병렬 처리를 전제로 만들어져 있다. 이와 같은 이유로 DBMS 성능 분석 시에는 다수의 스레드가 존재한다는 것을 항상 인식해야 한다.

이처럼 다수의 프로세스나 스레드가 전제돼 있는 DBMS에서는 먼저 전체적인 개념을 알아 두는 것이 중요하다. 오라클(그림 3.6)의 경우는 AWR(또는 Statspack)이 전체 구조를 보여 준다. 이것을 기반으로 필요에 따라 세부 내용을 조사하는 방식이다.

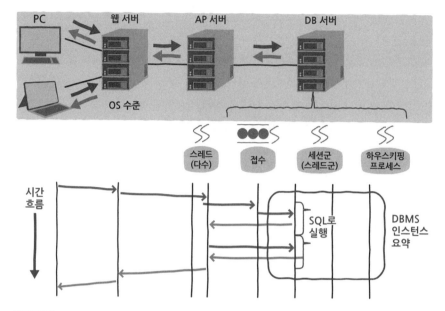

그림 3.5 DB 서버 성능 구조

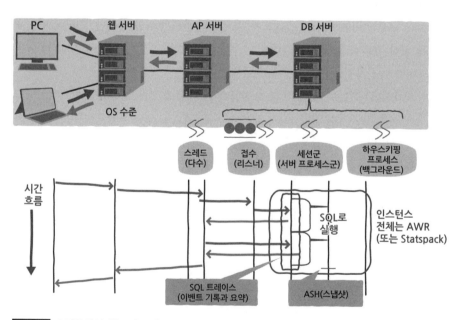

그림 3.6 오라클에서 성능 정보 취득

세부 조사는 SQL 단위 또는 세션 단위로 한다. SQL의 요약 정보는 SQL 트레이스를 통해 확인할 수 있다. 하지만 이것만으로는 세션이 락 대기를 하고 있을 경우에는 상태를 알 수 없다. 이때 필요한 것이 세션군의 스냅샷으로, ASH(Active Session History)를 통해 알 수 있다.

3.2.2 성능 정보 마무리

DBMS를 통해 취득할 수 있는 정보는 다양하다. 이 가운데 중요한 것은 CPU 처리 시간 외의 대기 시간(I/O 대기나 락 대기 등) 조사와 CPU 처리 시간+대기 시간이 SQL 시간이라는 것이다. 이 CPU 처리는 1장에서 소개한 알고리즘으로 동작한다. 또한 대기 시간이 반드시 필요한 것인지, 아니면 줄일 수 있는 시간인지 분석해야 한다.

여기까지 조사하면 DB 서버 성능 분석은 어느 정도 마무리된다. 다음 단계는 튜닝이다(그림 3.7).

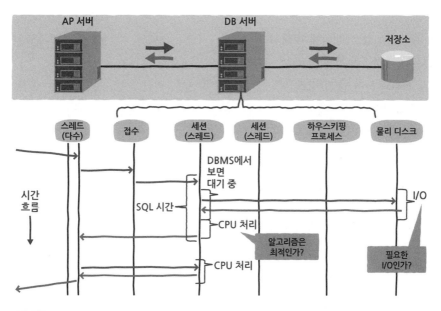

그림 3.7 DB 서버 분석 구조

> **Column**
>
> ## 배치 성능 측정
>
> 지금까지 소개한 것은 온라인 처리를 전제로 한 내용이었다. 여기서는 배치(Batch) 처리 고유의 내용에 대해 생각해 보도록 하자. 배치 처리는 잡(Job) 스케줄러를 사용하는 것이 일반적이다. 이 잡 스케줄러는 언제 시작하고 언제 종료했는지를 기록한다.
>
> 2장 서두에서 '시간 범위(샌드위치)'에 대해 설명했지만, 배치 처리의 경우 시간 전부터 끝날 때까지 뿐만 아니라 도중에도 정보를 계속 취득하는 것이 좋다. 이것은 배치 처리가 장시간에 걸쳐 여러 처리를 조합해서 실행하는 경우, 각 처리 단위별로 조사할 수 있기 때문이다. 결국 2장 서두에서 설명한 것처럼, 어떤 문제를 분석하고 싶은 것인지를 고려하는 것이 중요하다.

3.3 │ 저장소 성능 분석 개념

저장소 성능 분석 개념에 대해 소개하겠다. 저장소 외에도 적용할 수 있는 개념이 있으니 잘 배워 두도록 하자.

저장소라고 하면 물리 디스크를 생각할 수 있는데, 최근 저장소는 CPU는 물론, OS까지 탑재하고 있는 것도 있다. 심지어 최신 대형 스토리지는 그 자체가 DB 서버 같은 역할을 하는 것도 있다.

3.3.1 저장소 용어

먼저 관련 성능 용어에 대해 설명하겠다.

■ 응답 시간

스토리지 I/O는 요청을 받아 거기에 응답하는 형식이 일반적이다. 응답이 돌아오기까지의 시간을 응답 시간이라고 한다.

■ IOPS

Input Output Per Second의 약자다. 물리 디스크는 1초당 처리할 수 있는 횟수가 정해져 있는데, 이것은 기계적인 동작이 필요하기 때문이다(그림 3.8). 1초당 I/O 횟수를 IOPS라고 한다. 대부분의 시스템에서는 스토리지가 성능적으로 한계에 다다랐을 경우, IOPS도 한계 상태인 경우가 많다. 일반 디스크는 최대 200IOPS 정도다. 주의해야 할 것은 I/O 크기가 클수록 IOPS가 줄어든다는 점이다.

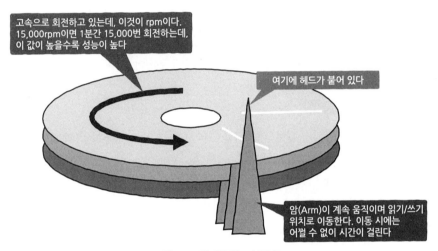

즉, I/O에 걸리는 시간은
'암 이동 시간+회전 대기 시간+실제 읽기/쓰기 시간'이 된다

그림 3.8 물리 디스크와 IOPS

참고로 SSD 등의 전자적 디스크는 이 IOPS가 크다는 것이 장점이다. IOPS라는 개념은 물리 디스크뿐만 아니라 저장소용 각종 어댑터에도 적용할 수 있다.

■ 처리량

응답은 각 요청에 대한 응답이었다. 응답 시간을 향상시키면 작업량을 증가시킬 수 있다. 한편, 병렬로 처리해서 전체적인 작업량을 늘리는 방법도 있다. 특정 시간당 작업량을 처리량이라고 표현한다. 성능을 생각할 때는 처리량인지, 응답인지,

101

IOPS인지를 잘 구분하도록 하자.

■ 캐시 적중률

저장소 세계에서는 1장에서 소개한 캐시가 디스크, 스토리지, OS 등 여러 곳에 존재한다. 캐시가 제대로 동작하고 있는지 나타내는 지표로 캐시 적중률(Cache hit ratio)이 사용되는데, 이것은 처리 횟수 대비 캐시가 얼마나 처리됐는지의 비율이다. 그 수치는 100%에 가까울수록 좋다.

참고로 캐시 적중률에는 몇 가지 주의 사항이 있다. 먼저 1장에서 소개한 라이트 백(write back) 형식의 경우, 특별한 일이 없는 한 쓰기 처리는 100% 캐시 적중률이 된다. 또한, 읽기 I/O가 간단하지 않다는 점도 인지해 두어야 한다.

■ 더티(또는 더티 블록)

변경됐지만 아직 저장되지 않은 데이터를 '더티(Dirty)'라고 부른다. 1장에서 소개한 캐시는 기본적으로 정식 저장 위치가 아니므로, 언젠가는 더티 데이터가 저장돼야 한다. 더티가 아닌 데이터는 정식 저장 위치에도 데이터가 있기 때문에 캐시상에서 제거해도 문제가 없으나, 더티 데이터의 경우 제거해서는 안 된다. 캐시상에 더티 데이터가 대량으로 축적되면 I/O로 인한 문제가 발생한다.

3.3.2 저장소 성능 개념 – IOPS를 중시

먼저 구성을 이해해 보자. 저장소 담당자에게 요청하면 구성도를 받을 수 있을 것이다. 대형 저장소의 경우, 구성이 매우 복잡해서 선들이 매우 복잡하게 얽혀 있을 것이다.

간단한 저장소 구성이라면 iostat 항목에서 설명한 것과 많은 차이가 나지 않는다. 반면, 복잡한 구성의 경우는 '이 논리 장비는 물리적으로는 몇 개의 디스크로 연결돼 있을까?'를 생각해 보아야 한다.

큰 데이터를 읽을 때의 성능 개념은 심플하다. 디스크의 최대 전송량만 고려하면 된다. 하지만 파일 시스템이나 DB 서버의 경우는 얘기가 달라진다. i-node 정보 등의 관리 정보를 읽어야 하고, DB 서버의 경우는 관리 정보 외에도 인덱스를 읽어야 하는 경우가 많다. 이 때문에 작은 I/O가 빈번히 발생하는 것이 실제 저장소의 일상이다.

IOPS를 중시하는 방식에서는 I/O를 균일하게 분배하도록 설계하는 것이 중요하다. IOPS가 물리 디스크에서 어느 정도 발생하는지를 확인하면 될 것 같지만, 실제 성능 문제에서는 디스크 사용률과 큐 대기량을 먼저 확인해야 한다(그림 3.9).

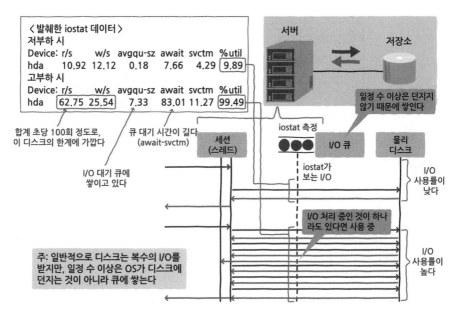

그림 3.9 저장소 성능 개념①

이것이 유효한 것은 단순한 디스크 구성일 때다. 복잡한 구성에서는 어떻게 될까? iostat 설명 시에 소개한 것처럼 여러 디스크를 하나의 논리 디스크로 구성하는 경우가 있는데, 이때 한계에 다다른 것처럼 보여도 실제로는 여유가 있는 경우도 존재한다(그림 3.10).

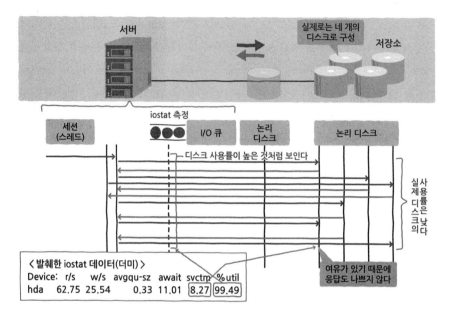

그림 3.10 저장소 성능 개념②

　더욱 복잡한 구성에서는 전혀 다른 디스크에 I/O를 해야 하는데 같은 디스크를 사용하는 경우가 있으며(그림 3.11), 반대로 같은 디스크를 사용해야 하는데 다른 디스크에 접근하는 경우도 있다.

　즉, iostat의 사용률이나 I/O 횟수가 절대적인 지표가 아니라는 것이다. 실제로 사용할 수 있는 지표는 응답 저하다. 대기 행렬 이론을 통해 알 수 있듯이, I/O 횟수가 한계에 다다르면 응답이 악화된다. 이런 현상에 기반해서 한계 도달 정도를 파악한다.

　대형 저장소의 경우, 저장소 자체가 서버인 경우가 있다. 그리고 저장소 내부의 I/O 정보를 취득할 수도 있다. 외부에서 분석하기에는 한계가 있으므로, 내부 정보를 모르고는 최대치에 도달했는지 알기가 어렵다.

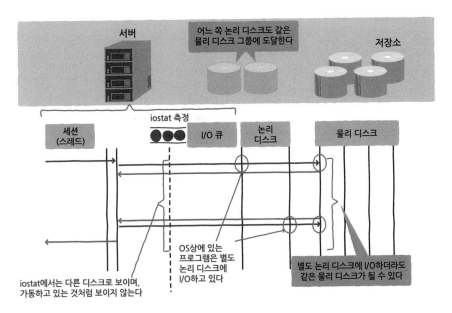

그림 3.11 저장소 성능 개념③

이어서 I/O에서 병목 현상이 발생해도 대기 행렬이 되지 않는 경우가 있다. 바로, 핑퐁(탁구)으로 인해 성능이 저하되는 경우다. 핑퐁이라는 것은 각 회당 처리는 짧지만, 주고받는 횟수가 많아서 전체 성능이 저하되는 것을 의미한다. I/O에는 최소로 필요한 시간이 있다. 이것도 하나의 I/O 병목 현상으로, 배치 처리처럼 특정 스레드 처리로 인해 발생하기 쉬운 현상이다(그림 3.12).

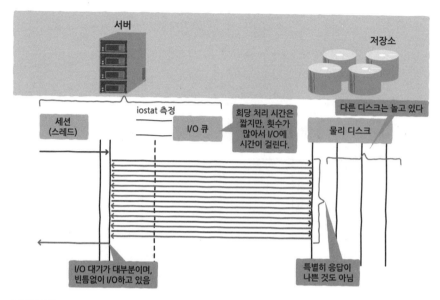

서버

저장소

다른 디스크는 놓고 있다

iostat 측정

세션
(스레드)

I/O 큐

회당 처리 시간은
짧지만, 횟수가
많아서 I/O에
시간이 걸린다.

물리 디스크

I/O 대기가 대부분이며,
빈틈없이 I/O하고 있음

특별히 응답이
나쁜 것도 아님

그림 3.12 핑퐁으로 성능이 저하됨

참고로, 저장소 캐시에 히트하고 있으면 I/O는 1밀리초 이하, 디스크에 직접 I/O
하면 8밀리초 이하다. 이 이상이 되면 어딘가에서 대기 행렬이 발생하고 있다는 것
이다.

■ I/O와 캐시에 의한 성능 저하

I/O와 캐시가 야기하는 성가신 성능 문제도 있다. 1장에서 소개한 라이트 백 캐시
에서 발생하는 현상으로, 더티(변경 완료) 블록으로 캐시가 넘쳐나는 경우다. 이것은
DBMS, OS, 저장소 모두에서 발생할 수 있다.

그럼 캐시 내 공간이 부족해지면 어떻게 될까? 제품에 따라 다르지만, 갑자기 대기
상태가 되는 것도 있고 잠시 성능을 조절하는 것도 있다. 어떤 경우든 공통적인 것이
쓰기 처리가 매우 느려지는 현상이다(그림 3.13).

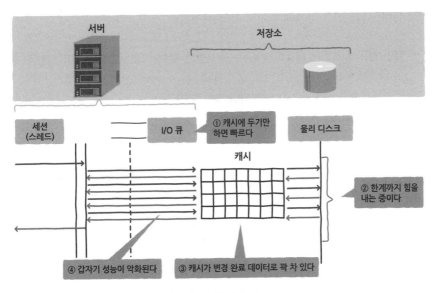

그림 3.13 캐시 공간이 부족해지면 성능이 큰 폭으로 악화

최근에는 저장소와 네트워크 간 경계가 애매해지고 있다. 예전 디스크는 서버에 직접 연결하든가 저장소 전용선으로 연결했다. 최근에는 저장소가 네트워크와 연결될 뿐 아니라 일반 LAN을 사용해서 연결되며, 디스크 I/O가 네트워크 I/O가 되는 경우가 늘고 있다. NAS(Network Attached Storage) 및 클라우드 환경에서는 디스크 I/O가 일반 TCP/IP 네트워크로 처리되는 경우가 많으므로, 주의가 필요하다. 자세한 내용은 7장의 클라우드에서 소개하겠다.

3.4 | 네트워크 성능 분석 개념

저장소 다음은 네트워크다. 네트워크 세계는 깊다. 하지만 저자는 명령어나 장비를 제외하면, 저장소와 같은 개념이라고 생각한다. 예를 들어 처리량이라든가 IOPS 등을 고려하는 것, 샌드위치 방식으로 분석하는 것, 대기 행렬을 인식하는 것 등, 공통점이 많다. 다른 점은 아래에 정리한 사항들 정도다.

- 일반 업무 시스템의 네트워크에서는 주고받는 횟수가 많은(앞에서 설명한 핑퐁) 현상 외에는 성능 문제가 발생하는 일이 적다
- 중간에 배치하는 중계 기기 수가 많다(홉이 많다)
- WAN이나 데이터 센터 간과 같이 거리가 먼 경우가 있다
- TCP에는 윈도우(Window) 크기와 ACK라는 구조가 있다. 이것과 패킷 크기가 작다

먼저 '윈도우 크기와 ACK, 패킷 크기'부터 살펴보자. 네트워크는 우편망과 같다고 생각하면 된다. 단, 일정 크기의 짐만 보낼 수 있는 구조로, 큰 짐은 작게 나누어서 보내야 한다. 이더넷은 1,460바이트 이하로 분할한다. 먼 거리를 1,460바이트로 왕복 통신하고, 이것을 반복해서 대량의 데이터를 전송하는 것은 힘든 일이다. 그래서 네트워크 상태를 보면서 어느 정도 수까지는 여러 개의 짐을 한 번에 보내도록 한다. 짐이 도착했는지는 ACK라는 구조로 확인한다(그림 3.14).

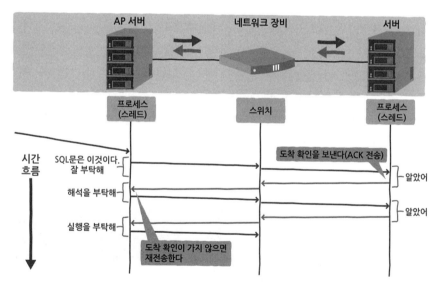

그림 3.14 ACK를 이용해 확인하면서 대화를 진행한다

다음은 '중간에 배치하는 중계 장비 수가 많다(홉이 많다)'다. 스위치, 라우터, 방화벽, 인터넷 공유기 등, 도중에 배치되는 장비가 많아서 1회당 처리 시간이 짧더라도 전체적으로 많은 횟수의 처리가 발생해서 시간이 걸린다. 여러 사람이 줄을 서서 물을 날라다 불을 끄듯, 손을 잡고 늘어서 있는 중계 장비도 있다. 이 때문에 일반 애플리케이션이 네트워크 영역을 충분히 사용하기란 매우 어려운 일이다.

'일반 업무 애플리케이션의 네트워크에서는 주고받는 횟수가 많은(앞서 설명한 핑퐁) 현상 외에는 성능 문제가 발생하는 일은 적다'라는 특징도 있다. 이것은 텔넷(telnet)이나 SQL을 생각하면 이해가 쉽다. 텔넷에서는 한 개의 문자를 입력하면 그것이 곧바로 서버에 전달된다. 즉, 캐치볼을 하면서 일을 진행하는 셈이다. 이 결과로 데이터양과 횟수를 고려한다면 횟수가 문제가 된다. SQL도 마찬가지로 SQL 준비나 실행, 데이터 수신 등이 이루어지지만, 대량의 데이터를 송수신하는 것이 아니라면 양보다는 횟수가 문제가 되는 것이다(그림 3.15). 텔넷이나 SQL 통신을 패킷 캡처해 보면 알 수 있는데, 한 번의 처리를 위해서 이 정도로 통신이 반복되는지(그리고 상대가 기다리고 있는지) 알면 놀랄 것이다. 이런 상태에서는 무엇보다 응답 속도가 빠른 것이 중요하다.

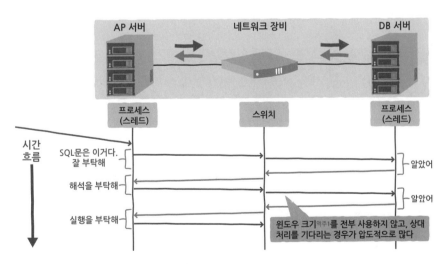

그림 3.15 보통 캐치볼을 하면서 처리를 진행한다

역주1 앞선 전송에 대한 응답을 받기 전에 보낼 수 있는 데이터의 갯수를 말한다.

나머지 한 가지 특징은 'WAN이나 데이터 센터 간 거리가 먼 경우가 있다'는 것이다. LAN이라면 1밀리초 이하여야 할 통신이 서울 ↔ 부산이나 데이터 센터 간에는 수십 밀리초가 걸리는 경우도 있다. 수십 회×수십 밀리초로 간단히 초 단위가 되어 버린다. 이 문제는 클라우드 환경이나 데이터 센터 간에 자주 발생한다. 클라우드 문제는 7장을 참고하자.

> **Column**
>
> ### 성능 데이터는 어느 정도 주기로 저장해야 할까?
>
> 저자의 경험상 2주 정도다. 일주일간이라는 정책도 생각할 수 있지만, 휴일 등이 끼어 있는 경우에는 일주일 이전의 정보도 분석해야 하는 경우가 있다
>
> 조사해야 할 대상이 정해졌다면, 우선 당시 데이터 한 세트를 복사해서 저장해 두자. 그렇지 않으면 나중에 '이 정보도 보고 싶었다' 하고 후회하는 경우가 많기 때문이다. 한 달 전의 월 단위 배치를 비교하고 싶으면, 배치를 한 달 정도 정지해 두는 것도 하나의 방법이다.
>
> 저장 기간이 오래된 정보는 자동으로 삭제되도록 하자. 성능 정보가 디스크를 너무 많이 사용해서 문제가 되면, 주객이 전도되어 버린다.

3.5 | 원인 조사

지금까지의 설명으로 '어느 정도 성능 분석에 대해 알았다'고 생각할 수도 있지만, 원인 조사 시에 주의해야 할 것이 몇 가지 있다.

3.5.1 초보자가 빠지기 쉬운 함정

초보자의 경우, 알지 못해서 빠지기 쉬운 함정이 몇 가지 존재한다.

■ 함정 1: 피해자에 주목한다

sar 등으로 정보를 취득해서 어디서 성능 문제가 발생하는지를 찾아냈고, CPU 사용률이 높다는 것까지 알아냈다. 하지만 이것은 피해자를 발견한 것뿐이다. 원인 조사라는 의미에서는 '누가 했는가'가 중요하다. '누가'라는 정보는 요약 형식 정보에는 기록되지 않고, 이벤트 기록 형식이나 스냅샷 형식을 통해 찾아낼 수 있다. 동일한 시간대에 등장하고 있는 수상한 처리(보통 때에는 보이지 않는 처리)가 용의자가 되는데, 피해 상태와 수상한 처리 사리에 연결 고리가 있다면 해당 처리가 범인일 가능성이 높다(그림 3.16).

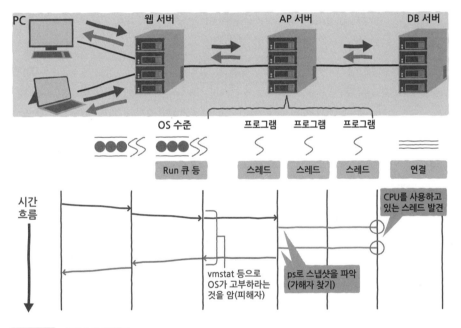

그림 3.16 피해자와 가해자

예를 들어, 오라클에서 대기 이벤트가 발생하고 있고 그것이 SQL을 느리게 한다는 것을 알았다고 하자. 대기 이벤트가 나쁜 것은 아니다. '기다리고 있다'는 것을 가리키고 있을 뿐이다. 진짜 원인을 찾기 위해서는 대기 이벤트를 계속 발생시키는 활동 중인 스레드(오라클에서는 서버 프로세스)를 찾아야 한다. 이때, 도움이 되는 것이 바로 ASH다.

■ 함정 2: 기반이 흔들리고 있는 것을 눈치채지 못한다

어째서 'AP 서버가 느려졌다'나 'DB 서버가 느려졌다'는 것을 안 상태에서 멈추지 않는가? 하고 생각할 수도 있겠지만, 실은 기반이 흔들리고 있어 그 위에 있는 애플리케이션이나 미들웨어가 영향을 받는 중일 수도 있다. 이때는 AP나 DB를 튜닝해도 별 의미가 없다.

예를 들어, 자바에서 자바 VM의 GC가 발생하면 AP 서버가 느려진다. DBMS에서는 OS가 느려지면 SQL 실행이 느려지거나 대기 상태가 발생하는 경우도 있다. 의문이 있을 때는 반드시 기반이 되는 성능 정보도 함께 확인하여 문제가 없다는 것을 확실히 짚고 넘어가자. 자바 컨설턴트에 따르면 AP가 느릴 경우 GC에 문제가 있는 경우가 많지만, 대부분의 현장은 이를 무시한다고 한다. 또한 DB 컨설턴트에 따르면, 대부분의 DB 대기 상태는 CPU 과부하가 원인이라고 한다. 이처럼 원인이 그 기반에 있음에도 불구하고, 전혀 다른 대처 작업을 하는 경우가 많다. 주의하도록 하자.

■ 함정 3: 부하량 변동을 눈치채지 못한다

문제가 발생했을 때 원인을 조사한다. 이때 부하량도 확인하고 있는가? 대기 행렬 설명 시에도 다루었으나, 부하가 늘어나면 대기 시간은 지수 함수 형태로 늘어난다. 이것이 원인일 수도 있다. 이 문제는 요약 형식으로 분석하면 알기 쉬운데, 어느 정도의 처리량인지를 요약해서 확인할 때 유용하다.

참고로 초보자의 경우, 동일 처리가 실행되고 있는 문제가 없는 날의 데이터와, 문제가 있는 데이터를 비교해서 조사해 볼 것을 권장한다. 그러면 차이점을 발견할 수 있어 추론이 쉽다.

■ 함정 4: 누가 공을 가지고 있는지 판단하기 어렵다

연계해서 동작하는 경우에 발생하는 속도 저하 문제(특히 네트워크 주변)는 어디를 조사해야 좋을지 고민하게 된다. 캐치볼 순서와 아키텍처를 파악하면 '이쪽이 조용한 게 영 수상한데?'라고 말할 수 있게 된다. 이때는 시간이 비는 곳을 찾아서 어떤 처리를 주고받는지 조사하면 단서를 얻을 수 있다(그림 3.17).

참고로 이런 정보는 타임스탬프가 있는 이벤트 기록 형식이 아니면 분석이 어려우며, 요약 형식에서는 필요한 정보가 숨겨져 있어서 파악하기가 어렵다.

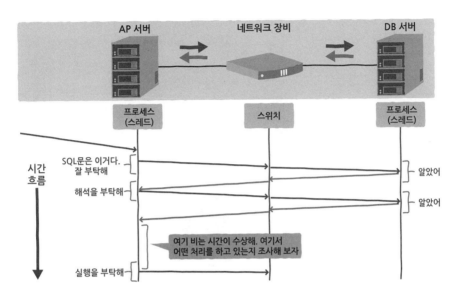

그림 3.17 캐치볼 중 시간이 비는 곳은 어디?

■ 함정 5: 인과 관계를 파악할 수 없다

성능 문제에서는 여러 가지 현상이 동시에 발생한다. 메모리가 줄거나, I/O가 늘고 처리량이 늘어난다. 하지만 어떤 원인으로 발생하고 있는지 파악하지 못하고 추측만으로 튜닝을 하는 경우가 많다.

인과 관계를 파악하기 위한 한 가지 비법은 아키텍처를 배우는 것으로, 구조를 알면 잘못된 판단을 줄일 수 있다. 그리고 인과 관계를 논리적으로 생각하는 것이 중요하다. 즉, '어떤 현상으로 인해 다른 현상이 발생하는 것을 설명할 수 있는가?'에 대해 생각해 보아야 한다. 여러 문제가 우연히 함께 발생하는 일은 존재하지 않으며, 모두 무언가가 원인이 되어 발생한 것이다. 예를 들어, I/O가 느려지는 현상과 애플리케이션이 느려지는 현상을 발견했다고 하자. 애플리케이션 처리 횟수는 동일하다. 그렇다면 I/O가 원인으로 애플리케이션이 느려진다는 것을 추론할 수 있으며, 반대의 경우는 생각하기 어렵다(그림 3.18).

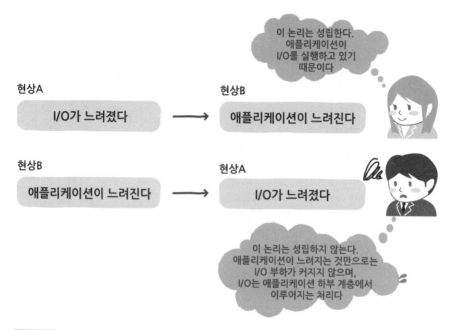

그림 3.18 인과 관계를 논리적으로 생각하기

3.5.2 명심해야 할 것

저자의 경험을 바탕으로 한 성능 분석 시에 명심해야 할 것들에 대해 소개하겠다.

■ 쉽게 판정하지 않기

분석 시에는 증거 확보를 항상 염두에 두어야 한다. 이는 하나의 증거만으로 판정하지 말고, 뒤에 숨어 있는 다른 증거를 확보해서 정확도를 높이는 것을 의미한다. 저자는 여러 문제들을 접해 보았지만, 성능 데이터 자체가 잘못 표시돼 있거나(의외로 많다), 개발자의 발언이 틀린 경우, 아키텍처에 대해 아무도 모르는 경우 등, 일반적인 방법으로는 해결할 수 없는 것이 성능 문제였다.

판정 시에는 여러 사항을 고려해서 심사 숙고해야 한다. 예를 들어 OS 정보를 통해 I/O 성능이 나쁘다고 생각했다면, DB 정보에서 실제로 SQL의 I/O가 느려졌는지를 확인해 보자. 실제로 I/O는 느리지만, SQL이 느리지 않은 경우가 있다. 원인을 발견했다는 것에 기쁘기도 하겠지만, 항상 다른 증거를 확인하는 습관을 기르자. 어릴 때 학교에서 선생님이 '검산 하세요'라고 하는 것을 들어본 적이 있을 것이다. 이와 동일한 의미다.

■ 조사는 캐치볼

성능 문제 분석은 관계자 사이의 캐치볼이다. 공을 잡았으면 곧바로 상대방에게 다시 던져 주는 것이 중요하다. 볼을 던져 줄 때는 상대방이 받기 쉽도록 정보를 정리해서 던져야 한다.

예를 들어, OS 개발사와 DBMS 개발사, 그리고 프로그래머가 있다고 하자. 프로그래머는 'SQL이 느리다'며 DBMS 개발사에게 책임을 돌렸다. DBMS 개발사는 해당 SQL을 조사해서 보통 때보다 I/O가 느리다는 것을 알아내어, OS 개발사에 'I/O가 느리다'라며 조사를 의뢰했다. OS 개발사는 vmstat를 보고, 페이징이 다수 발생해서 I/O가 느려진 것을 알았다. 이유는 애플리케이션이 메모리를 다량으로 사용하고 있었기 때문이었다. 이번에는 OS 개발사가 프로그래머에게 '애플리케이션이 메모리를 다량으로 사용하고 있다'고 문의했다. 프로그래머는 OS 정보를 보고 프로그램이 여러 개 실행되고 있다는 것을 알았다. 그리고 그 까닭이 DB에서 락 해제를 기다리고 있기 때문이라는 것을 알아내어 DB 개발사에 다시 문의한다. 이렇듯 작은 문제 하나가 다른 방향으로 영향을 끼칠 수 있으며, 실제로도 이런 상황이 자주 발생하고 있다.

해결을 위해서는 '1시 10분 30초에 I/O가 느려졌다. 그 파일은 system.dbf라는 파일이었다. 보통 3밀리초로 읽을 수 있지만, 100밀리초 정도가 걸리고 있다'와 같이 정보를 정리해서 던져 주어야 한다. 이런 정보 없이 분석을 의뢰하는 사람이 많은데, 그랬다가는 처음부터 몽땅 조사해야 하기 때문에 시간이 많이 걸린다.

■ 다양한 데이터를 종합적으로 보기

미움을 받을 수도 있지만, 다른 사람의 영역(다른 담당자의 담당 영역)도 살펴보아야 한다. 이것은 빈틈을 없애기 위함이다. 문제 현장에서는 '우리는 아니다'라고 하면서 아무도 책임을 지지 않으려는 경우도 많은데, 이용자나 SI 담당자 입장에서는 매우 다루기 힘든 상황이다.

이럴 때는 일부러 다른 개발사 정보를 보여 주면서 '이런 식으로 하면 되지 않을까요?' 하고 제안하는 것이 문제 해결의 실마리가 될 수 있다. 회의 시간에 발언하는 것이 아니라, 일대일로 '이런 참고 자료가 있는데…' 하는 식으로 성능 정보를 제공하면 더욱 원활하게 해결할 수 있다.

또는 '가르쳐 주세요' 식의 접근법도 좋다. 처음에는 차가운 태도를 보일 수도 있겠지만, '내가 가지고 있는 정보로 당신의 문제를 설명할 수 있습니다'나 '당신이 가진 정보로 내가 가진 의문이 해결될 수 있습니다' 하는 분위기로 작업을 진행하다 보면, 엔지니어 간의 사이도 좋아지고 문제도 더욱 수월하게 해결될 수 있다.

Column

각종 성능 정보 취득 시점을 맞출 것인가? 맞추지 않을 것인가?

이 책에서도 소개하고 있는 것처럼 다양한 성능 정보 취득 툴이 있다. 이 툴들의 실행 시점은 어떻게 맞추어야 할까? 기본적으로는 취득 시점을 맞추는 것이 좋다. 예를 들어, vmstat를 매 시각 0분에 취득을 개시하도록 정해 두고 한 시간 동안 취득하거나, iostat를 매 시각 0분에 취득 개시하고 한 시간 동안 취득, 또는 오라클의 AWR을 매 시각 0분과 30분에 취득하는 방식이다. 이렇게 하면 툴이 다르더라도 취득한 데이터를 서로 연계해서 분석하기가 쉬워진다. 예를 들어, 'DB에서 I/O가 다수 발생하고 있어. 이게 iostat의 이 정보랑 연결이 되어 이 디스크에 집중되고 있네' 하고 분석할 수 있다.

하지만 일부 명령어는 실행 시점에 부하가 높아진다. 하나나 둘 정도의 툴이라면 문제없지만, 많은 툴을 동시에 실행하도록 설정해 두었다가는 CPU 사용률이 그 순간에만 100% 가까이 올라갈 수 있다. 이때는 약간씩 차이를 두고 툴을 실행하면 된다. 이렇듯 성능 정보 취득 설정은 실제로 동작시켜가면서 어느 정도까지 허용되는지를 확인해서 진행해야 한다. 기본적으로 성능 정보 취득 설정 후에는 부하가 어느 정도 걸리는지 반드시 확인하는 습관을 기르자.

3.5.3 실제 조사 흐름

조사 방법을 정리하기 위해, 흐름을 보면서 분석 방법을 확인하도록 하자. '12:00에 웹 사이트 성능 저하가 발생했다'는 신고가 있었다고 가정한다.

먼저 사실 확인이다. 접속 로그로 12:05부터 12:15까지 느려진 것을 확인했다. 무언가 문제가 발생한 것이 분명하다(그림 3.19 ①). 또한, 해당 시간에 특별히 부하가 높지 않다는 것도 알았다.

다음은 웹 서버와 AP 서버를 조사한다. vmstat으로 해당 시간에 CPU 과부하가 발생한 것을 알았다(그림 3.19 ②). 덕분에 피해자 후보를 찾았으니 이제 가해자 후보를 찾아보자. 스레드 수준의 정보가 없으면 분석이 어렵다. 먼저 ps를 확인해 보자. 5분 단위로 취득하고 있다면, 해당 시간대 정보가 몇 개 정도 있을 것이다.

당시 실행 중이었던 것들이 수상하다(그림 3.19 ③). batch라는 이름의 프로그램이 여러 개 실행되고 있다. 여기서 증거를 확보하도록 하자. '이 프로그램은 12:05전에는 존재하지 않아야 한다' '12:15 이후에도 존재하지 않아야 한다' '전날에는 이 시간대에 동작하고 있지 않아야 한다' 등이 확인되면 OK다. 배치(Batch) 담당자에게 '오늘만 12:05부터 12:15까지 batch가 동작하고 있었나요?' 하고 질문해 보자(그림 3.19 ④). 배치 실행 로그를 보여달라고 하는 것도 한 방법이다. 답으로 '야간 배치가 망가져서 점심 시간에 실행했습니다'라는 사정을 들을 수 있었다.

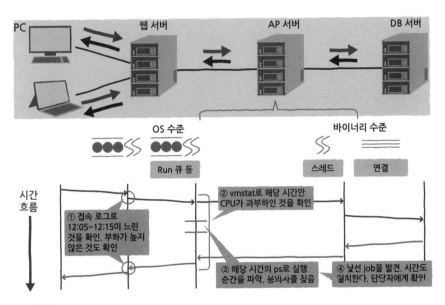

그림 3.19 일련의 성능 분석 흐름

다른 한 가지 흐름을 설명한다. 그림 3.20을 살펴보자. ①처럼 '10:00부터 10:05 사이에 성능이 악화된 것까지 파악했고, 해당 시간의 SQL이 느려진 것도 알고 있다'라고 가정하자. DB 정보로부터 해당 시점의 I/O가 느려진 것을 알아냈기에(그림 3.20 ②) 저장소 담당자에게 의뢰했다. 저장소 담당자(동일 인물일 수도 있다)는 iostat 를 보고 당시 DB의 I/O가 열 배 이상 느려진 것을 확인했다(그림 3.20 ③). 그 원인을 조사해 보니 swap 장비의 I/O가 많았다. 즉, 페이징이 발생하고 있는 것을 발견했 다(그림 3.20 ④).

이번에는 DB 서버 담당자에게 페이징이 발생하고 있는지 물었다. vmstat로 페이 징도 크고 b열도 많은 것을 확인했다. 그러면 이제 메모리를 소비하고 있는 프로세스 를 찾아야 한다. ps를 통해 확인해 보니 DB 프로세스라는 것을 알았다(그림 3.20 ⑤). 새롭게 메모리를 소비하고 있다면 접속 부분이 수상하다. 접속 요구를 보면 연결 풀에 서 해당 시간에 접속이 다수 발생하고 있다(그림 3.20 ⑥). AP 서버의 DB 연결 로그를 보니, 접속이 충분하지 않아서 계속 접속을 시도한다는 것을 알았다(그림 3.20 ⑦).

여기까지도 꽤 긴 조사였다. 조사를 위한 캐치볼이 이루어지고 있는 것에 주목하 자. 이후에도 DB 서버의 메모리 부족이 원인인지, AP 서버 설정이 잘못됐는지 등 아직도 조사할 것이 많다.

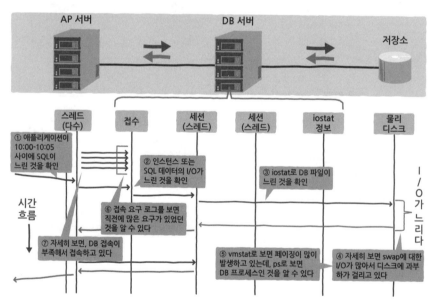

그림 3.20 DB 서버 분석 흐름

이것으로 드디어 성능 분석(시각화에 해당)을 마쳤다. 다음 장에서는 이렇게 시각화한 성능을 실전에서 튜닝하는 방법에 대해 소개하겠다.

Column

성능 분석을 위한 꿈의 툴?

'성능은 측정 위치나 단계가 많아서 주의해야 할 사항이 너무 많다'고 생각한 사람도 많을 것이다. 또한, 정보 시스템 담당자 입장에서는 '기술적인 것은 상관없으니 사업적인 영향(시스템 전체 영향)을 알고 싶다' 하는 사람도 있을 것이다. 이런 목소리는 예전부터 있던 것으로 이번 장에서 소개한 것처럼 측정을 자동화해서 전체를 파악하고 그룹화해서 사업 목표와 연동해 주는 툴. 그리고 어디가 느린지도 표시해 주는 꿈 같은 툴이 몇 가지 존재한다. 저자도 몇몇 회사로부터 이런 툴에 대한 영업을 받아 본 적이 있다. 예를 들어, 오라클의 REAL USER EXPERIENCE INSIGHT(RUEI) 같은 것이 있다(그림 A, B). 성능 분석뿐만 아니라 트랜잭션 재생까지 가능하다. 예산이나 조건이 맞는다면 이런 툴을 도입해서 운용 부담을 줄이는 것도 좋은 방법이다.

그림 A 대시보드로 시스템 전체 성능과 사업 영향을 파악

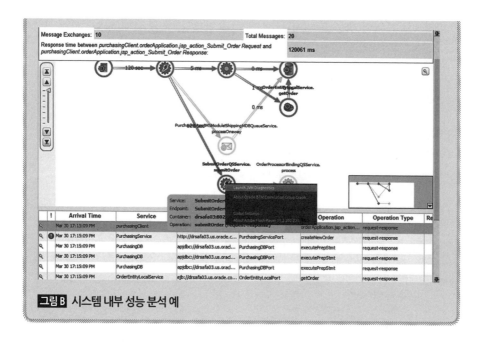

그림 B 시스템 내부 성능 분석 예

CHAPTER

04

성능 튜닝

4.1 | 성능과 튜닝

튜닝에 대해서는 알고리즘과 아키텍처를 제대로 이해하고 이를 바탕으로 정확한 분석이 가능하다면, 나머지는 실무에 사용할 수 있는 기술적인 부분만 익히면 된다. 알고리즘은 1장에서 소개했다. 아키텍처는 다른 책을 참고하도록 하자. 분석은 2장, 3장에서 소개했다. 4장에서는 저자가 실무를 통해 얻은 정석과 기술적인 부분을 소개하겠다.

4.1.1 현실의 성능이란?

1장에서 소개한 것처럼 계산량 측면에서는 몇 개의 데이터를 찾는 처리라면 전체 데이터를 찾는 것보다 인덱스를 사용하는 것이 성능이 좋다. O(n)과 O(logn)이 된다. 하지만 현실 세계에서는 몇 개의 데이터를 찾더라도 O(n)이 속도가 빠르다. 예를 들어, 하나의 블록에 모든 데이터가 들어가는 경우를 생각해 보자. 2단 인덱스도 존재한다고 가정하고, 세 개 데이터를 찾는다고 하면 3(개)×2(단)으로 블록에 여섯 번 접근하면 된다. 반면, 끝에서부터 찾는다면, 블록에 한 번만 접근하면 된다. 따라서 이런 경우에는 전체 검색을 하는 것이 빠르다(그림 4.1).

1장에서 인덱스는 O(logn)이라고 소개했지만 현실에서는 O(1)이 되는 경우도 있다. 인덱스는 블록에 복수의 행을 저장해서 2분기가 아닌 다분기가 되며, 데이터가 많아도 3단 또는 5단과 같이 단수로 조정하는 경우가 많다(그림 4.2). 3단인 경우는 블록에 네 번 접근하면 목적 데이터에 도달할 수 있다. 네 번이라면 상수로 생각해도 되기 때문에 O(1)이라 할 수 있다. 즉, 데이터 전체가 크고 그중에서 한 건을 찾을 때는 전체 검색과 인덱스 비교가 각각 O(n)과 O(1)이 되므로 인덱스가 유리하다고 할 수 있다. 인덱스는 데이터양이 늘어도 성능에는 거의 영향을 끼치지 않는다.

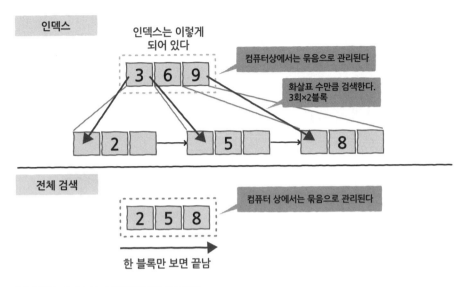

그림 4.1 인덱스보다 전체 검색이 빠르다?

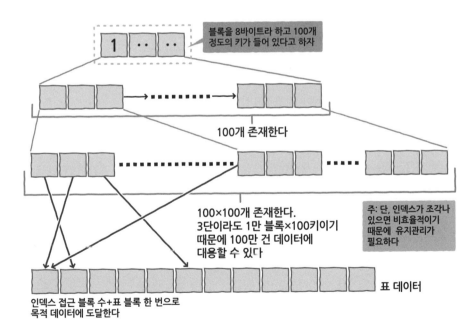

그림 4.2 인덱스 성능은 실제로는 O(1)이다

참고로 현실 세계에서는 찾는 데이터양이 많거나 적으면 성능도 바뀐다. 일정 비율의 데이터(전체 몇 퍼센트)를 찾는 경우에는 어느 쪽이 우수할까? 예를 들어 데이터 전체의 0.1이라면 인덱스가 낫다. 인덱스가 0.1%×4회인 반면, 전체 검색은 100%다 (그림 4.3). 하지만 찾는 데이터양이 40%라면 전체 검색이 이길 가능성이 높다. 인덱스가 40%×4회인 반면, 전체 검색은 100%다.

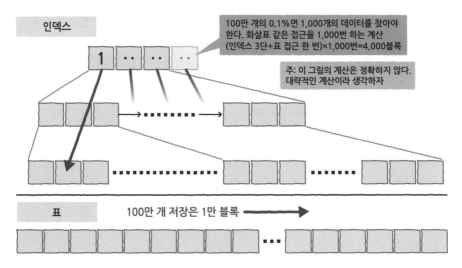

인덱스

100만 개의 0.1%면 1,000개의 데이터를 찾아야 한다. 화살표 같은 접근을 1,000번 하는 계산 (인덱스 3단+표 접근 한 번)×1,000번=4,000블록

주: 이 그림의 계산은 정확하지 않다. 대략적인 계산이라 생각하자

표　　100만 개 저장은 1만 블록 ➡

그림 4.3 실제로는 찾는 데이터양에 따라 승부가 갈린다

이처럼 '비율'을 생각하면 실제 성능은 경우에 따라 달라진다. 예를 들어, 오라클 매뉴얼에서는 '큰 테이블에서 검색하는 행 수가 전체 행 수의 15% 미만이면 인덱스를 작성한다'고 기재했는데, 어떤 경우에 인덱스가 효과적인지 가리키는 '적정 값'이다. 해당 문장 뒤에는 '이 비율은 테이블을 검색하는 상대 속도와 인덱스 키에 따라…'라고 쓰여 있어, 환경에 따라 달라진다는 것을 알 수 있다. 현실의 성능 튜닝에서는 1장에서 소개한 계산량 개념을 이용하면서도 실제 적정 값이 되는 숫자를 사용해서 어느 쪽이 빠른지를 확인해 보아야 한다.

이런 적정 값이 되는 숫자는 시대나 제품에 따라 달라진다. 네트워크는 10Mbits/초였지만, 최근 10년 동안 10Gbits/초 정도까지 진화했다. 한편, 3장에서 설명한 물리 디스크의 IOPS는 최근 10년 동안 큰 변화가 없이 100~200IOPS 정도다. 물리 디스크는 100GB정도부터 2TB까지 크기가 향상됐으므로, 디스크 크기당 IOPS는 악화됐다고 할 수 있다. 이에 비해 SSD는 10만 IOPS라는 숫자로, IOPS를 신경 쓰지 않아도 될 정도다.

최근에는 SQL 병렬 처리 기능이나 DWH(Data Warehouse, 데이터 웨어하우스) 전용 DBMS도 출시되고 있는데, 이런 것들은 성능을 어떻게 측정해야 할까? 예를 들어, 8다중이나 16다중으로 처리하면 전체 검색 시간은 8분의 1이나 16분의 1이 될 것이다. 단, 한 건을 찾는 경우라면 인덱스를 사용한 처리가 빠른 경우가 많다. 이것은 앞서 설명한 것처럼 네 번의 접근으로 해결되기 때문에 인덱스가 승리한다.

한편, 특정 비율만큼 찾는 경우는 어떻게 될까? 수 분의 일 정도이기 때문에 병렬화 전은 15%였던 임계 값이 10% 이하가 된다. 실제로도 전체 검색이 빠르므로 인덱스를 작성하는 적정 값은 1%라는 DBMS도 있다. 이때는 일부러 인덱스를 해제하도록 설계하는 경우도 있다. 성능과 관련된 엔지니어라면 이와 같이 수치를 기준으로 생각하는 습관을 길러야 한다.

4.1.2 현장에서는 '전체적인 그림'을 봐야 한다

검토해야 할 것이 하나와 둘인 경우에는 위와 같은 방식으로 충분하다. 하지만 실제 시스템 처리는 계산량으로 생각하면 M×N, 또는 M×N×0처럼 처리가 겹치는 경우가 있다. 이런 경우는 어떻게 하면 될까? N을 즉시 처리할 수 있다면 M×N은 M×적은 수가 돼서 M만 생각하면 된다. 여기에 M도 곧바로 처리할 수 있다면, 적은 수×적은 수가 되므로 이 경우는 고속이라 할 수 있다.

하지만 N이 100배, M이 100배라고 하면 1만 배가 되고 만다. DB에서는 이런 처리가 많다. 예를 들어, 테이블 A와 B를 결합하는 경우, M×N이 된다. 이때 인덱스가 존재하고 데이터가 일대일로 대응한다면, N(또는 M)이 1 이하가 되어 성능이 크게 향상된다. 이런 관점에서, 계산량의 '전체적인 그림'을 사용해서 요점을 파악하면서 진행하도록 하자.

다음으로 실제 IT 시스템에서는 전체적인 그림을 생각하기 때문에, 하나의 처리가 가지는 무게를 생각하는 것도 중요하다. 예를 들면, I/O 처리는 CPU 처리나 메모리 처리와 비교하면 매우 느리다. '10×메모리 덧셈+1×디스크에서 읽기'라는 처리가 있다고 하자. 이 경우 10×메모리 덧셈 부분은 무시한다. 이것은 계산량 개념과 동일하다.

이와 같은 생각 방식에서는 처리 무게를 고려하는 것이 중요하다. 예를 들어 하드디스크의 경우 수 밀리초가 걸리지만, 저장소 캐시에 두면 1밀리초 이하다. 만약 물리 디스크의 1I/O가 10밀리초를 넘으면 '뭔가 느린데'라고 생각할 수 있어야 하고, 1밀리초라면 '디스크 I/O하고 있는 것처럼 보여도 캐시를 이용하고 있다'라고 생각할 수 있어야 한다. 1회의 메모리 처리는 나노초 단위지만, 1SQL은 단순해서 수 밀리초 정도다. 또한, 연결 작성 시에는 수십 밀리초 정도인 DBMS가 많은데, LAN에서는 1밀리초 이하지만 WAN에서는 1회 응답에 수십 밀리초씩 걸리는 경우가 있다.

이런 감각을 가지고 있지 않으면 그림 4.4처럼 프로그래밍하게 된다. 이 경우 어떻게 계산하면 되는지 알고 있을 것이다. '수 밀리초×배열 수'다. 그림 4.4는 알기 쉬운 코드이나, 성능이 좋다고 말하긴 어렵다. 이처럼 프로그램을 작성하는 사람은 알고리즘을 인식하고 있어도 '한 줄의 무게'에 대해선 인식하지 못하는 경우가 있다.

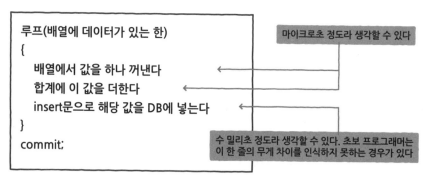

```
루프(배열에 데이터가 있는 한)
{
    배열에서 값을 하나 꺼낸다
    합계에 이 값을 더한다
    insert문으로 해당 값을 DB에 넣는다
}
commit;
```

마이크로초 정도라 생각할 수 있다

수 밀리초 정도라 생각할 수 있다. 초보 프로그래머는 이 한 줄의 무게 차이를 인식하지 못하는 경우가 있다

그림 4.4 코드 한 줄의 무게

4.2 | 성능 튜닝의 정석

다음은 정석이다. 선배가 가르쳐 주는 노하우라고 생각하고 배워 두도록 하자.

4.2.1 설정은 크지도 적지도 않게 적당히!

실제 시스템에서는 '블록'이나 '페이지'라는 덩어리 개념이 중요하다. 컴퓨터는 1 바이트나 2바이트가 아닌 수천 바이트를 하나의 덩어리로 처리하는데, 이것이 바로 블록 또는 페이지다[주1]. 메모리 내에서도 OS는 페이지라는 단위로 처리하며, 저장소는 블록이라는 단위로 처리한다. 또한, 단위를 모은 '세그먼트(Segment)'라는 단위도 있다.

1장에서 인덱스(트리) 구조를 소개했지만, 이것도 페이지나 블록이라는 단위로 트리를 사용해서 구현하는 경우가 많다. 이런 덩어리 개념은 관리가 쉽다는 이유로 도입된 것이다. 덩어리로 만들어 두면 수가 줄기 때문에 관리 영역도 적어진다.

관리 대상 수가 늘면 어떤 일이 발생할까? 관리 영역 크기가 커진다. 이 경우, 메모리 압박이나 (관리 영역을 검색하는 작업 같은) 성능 악화를 초래할 수 있다. 예전에는 블록이 작아도 문제가 없었지만, 현재는 물리 메모리 증가로 인해 관리 영역도 늘어나, 리눅스에서는 'hugepage'라는 큰 단위로 관리하는 방식도 생겨났다.

반대로 관리 대상 수가 적으면 어떤 일이 발생할까? 관리 영역은 편해진다. 하지만 덩어리가 크다는 것은 미사용 공간이 발생하기 쉽고, 처리 대상이 적어져서 병렬 처리 시에 병목 현상이 발생하기 쉽다는 것을 의미한다.

결국 '적당한' 것이 가장 적절한 것이 된다. 예를 들어 파일을 잘게 분할하도록 설계돼 있고, 프로세스도 여유 있게 가지고 있는 시스템은 프로세스×파일 수만큼 관리 영역을 필요로 하기 때문에 메모리가 부족해질 수 있다. 반대로, 큰 파일 하나에

주1 최근에는 메가바이트 단위의 페이지도 늘고 있는 추세다. 이후에는 페이지가 더 커진다고 볼 수 있다.

데이터를 저장하고 있는 시스템은 많은 쓰기 요청에 의해 파일에 대한 락 대기 상태
가 발생해서 성능이 저하될 수 있다.

대규모 회사나 시스템에서는 크게 만들면 안전하다고 생각하고 무조건 크게 설정
하는 경향이 있지만, 성능과 문제 예방이라는 관점에서는 정답이 될 수 없다.

4.2.2 튜닝은 하나씩 진행

'먼저 큰 돌을 치운다. 큰 돌을 치우면 중간 크기 정도의 돌이 나올 수 있다'라는 생
각 방식을 기억해 두자. 튜닝 시에는 먼저 큰 문제를 해결하고, 그 다음에 남아 있는
문제 중에 큰 문제를 해결해 가는 것이 정석이다. 큰 문제를 해결하면, 그 뒤에 숨어
있던 또 다른 문제가 등장하는 경우도 있다. 앞의 병목 현상이 해결되면 뒤에서 병목
현상이 다시 나타나는 현상이다.

반대로, 큰 문제를 해결하면 연결된 다른 문제들이 자동으로 해결되는 경우도 있
다. 인과 관계에 놓인 경우다.

예를 들어, I/O 병목을 제거한다고 하자. 그러면 지금까지 I/O를 기다리고 있었던
스레드가 자유로이 동작하게 되며, 성능이 향상되고 CPU 사용률도 당연히 올라간
다. 해피엔드일까? 아니다. 이번에는 CPU 사용률이 문제가 될 수 있는데, CPU를
소비하지 않도록 튜닝을 해주어야 한다. 이렇듯 큰 돌을 치우면 중간 돌이 눈에 띄는
경우는 자주 있는 일이다(그림 4.5).

자세한 내용은 성능 테스트 장인 5장에서 다루지만, 성능 목표(골)를 정해서 그 이
상은 대응하지 않는 것이 중요하다.

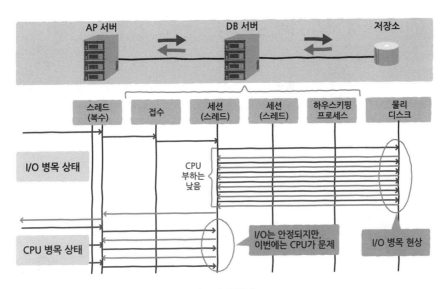

그림 4.5 I/O 병목 현상을 해결하면 CPU에서 병목 발생

4.2.3 재사용을 통한 고속화

성능 관점에서는 의미 없는 것을 가능한 제거해야 한다. 예를 들어 작성과 폐기를 반복하는 것은 의미가 없고, 오히려 한 번 만든 것을 버리지 않고 다시 사용하는 방식을 취하는 편이 좋다. DB의 '연결 풀'이나 웹의 'Keepalive', AP 서버의 '스레드 풀'이 대표적이다. 단, 관리가 귀찮아지는 것에는 주의해야 한다. 다운되지 않았는지 감시하거나, 이상 종료된 경우에는 자동으로 재가동하는 구조 등 검토해야 할 것이 많다.

에플리케이션에서 'PreparedStatement'를 사용하는 것도 재사용의 일환으로, 이를 통해 두 번째 이후의 분석을 줄일 수 있다. 또한 매번 DB에 질의하는 것이 아니라, 한 번 취득한 데이터를 보관해 두어서 DB 질의를 줄이는 것도 재사용의 일환이라 할 수 있다.

129

4.2.4 모아서 처리(집약, 피기백)

이 전략이 유효한 것은 횟수에 비례해서 시간이 걸리는 경우다. 횟수로 인해 오버헤드가 발생하는 처리에 매우 유용하다. 예를 들어 I/O 집약 처리만 봐도 DBMS의 블록 집약 작성, OS의 I/O 스케줄러 집약 작성, 저장소의 내부 캐시 데이터 집약 작성, DBMS의 로그 파일 출력(그림 4.6) 등 전부 나열하기가 어려울 정도다.

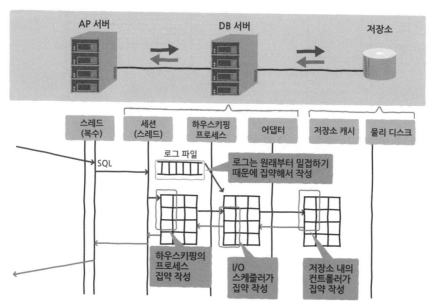

그림 4.6 집약 작성(I/O 집약)

이 '모아서 작성하는 기능'은 효과적이지만, 상용 환경과 테스트 환경의 성능이 달라지는 원인이 되기도 한다. 테스트 환경에서의 테스트는 데이터가 편중돼 있는 경우가 많아, 상용 환경과 데이터 구성이 다르다. 테스트에서는 모아서 작성하는 것이 가능했으나 상용 환경에서는 가능하지 않은 경우도 있다.

모아서 처리하는 실제 예를 살펴보자. 앞서 설명한 루프에서 insert를 반복하는 애플리케이션(그림 4.4)도 횟수가 문제라면 DB에 배치 처리로 한 번에 넣으면 처리가 빨라진다(그림 4.7).

참고로 '모아서 처리한다'라는 정석은 유효하지만, 이것도 '적당히'라는 정석을 지켜야만 한다. 너무 많이 모았다간 대량 처리로 인해 문제가 될 수 있기 때문이다.

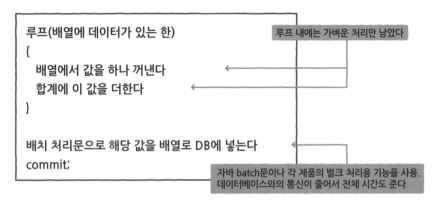

그림 4.7 집약 처리를 이용한 개선 예

4.2.5 고속화와 병렬화

양쪽 모두 중요한 정석이다. CPU로 말하자면 클록이 좋은 CPU로 교체하거나, 또는 코어 수가 많은 CPU로 교체하는 것이다. 주의해야 할 것은 고속화는 거의 만능이지만, 병렬화는 처리에 따라 결과가 달라질 수 있다는 것이다. 2장의 대기 행렬 구조로 생각해 보면 이해하기 쉽다. 창구가 늘어도 창구에 사람이 오지 않으면 빨라지지 않는다. 즉, 처리 대상이 많아야 그 효과도 기대할 수 있는 것이다.

그러면 CPU를 병렬화할 뿐 아니라, 애플리케이션도 병렬화하면 어떻게 될까? CPU가 노는 일은 없어질 것이나, 과연 애플리케이션 자체의 병렬화가 가능할까? OLTP 전제라면 문제없다. 여러 요청을 여러 개의 처리로 실행하는 것은 비교적 쉽다. 하지만 배치 처리처럼 원래 하나였던 처리를 여러 개로 분할하는 것은 또 다른 얘기다. 그 이유 중 하나는 데이터 변경이다(그림 4.8). DB에 맡기면 좋을 것 같지만, DB도 하나의 데이터를 갱신할 때는 동시에 한 명만 허용한다. 이런 이유에서 병렬화가 만능은 아니므로 사용 시에 주의하도록 하자.

131

참고로 병렬화와도 관련되지만 '적절한 부하가 걸리고 있는지?'는 항상 확인해야 한다. 리소스가 많은 경우, 적절한 부하가 걸리지 않으면 원하는 성능을 얻을 수 없다.

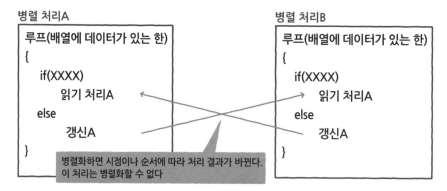

그림 4.8 병렬화가 어려운 이유

4.2.6 스케일업과 스케일아웃

이것은 서버 단위의 성능 향상 개념이다. 서버 장비 자체의 사양을 높이는 것이 '스케일업(Scale-up)'이다. CPU 추가나 클록 업 등이 이에 해당한다. '스케일아웃 (Scale-out)'은 서버를 늘려서 성능을 향상시키는 방법이다.

어떤 처리가 스케일업 또는 스케일아웃에 부합할까? 먼저 웹 서버나 AP 서버를 보자. 이것은 각 처리가 독립된 경우가 많기 때문에, 별도 서버에서 스케일아웃으로 처리해도 영향이 적을 것이다. 때문에 이 서버들은 스케일아웃에 적합하다. 한편, 각 처리가 독립되지 않은 것은 스케일업이 좋다. '독립되지 않은ᄂ하나로 처리하는 것이 결과적으로 빠르다'라는 경우가 많기 때문으로, 배치 서버나 DB 서버 등이 이에 해당한다. 참고로, 최근에는 이렇게 독립되지 않은 처리도 스케일아웃하는 소프트웨어가 늘어났다(Hadoop 등).

4.2.7 종속성

실제 시스템에서는 데이터에 랜덤으로 접근하는 경우가 드물고 한쪽으로 편중되는
경우가 있다. 이것을 '종속성'이라고 한다. IT 제품은 이 종속성을 잘 사용해서 적은
리소스로 최대 성능을 끌어낼 수 있도록 개발되고 있다. '시간적 종속성' '공간적 종속
성' '순차적 종속성' 등 세 가지 종속성이 있다.

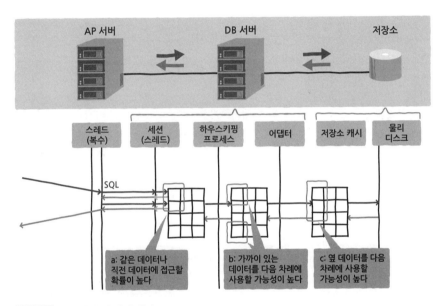

그림 4.9 종속성의 세 가지 패턴

먼저 시간 종속성인데, 이것은 최근 사용된 데이터일수록 재접근 가능성이 높은
것이다(그림 4.9 a). 이 특징을 이용하고 있는 대표적인 것이 바로 캐시다.

공간적 종속성은 사용된 데이터에 가까이 있는 데이터가 다음에 사용될 가능성이
높은 경우다(그림 4.9 b). 이것은 읽어 낼 때 가까이 있는 데이터를 함께 읽어 내는 구
조다. 블록이나 페이지, 엑스텐드 등 다양한 덩어리가 존재하는데, 덩어리로 처리하
는 것의 이점 중 하나가 이 공간적 종속성이다.

순차적 종속성은 사용된 데이터 옆에 있는 데이터가 다음번에 사용될 가능성이 높
은 것이다(그림 4.9 c). '먼저 읽기'라는 I/O 읽기 처리에 활용된다.

이들 종속성은 실제 시스템에서 성능을 크게 향상시킨다. 참고로 테스트 환경에서 상용 환경과 유사한 종속성을 재현하기란 어렵다. 깔끔하게 정렬돼 있는 테스트 데이터의 경우, 모든 데이터에 접근하기 때문에 제대로 재현되지 않는다.

> **Column**
>
> ## 컴파일러는 RDBMS와 같은 길을 가는 것일까?
>
> 컴파일러는 최적화 정도를 선택할 수 있는 기능이 있으며, 그중에는 프로파일링을 사용하는 모드가 있다. 이것은 컴파일한 프로그램을 실제로 동작시켜서 사용 빈도를 프로파일링해 컴파일에 활용하는 것이다. 컴파일러라고 하면 규칙을 따라 컴파일한다고 생각할 수 있지만, 최근의 컴파일러는 이처럼 같은 소스 코드가 다른 결과를 만들어낼 수도 있다.
>
> 마치 RDBMS와 닮았다고 생각하지 않는가? 예전의 RDBMS는 규칙에 근거해서 SQL 실행 계획을 세웠다. 하지만 각 회사들이 통계 정보를 기반으로 한 코스트 계산 방식으로 변경했으므로, 컴파일러도 같은 길을 가고 있는 것인지도 모른다. 참고로 자바 VM의 일부에도 같은 구조가 있다. 이런 최적화로 어느 정도의 성능 향상은 가능하지만, 동일한 성능을 기대하기는 힘들다.

4.3 | 현장에서 사용할 수 있는 기술

앞에서 소개한 정석을 염두에 두고, 실제 현장에서 사용할 수 있는 튜닝 기술을 배워 보자.

4.3.1 루프 생략, 캐치볼 삭감

성능을 분석한 결과 루프 횟수가 많아서 문제가 된다는 것을 발견했다고 하자. 즉, O(n) 상황이다. 이것을 개선하는 방법을 생각해 보자. 순차적으로 생각해 보면 그림 4.10과 같다.

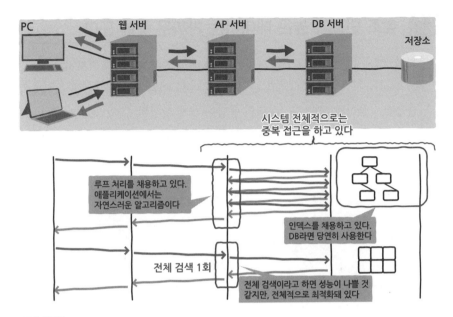

그림 4.10 루프 생략

비법은 DB를 포함하는 시스템 전체적인 알고리즘을 생각해서 최적화된 튜닝을 하는 것이다. 속도는 알고리즘 이상으로는 빨라지지 않는다. 하지만 프로젝트 개발자는 담당 범위 내에서만 알고리즘을 생각하므로, 그림 4.10의 상단처럼 시스템 전체적으로는 성능이 오르지 않는 문제가 생긴다. 전체적인 최적화는 그림 4.10의 하단처럼 전체 검색을 통해 이루어진다.

4.3.2 참조 빈도가 높은 데이터는 키-밸류화하거나 해시화한다

참조 빈도가 높다는 것은 $O(n)$이라는 것을 의미한다. 앞선 경우와 달리, 이 참조 빈도 자체는 조정이 어려운 경우가 있다. 이 경우 1회 처리를 빠르게 하는 방법을 생각해야 하는데, 1장에서 다룬 알고리즘 중 하나인 '해시 알고리즘'이 적합하다. 계산량은 $O(1)$이었다. 키-밸류(Key-Value) 저장도 동일하다.

4.3.3 참조 빈도가 높은 데이터는 가까운 곳에 둔다

이 자체는 '캐시' 개념이다. CPU 내부나 DBMS, OS에서는 자동으로 사용된다. 하지만 이 방식을 시스템 엔지니어가 구현하는 경우도 있다. 예를 들어 웹 사이트의 콘텐츠 전송을 사용하면, 사용자로부터의 응답이 크게 향상될 수 있다(그림 4.11). 또한, 자주 참조하는 DB 내 데이터는 한 번 읽은 후에는 AP 서버상에 두어도 된다. 이처럼 1장에서 소개한 캐시 개념은 시스템 엔지니어에게도 도움이 된다.

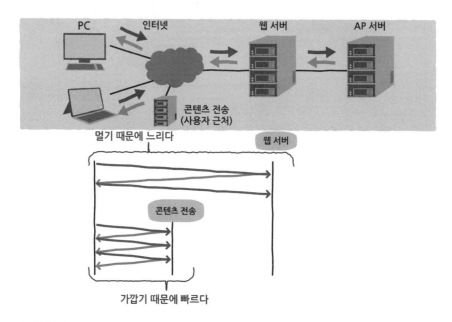

그림 4.11 콘텐츠 전송 개념

4.3.4 동기를 비동기로 변경

'동기 처리'란, 다른 처리가 끝나기까지 기다리는 처리다. 지금까지 소개한 처리는 대부분이 동기 처리였다. 예를 들어, AP 서버는 SQL을 DB 서버에 던지고 나서 해당 SQL 처리가 끝날 때까지 기다린다.

한편, '비동기 처리'란 처리가 끝날 때까지 기다리지 않는 처리로, 'asynchronous'

나 'ASYNC'라고 표기하는 경우도 있다. 예를 들어 AP 서버가 SQL을 DB 서버에 던지고 난 후, 다른 SQL을 던지거나 다른 계산 처리를 하는 것이다(그림 4.12 위쪽). 이 예를 통해 알 수 있듯이 비동기는 하위 리소스에 충분한 작업량을 부여하고, 다른 작업을 동시에 진행해서 시간을 단축시킬 수도 있다. DBMS나 OS에서는 비동기 I/O라는 형식을 통해 하드 디스크가 여러 대 있는 경우에도 부하를 충분히 분산하고 있다(그림 4.12 아래쪽).

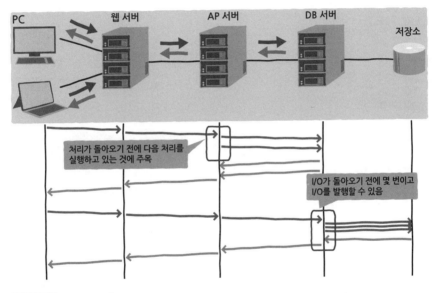

그림 4.12 비동기 처리

웹 기술에 'Ajax'라는 것이 있다. 이것이 비동기를 잘 활용하고 있는 예다. Ajax는 'Asynchronous JavaScript+XML'의 약자다. 사용자가 브라우저에 입력하고 있는 동안, 뒤에서 (비동기로) 서버와 통신해서 정보를 취득하거나 화면을 표시할 수 있다.

이처럼 비동기는 사용자가 관점의 응답 속도를 높일 수 있다. 하지만 치리가 끝났는지 확인하는 작업을 구현해야 하는 등 다양한 상태를 고려해서 코딩해야 하므로, 안이하게 다루어서는 안 된다.

'Log4j'라는 로그 작성용 자바 유틸리티가 있는데, 이것은 로그를 동기 방식으로 출력한다. 적은 횟수의 로그 기록이라면 문제가 없지만, 대량의 로그 기록 시에는 문제가 되므로 이때는 다른 비동기 방식 로그 유틸리티를 사용하기도 한다.

■ 단점을 개선한 비동기 개선형

비동기 개선형으로 '비동기+순서 보증(ordered)' 방식이 있다. 비동기의 단점은 두 가지다. '장애 시에 처리를 잃을 수 있다'는 것과, '장애 시에 데이터 정합성을 잃을 수 있다'는 것이다(그림 4.13).

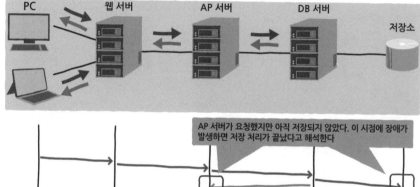

그림 4.13 비동기 처리의 단점

전자는 비동기의 특성상 어쩔 수 없다고 해도, 후자는 어떻게 해결할 수 없을까? 3 장에서도 소개했지만, WAN 환경에서는 비동기를 선택하는 경우가 많다. 예를 들면 장애 대책 사이트와의 데이터 동기로, 장애 대책에도 불구하고 후자의 이유로 데이터가 망가져버리면 의미가 없다. 여기서 잘 생각해 보면 후자는 처리 순서가 바뀌기 때문에 발생하는 것으로, 즉 순서만 지킨다면 문제가 해결된다. 이것이 'ordered'(순서화된)다. '비동기+순서 보증'은 장애 대책 사이트와의 데이터 동기나 장비 간에 이루어지는 데이터 교환 등에서 볼 수 있다.

4.3.5 대역 제어

성능 문제에서 '대역 제어' 개념은 매우 중요하다. 저자는 원래 통신 업계에서 일을 했었기에, 다른 업계에서 대역 제어가 제대로 이루어지지 않는 것을 보고 충격을 받았던 적이 있다. 통신 세계에서는 문제가 되지 않도록 요청(리퀘스트)을 제어하는 것이 당연하다. 2장에서 다룬 대기 행렬 이론 그래프(그림 2.12)의 오른쪽 끝에 있는 상태가 되는 무서움을 저자는 알고 있다[주2]. 이에 반해, 금융 세계에서는 요청을 제한하면 이의 제기 대상이 된다.

이렇게 비지니스적인 사정도 있지만, 통신 세계 이외에서는 시스템에 대역 제어가 제대로 갖추어져 있지 않은 경우가 많다. 이렇게 되면 인터넷에 의해 정보가 순식간에 퍼져서 순간적인 요청이 증가하는 등, 심각한 부하 변동이 발생할 수 있다. 이때, 안정적인 성능을 유지하기 위해서 필요한 것이 바로 대역 제어다(그림 4.14). 이 대역 제어는 뒤에 설명하는 부하분산(Load balancer)에서 실시되는 경우가 많다.

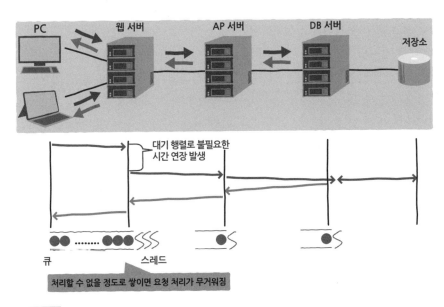

그림 4.14 대역 제어의 필요성

주2 '폭주'라는 용어도 자주 쓴다.

4.3.6 LRU 방식

각종 제품에서 앞에서 설명한 시간적 종속성을 활용한 'LRU'라는 알고리즘이 사용되고 있다. LRU란, Least Recently Used의 약자로 최근에 사용되지 않은(=시간적 종속성으로 말하자면 이후로 가장 사용되지 않을 데이터) 데이터를 버리는 알고리즘이다. 이 '최근에 사용됐는지 여부'는 리스트 구조로 관리하는 것이 일반적이다.

DBMS나 저장소 내부, 캐시 등에서 자주 사용되는 방식이다. 일반적으로 효과적인 방법이라고 하나, 가끔 대량으로 오는 데이터에 의해 캐시 효율이 떨어진다는 결점이 있다. 예를 들어 전체 데이터를 교체하는 배치 처리를 실행하면, 자주 사용되지 않는 데이터가 캐시로 한 번에 들어온다. 이후의 캐시 상태는 OLTP에 적합하지 않은 데이터가 사용되므로 이 점에 주의하자.

4.3.7 처리 분할 또는 락 단위 세분화

락은 보호를 위한 처리라고 설명했었다. 실은 락으로 보호할 때, 개발 생산성을 위해 락 대상 앞뒤도 함께 락을 거는 경우가 자주 있다. 락을 크게 설정하면 소스 코드도 간단해지기 때문이다. 하지만 이것은 대량 동시 처리 시에 문제가 될 수 있다.

예전에는 'BKL(Big Kernel Lock)'이라는 락이 리눅스 내부에 존재하며 제멋대로 활개치던 시대가 있었는데, 이 기능으로 인해 다른 처리가 정지되곤 했다. 현재는 BKL을 가능한 배제하고 작은 단위의 락으로 교체되고 있다. 애플리케이션을 개발할 때도 이와 같은 처리를 무심코 사용하는 경우가 있다. 이런 문제를 방지하기 위해 자바에서는 싱크로나이즈드(synchronized)라는 훌륭한 락 기능을 제공하고 있다.

현실의 성능 문제에서는 제품이나 OS 내부적인 락도 무시할 수 없다. 내부적인 락이란 예를 들어 제품 안에 있는 변수를 스레드가 변경하려고 할 때, 거의 동시에 다른 스레드가 동일 변수에 접근해서 값을 변경할 수도 있다. 이 경우 변수 안정성을 유지하기 위해 락으로 보호하는 형태를 내부적인 락이라고 한다. 멀티 스레드 프로그래밍의 난점이라 할 수 있다. 이런 경합의 경우, 해당 부분의 부하를 줄이는 등 대책이 필요하다.

4.3.8 비휘발성 라이트 백 캐시 채용

쓰기 처리 시에는 '보증'이 필요한 경우가 있는데, 예를 들어, DB의 일부 기록 처리(특히 로그)는 장애가 발생해도 그 정보가 유지돼야 하는 I/O다. 이 때문에 커밋하면 쓰기 처리를 기다린다[주3]. 물리 디스크의 I/O 응답은 I/O가 낮기 때문에(수 밀리초) 메모리에 기록해서 I/O를 종료하고 싶은 경우도 있다. 단, 장애가 발생하더라도 유지는 되어야 한다. 이것을 '비휘발성 메모리'라고 한다. DBMS의 쓰기 처리 성능 향상에 효과적인 방법이다.

4.3.9 멀티 레이어 캐시 채용

요즘에는 이 방법을 '선택한다/하지 않는다'가 아닌, 무조건 이 방법을 채용하는 방향으로 가고 있다. 애플리케이션뿐만 아니라 DBMS, OS, 저장소, 디스크 등 거의 모든 것이 캐시 구조를 가지고 있는 시대로, 그 종류를 세자면 끝이 없다. 이후로도 캐시가 늘어나는 방향으로 진행될 것이므로 이를 어떻게 활용할지 고민해야 한다. 단, 이때는 3장에서 소개한 외형적인 성능과 실제 성능을 고려하자.

4.3.10 점보 프레임과 고속 네트워크 채용

'점보 프레임'이라는 것은 이더넷의 1패킷 1,500바이트라는 제한 값을 크게 늘린 패킷 기술이다. 이를 통해 한 번에 많은 데이터를 전송할 수 있고, 패킷 수가 줄어 CPU 사용률도 줄어든다. 1,500바이트는 옛날 규격으로, 현재 이 크기를 늘리는 것도 어찌 보면 당연하다.

또한, 최근에는 고속 네트워크를 채용하는 방법도 성능 관점에서 주목을 받고 있다. 저장소와 서버 간, 또는 서버와 서버 간을 고속 네트워크로 연결하는 기술이다. 종래에는 통신 자체가 발생하지 않도록 하는 것이 정론이었지만, 통신 자체를 제한하기가 어려워(또는 제한하지 않고) 고속 네트워크로 연결하는 방법이다.

주3 쓰기 처리를 기다리지 않도록 설정할 수 있는 DBMS도 있다. 그 대신 트랜잭션이 보호되지 않는다.

부하분산, 라운드 로빈

스케일아웃인 경우 서버가 여러 대로 구성된다. 이때, 대기 행렬 이론 관점에서 노는 서버가 없도록 하는 것이 관건이다. 이를 위해 어떤 방법을 사용하면 좋을까? 이렇게 작업을 분배하는 것을 '부하분산'이라고 하며, 부하분산을 위한 장비를 '부하분산 장치(Load Balancer, LB)'라고 한다. 대표적인 것이 F5사(社)의 BIG-IP다.

기본적인 방식으로 '라운드 로빈(Round robin)'이라는 것이 있다. 전체적으로 작업을 분배함으로써, 모든 리소스를 사용해 성능을 향상시키는 방법이다. 또한 부하가 낮은 서버에 우선 할당하는 방식도 있는데, 이 경우에는 연결이 적은 서버나 부하가 낮은 서버를 찾아서 작업을 할당한다(그림 4.15).

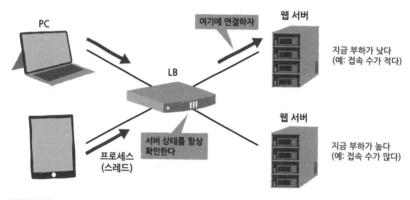

그림 4.15 부하분산 처리

참고로 부하분산에서는 부하를 제어할 수도 있는데, 이것이 바로 대역 제어가 된다. 사이트가 정지한 경우나 과부하인 경우에는 Sorry 서버에 접속을 할당해서 '잠시만 기다려주세요'라고 표시하거나, 부하분산 장치 자신이 '잠시만 기다려주세요' 하고 응답한다. 이 대역 제어에 대해서는 과부하를 걸어도 예상대로 동작하는지, 여유 상태가 너무 많지는 않은지, 시스템이 다운되지 않도록 적절한 시점에 동작하는지 등을 확인하는 것이 좋다.

단, 현실 시스템에서는 부하분산 장치가 배치됨으로써 여러 곳에 영향을 끼치게 된다. SSL 처리를 어디서 하는지(LB에서 하는지 외부에서 하는지), 데이터 센터가 여러 개인 경우에는 어디에 LB를 둘지 등이다. 이런 것들은 네트워크 기술자가 생각할 부분이지만, 클라우드가 되면 성능에도 영향을 끼치기 때문에 중요해진다. 기본적으로는 SSL 등의 요건을 충족하면서 WAN이 심플해지도록 설계한다. 이 문제에 대해서는 7장의 클라우드에서 자세히 다루도록 하겠다.

4.3.12 어피니티, 바인드, 스티키 세션

단순한 라운드 로빈은 대기 행렬 관점에서는 좋아 보일 수 있으나, 사실 종속성을 생각하면 오히려 역효과가 날 수 있다. 같은 데이터를 참조할 가능성이 높아서 '같은 담당자(창구)가 처리하는 것이 성능이 좋은' 경우도 많다. 종속성을 우선할 때는 '어피니티(Affinity)'(연계한다, 제한한다라는 의미)라는 기술을 사용하는데, '바인드한다'(연결한다)고 하는 경우도 있다.

최근의 코어 수가 많은 CPU는 'NUMA(Non-Uniform Memory Access)'라 불리는 기술을 이용한다. 이것은 CPU와 메모리가 연계가 되어, CPU 관점에서 메모리에 가까운 것과 먼 것이 있다(그림 4.16). 이것도 종속성을 이유로 채용된 기술이다. 소프트웨어가 NUMA를 유용하게 활용하기 위해 이 NUMA 아키텍처를 인식하는 방법도 있다. 예를 들어, 동일 프로세스는 항상 동일 CPU 코어상에서 동작하도록 하면 성능 향상을 기대할 수 있다.

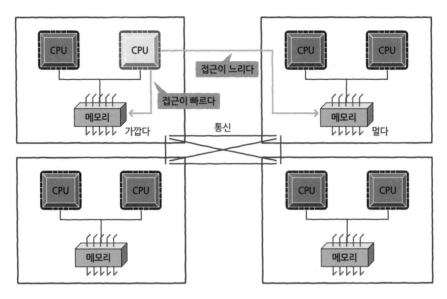

그림 4.16 NUMA 처리

참고로 어피니티나 하드웨어 추가로 인해 일부 CPU만 부하가 올라가는 경우가 있다. 이 경우, vmstat에서는 상태를 알 수 없기 때문에 mpstat로 각 CPU 상황을 조사해야 한다.

또한, 웹 세션에서는 어피니티뿐만 아니라 데이터 갱신 등을 고려하여 동일한 서버가 처리를 계속해야 한다. LB에서는 '스티키(Sticky) 세션'이라 불리는데, 쿠키 정보나 IP 주소 정보 등을 통해 동일 세션인 것을 인식하여 같은 서버에 처리를 보낸다(그림 4.17).

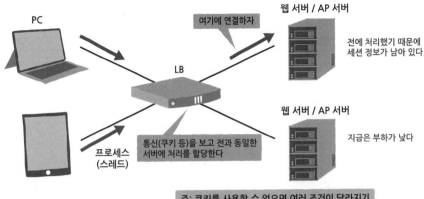

PC

웹 서버 / AP 서버

여기에 연결하자

전에 처리했기 때문에
세션 정보가 남아 있다

LB

웹 서버 / AP 서버

프로세스
(스레드)

통신(쿠키 등)을 보고 전과 동일한
서버에 처리를 할당한다

지금은 부하가 낮다

주: 쿠키를 사용할 수 없으면 여러 조건이 달라지기
때문에 Sticky 세션도 다양한 방법이 존재한다

그림 4.17 부하분산 처리

4.3.13 Copy On Write(COW)

필요한 시점에 실제 데이터를 작성하는 방법이다. 예를 들어 OS에서는 프로세스
를 생성할 때 복사를 하지만, 이때 실제 프로세스는 복사하지 않고 변경되는(write)
시점에 복사를 한다(그림 4.18 왼쪽 아래). 이 방법의 장점은 복사 속도인데, 실제 데이
터를 복사하지 않기 때문에 빠르게 처리된다. 또한, 같은 데이터에 중복이 발생하지
않는다는 이점도 있다.

OS 외에도 저장소나 파일 시스템에서도 자주 사용된다. 저장소에서도 복사본을
만드는 경우에 사용한다(그림 4.18). copy on write이라는 명칭이 말하고 있듯이,
복사본을 순식간에 만들 수 있다.

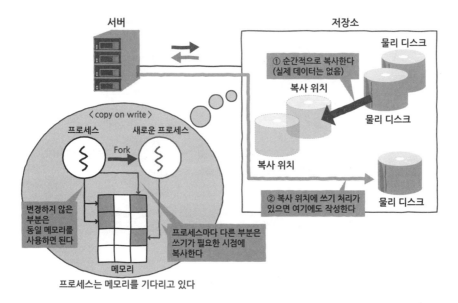

그림 4.18 저장소 관련 copy on write

4.3.14 저널, 로그

1장에서 소개한 큐(FIFO) 구조이지만, '저널'이나 '로그'의 경우는 기록이 목적이다. 저널로 기록하는 것의 장점은 이중화와 성능이다. '별도로 기록하는데 어떻게 성능이 좋아지냐'라고 생각할 수도 있겠지만, 앞에서 다룬 '모아서 작성'이라는 성능 향상 방법을 떠올리기 바란다.

RDBMS에서는 예전부터 로그를 모아서 작성하는 기능이 탑재돼 있었다(그림 4.19). 또한, 로그만 제대로 기록된다면 필요한 시점에 데이터를 복원할 수도 있으며, 실 데이터를 나중에 기록해도 되기 때문에 성능상의 이점이 크다. 이런 이유에서 저장소나 파일 시스템, DBMS에서는 '로그 선행 기록(write ahead logging)'이라는 방식을 잘 사용한다.

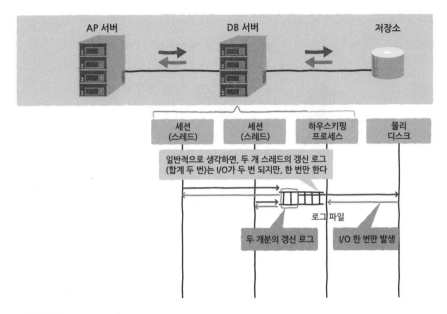

그림 4.19 DBMS 갱신 로그의 I/O 집약

4.3.15 압축

'압축'은 얼마 전까지만 해도 CPU를 소비하는 주범이었다. 저장소 크기가 부족해서 압축하는 것이 주 목적이지만, 최근에는 그 경향이 바뀌는 추세라 압축을 통해 성능을 향상시키는 접근법도 사용되고 있다. 압축을 걸면 크기가 작아져서 대량의 데이터 전송이 빨라지므로, CPU에 의한 압축/전개보다 시간적으로 이점이 큰 구조다.

4.3.16 낙관적인 락

'락(Lock)'은 필요한 것이지만, 없더라도 굳이 문제가 되지는 않는다. 마지막에 경합이 발생한 것을 알고 '이러면 안 되는데. 롤백하자' 하고 처리하는 방법도 있다. 이런 방법을 '낙관적 락'이라고 한다(그림 4.20). 타임스탬프, 버전 카운트, 상태 비교 방법 등이 이에 해당한다. 일반적인 락은 '비관적 락'이라고 부른다.

참고로 낙관적 락은 락 경합이 심한 경우에는 롤백이 많아지므로 추천하지 않는다. 어디까지나 갱신 빈도가 적은 경우에 적합한 방식이다.

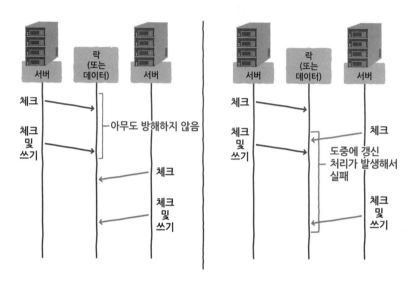

그림 4.20 낙관적 락

4.3.17 칼럼 지향 데이터베이스(Columnar Database)

최근 주목 받고 있는 '열(列, 칼럼) 지향' DBMS다. 이 제품의 장점은 테이블의 세로 방향 집계나 검색이 빠르다는 것으로, 이것은 기본적인 아키텍처를 살펴보면 일목요연하다. 종래의 RDBMS는 데이터를 행(레코드) 단위로 블록에 넣고 있지만, 이 방식에서는 열(칼럼) 단위로 데이터를 블록에 넣는다(그림 4.21). 덕분에 데이터 웨어하우스 등에서 특정 열을 집계할 필요가 있는 경우, 효율적으로 처리할 수 있다.

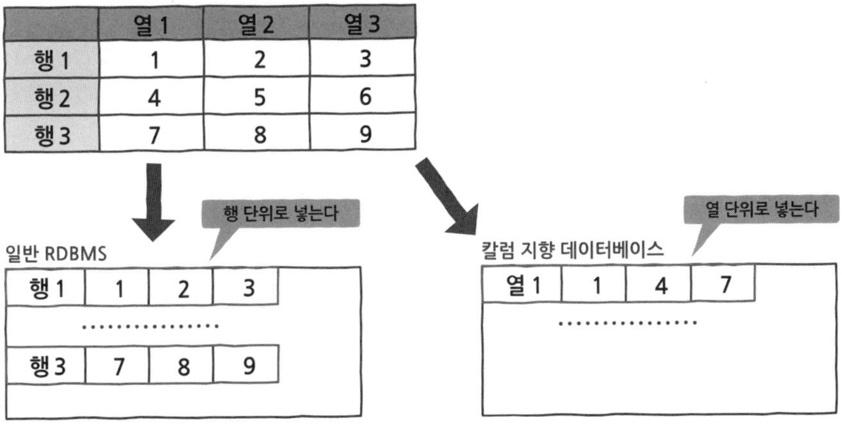

그림 4.21 칼럼 지향 데이터베이스

4.3.18 서버 성능 설정에서는 초깃값=최댓값?

여러분이 서버에게 바라는 것은 '안정적으로 동작했으면 한다'일 것이다. 이 때문에 클라이언트 PC에서 가능한 기능 중 일부는 서버에 적합하지 않은 경우가 있다. 그것은 유연성 관련 기능으로, 처음에는 적은 리소스만 사용하다가 부족하면 리소소를 늘려서 최댓값까지 증가시키는 설정 항목이 곳곳에 존재한다. 하지만 이 리소스 증감 시점에서 성능 저하가 발생할 수 있다. 예를 들어, VM(가상 장비)에서 메모리가 부족해지면 다른 VM에서 뺏어오는 경우도 있다. 이런 경우에는 성능이 잠시 동안 악화된다. 또한, AP 서버상의 연결 풀에 있는 DB 세션 수도 변경할 수 있는데, 이 역시 증감 시점에 성능이 악화될 수 있다. 이런 이유들로 인해, 처음부터 최댓값으로 설정해 두는 것이 좋을 수도 있다. 즉, 서버 설정은 '안전한 방향'으로 설정하는 것이 가장 좋다는 의미다.

단, 같은 메모리 조절 기능이라도 오미헤드가 적어 서버에서 적극적으로 채택하는 것이 좋은 기능도 있으므로 판단하기가 어려울 수 있다. 예를 들어, 오라클의 'pga_aggregate_target'은 메모리 조절 시 오버헤드가 거의 없어서 서버에 효과적인 기능으로 알려져 있다. 결국, 엔지니어가 직접 오버헤드가 적은 것이 어떤 기능인지를 찾아내는 수밖에 없다.

4.4 | 실제 업무에서 접하게 되는 성능 문제

지금까지 소개한 기술을 실제 업무에 적용해 보자.

4.4.1 성능 비교 참고 데이터

'스펙인트(SPECint)'라 불리는 데이터가 공개돼 있다. 이것은 특정 CPU가 어느 정도의 계산 성능을 내는지 측정한 결과다. 이것을 사용하면 특정 CPU와 다른 CPU의 성능을 비교할 수 있으므로, 서버 설치 시 등의 경우에 새로운 CPU 수를 결정하기('사이징'이라고 한다) 위한 참고 데이터로 삼을 수 있다. 사이징은 샘플 애플리케이션에서 측정하는 것이 바람직하지만, 현실적으로는 힘든 일이기에 기존 서버의 리소스 사용량(2장에서 소개한 CPU 사용률 데이터와 스펙인트)을 이용해서 계산하는 것이 일반적이다. 참고로, 가끔 맞지 않는 경우도 있으니 주의하자.

CPU, 동시 접속 사용자 등의 견적 방법에 대해선 4장에서 소개하므로 여기서는 스펙인트라는 방법이 일반적이라는 것만 이해해 두자. 'TPC 벤치마크'라는 성능 데이터도 있는데, 이것을 현장에 적용한 곳은 거의 본 적이 없다.

4.4.2 캐시 적중률이 높다고만 볼 수 없다

캐시 적중률이 항상 높은 것은 아니다. 1장에서 소개한 것처럼 빈번하게 사용되는 데이터를 캐시에 남기지만, 배치 처리 같이 보통 때 잘 사용되지 않는 데이터를 읽는 경우가 있다(그림 4.22). 이런 경우에는 높은 캐시 적중률을 기대할 수 없다.

제조사에 따라서는 캐시 적중률의 적정 값을 공개하고 있는 곳도 있다. 이 때문에 지표로 설정해서 감시하는 경우도 있으나, 캐시 적중률의 변동성을 이해해 두어야 한다. 성능 분석 시에 '캐시 적중률이 나쁘니까 안 된다'고 판단하는 것은 좋지 않으며, 업무를 고려해서 적절한 적중률인지를 생각해 보아야 한다.

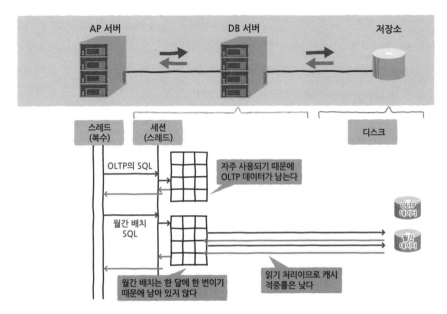

그림 4.22 캐시 적중률이 높다고만 볼 수 없다

4.4.3 저장소 튜닝 방침

현재 저장소 튜닝의 가장 모범적인 해법은 IOPS를 분산시키는 것으로, 라운드 로빈 같은 형식이라 할 수 있다. 예전에는 DB 서버를 중심으로 디스크 용도별로 세분해서 설계하는 방식이었지만, 최근에는 IOPS를 중시하는 설계(IOPS를 분산하는)가 주류가 되고 있다. 대형 저장소라면 저장소 담당자가 직접 IOPS를 분산하도록 설계할 것이다(앞에서 설명한 것처럼 OS가 본 디스크 실체와 가상 디스크가 다른 것의 원인이 바로 이것이다). 저장소가 아닌 DBMS나 OS 수준에서 실시할 수도 있다.

4.4.4 용량이 충분해도 디스크를 추가한다

'최종적으로는 쓰기 처리를 캐시로 감당할 수 없다'라는 규칙이 있다. 생각해 보면 당연한 사실이지만, 의외로 현장에서는 잊혀지는 경우가 많은 법칙이다. 세상에는 많은 캐시가 사용되고 있으며, 쓰기 처리를 보장하는 캐시 메모리도 늘고 있어서 쓰기 처리를 캐시 메모리에 맡기면 괜찮다는 생각이 많다. 일시적 관점에서는 문제없는 생각이나, 언젠가는 최종 기록 위치에 저장해야 한다. 말하자면 댐과 같으며, 이 댐의 한계(IOPS)는 정해져 있는 것이다(그림 4.23).

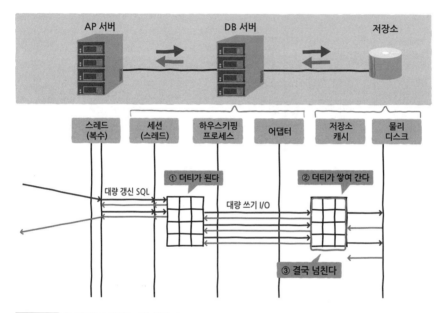

그림 4.23 쓰기 처리 캐시는 댐과 같다

오랜 시간 IOPS를 넘어선 쓰기 처리로 부담을 주게 되면, 캐시가 이를 감당하지 못하고 성능 악화를 초래한다[주4]. 이 성능 악화는 매우 치명적이어서 각 레이어에서 성능을 반드시 확인해야 하는 이유가 되었다. 참고로, 모아서 작성한다는 IOPS 감소 구조(예: I/O 스케줄러)도 효과가 다소 있으므로, 경계를 예측하는 것은 어렵다. 때문에 실제 운영 데이터와 유사한 데이터로 테스트하는 수밖에 없다.

주4 SSD는 쓰기 IOPS 성능이 높기 때문에 이런 고민을 줄일 수 있다.

4.4.5 성능 관점의 파일 분할

파일 수가 많으면 관리 영역이 늘어난다고 설명했는데, 마찬가지로 일 또한 늘어난다. 그러면 파일 수를 적게 하는 것이 만능일까? 대답은 'No'다. 그 예로 DB 파일의 경우, 파일 수가 적으면 오히려 문제가 될 수 있다. 1장에서 소개한 락은 파일에도 존재하여 대규모 시스템에서 찾아볼 수 있는데, 대량의 읽기/쓰기 처리가 집중되면 처리 시간을 연장한다. 이것은 하나의 파일이 기록될 때 데이터가 망가지는 것을 방지하기 위해서다(그림 4.24)[주5].

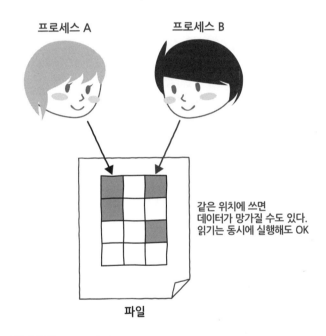

프로세스 A

프로세스 B

같은 위치에 쓰면
데이터가 망가질 수도 있다.
읽기는 동시에 실행해도 OK

파일

그림 4.24 파일 단위 락

주5 파일 단위의 락으로 OS 기능이다. 참고로 애플리케이션이 제어한다는 전제로 이 락을 해제할 수도 있다.

4.4.6 90퍼센타일

현장에서 성능 관련 일을 하다 보면, '90퍼센타일(Percentile) 값'이라는 용어를 접할 때가 있다. 이것은 통계학 용어로, 100개의 데이터가 있으면 그중 90번째라는 것을 의미한다. 응답으로 말하자면 빠른 쪽부터 세서 90번째인 값이다. 성능 문제에서는 빗나간 값이 항상 나오기 마련이다. 그 원인은 다양하나 이런 극히 일부의 값은 대상에서 제외하고, '90%의 값이 목표 시간에 들어오면 괜찮다'고 하는 것이다. 참고로 빗나간 값이 분명히 문제가 될 것 같은 경우(예: 90%는 10밀리초지만, 나머지 10%는 10초가 걸리는 경우)도 있으니, 이때는 제대로 대응하도록 하자.

4.4.7 읽기와 쓰기 비율

실제 시스템에서는 읽기 빈도와 갱신(쓰기) 빈도에 차이가 있다. 시스템에 따라 달라서 한마디로 단정지을 수 없지만, 보통은 읽기 빈도가 갱신 빈도보다 압도적으로 많다. 저자가 본 DBMS에서는 참조가 90%인데 비해 갱신은 10%, 또는 참조가 그 이상인 경우가 보통이었다. 갱신이 많은 시스템에서도 처리 전에 읽기 처리가 발생하므로 참조가 많다는 특징이 있다. 그러므로 참조가 많다는 것을 인식하면서 각종 설계를 하는 편이 도움이 된다.

4.5 | 튜닝 예

이번 장을 정리하면서 실제 성능 튜닝 예(애플리케이션 및 인프라)를 소개하겠다. 참고로 보안상의 이유로 여러 사례를 미묘하게 섞어서 얘기할 것이므로 양해 바란다.

4.5.1 예 1: 이중 루프 내에서 Select문 실행

자주 있는 이중 루프 내 Select문 실행 문제에 대해 알아보자(그림 4.25). 변수 M은 테이블 m에 대응하며, 변수 N은 테이블 n에 대응한다고 가정하자. 테이블 m은 100만 건 정도고 테이블 n은 1,000건 정도, 1행은 50바이트 정도다. 튜닝 전에 처리 시간을 대략적으로 예측해 보면, 1SQL이 3밀리초라고 할 경우 m×n×3밀리초=300만 초다. 이런 시스템은 운영할 수 없다. 이런 처리라도 개발 시에는 100건이나 10건 정도로만 테스트하기 때문에 응답이 나쁘지 않게 나온다.

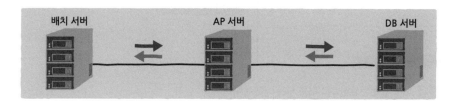

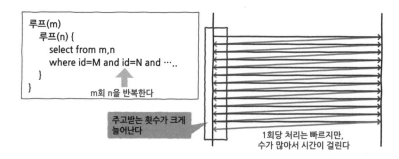

그림 4.25 이중 루프 내에서 SQL문을 실행

세 가지 튜닝 안을 만들어 보았다.

첫 번째 안은(A안) DB에 대한 질의를 하나로 만드는 방법이다. '이렇게 많이 질의할 필요가 없어'라는 생각이다. 결합 완료한 데이터를 가지고 와서 루프 내에서 처리한다(그림 4.26).

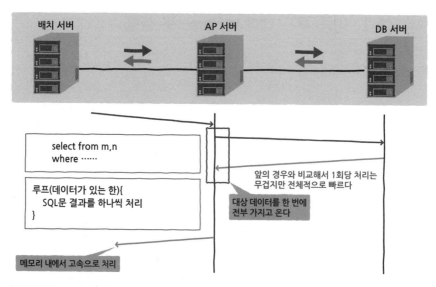

그림 4.26 A안: 결합 완료한 데이터를 루프 내에서 처리

두 번째(B안)는 테이블 n과 테이블 m을 애플리케이션 측으로 가지고 와서 해시화
나 KVS에 저장하는 방법이다. 그리고 이것을 가지고 루프 처리를 한다(그림 4.27).

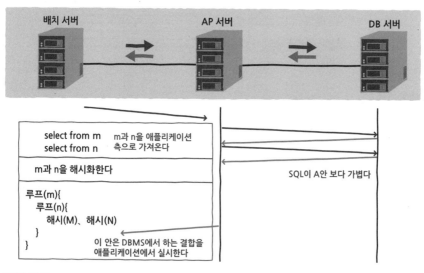

그림 4.27 B안: A의 개선안

세 번째(C안)는 절충안으로, 1,000건 단위로 데이터를 가지고 오는 방법이다(그림 4.28).

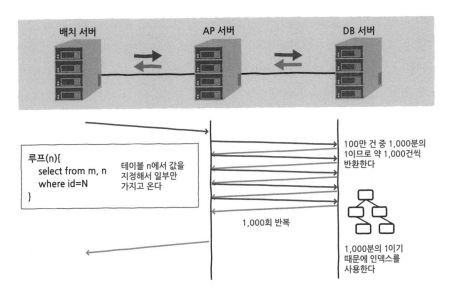

그림 4.28 C안: B안의 개선안

A안은 일반적인 튜닝 방법이다. 1GB 정도의 결합 데이터를 수신하는 배치 처리라면, 처리 시간은 허용 범위 내에 들어간다.

B안은 애플리케이션으로 가지고 온다는 것이 포인트다. 이 처리 후에도 해당 데이터를 사용해서 고속으로 처리할 수 있다면 효과적이다. 저자도 실제로 매번 DB에 접속하는 배치를 수정하여 가능한 부분은 이런 방식으로 변경했다.

C안은 검색 결과가 1,000건 정도라는 장점은 있지만, 결국 데이터 전체가 처리 대상이라는 것을 생각하면 효과는 딱히 없다고 할 수 있다. SQL은 100만 건 중에 1,000건을 찾는 처리가 되며, 이를 위해 인덱스를 사용해야 힌디. 1,000회를 반복하여 최종적으로는 모든 데이터를 대상으로 하게 되는 것이다. 결국 어딘가에서 필요 없는 처리가 발생한다. 물론, 다른 이유가 있다면 이 방식도 채용 대상이 될 수 있다.

4.5.2 예 2: 가끔씩 성능이 악화된다

특정 DB 서버에서 가끔씩 I/O 응답이 악화되어 락 대기 상태가 된다고 하자. 원인을 조사한 결과, 더티 블록이 늘어나서 한동안은 안정적으로 동작하지만, 특정 시점에 대량의 메모리를 요구하는 애플리케이션이 실행돼서 더티 블록이 한 번에 기록된다. 이때 I/O 연장과 락 대기가 발생하게 되는 것이다(그림 4.29). 이 현상은 DB 서버, OS 서버, 저장소 내에서도 발생하는데, 참고로 항상 I/O 성능이 부족한 것이 아니라 이 한정된 시점에만 그렇다.

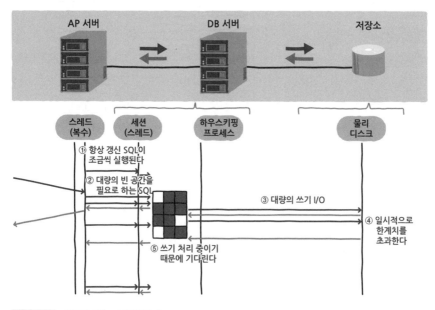

그림 4.29 가끔씩 성능이 악화된다

첫 번째 안은 하부 레이어가 어떠한 경우에도 부하를 견딜 수 있어야 한다는 생각으로, 즉 저장소에 디스크를 추가하는 것이다(그림 4.30 오른쪽). IOPS가 부족할 가능성이 있기 때문에 SSD로 바꾸는 것도 효과적이나, 윗사람에게 거절당할 가능성이 크다. 돈이 들기 때문이다.

두 번째 안은 대량의 빈 메모리가 요구되는 애플리케이션 사용을 중지하는 방법이다(그림 4.30 왼쪽). 유효한 방법임이 분명하며, 적용도 쉽다. 또한, 일상 작업을 건전화한다는 의미에서도 추천할 만하다. 단, 다른 애플리케이션이 다시 동일한 짓을 할 수 있으므로 안심해선 안 된다.

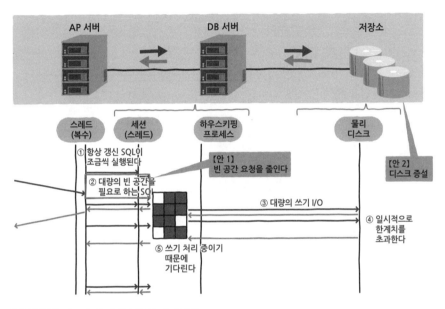

그림 4.30 예 2의 첫 번째와 두 번째 해결안

세 번째 안은 더티 블록을 사전에 최소한으로 설정해 두는 튜닝이다(그림 4.31). 파라미터로 더티양을 조정하거나 유지관리 차원에서 명령어를 정기적으로 실행하는 등, 제품에 따라 방법이 다르지만, 항상 더티양을 줄여두면 문제를 방지할 수 있다. 중요한 것은 항상 I/O 성능이 부족하지 않게 하는 것이다.

허약 체질을 근육질의 건강한 몸으로 민드는 형태라고 할 수 있으며, 부하가 걸려도 신속히 대응할 수 있다. 앞에서 설명한 리소스를 과도하게 사용하지 않는 상태로 만드는 것이 이에 해당한다.

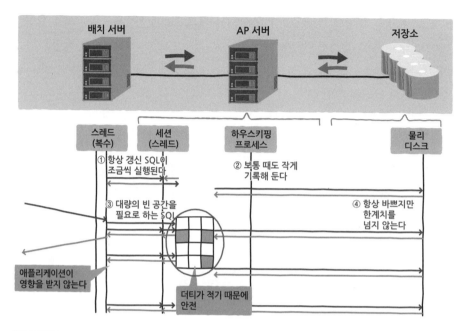

그림 4.31 예 2의 세 번째 해결안

대기 행렬의 선두는 무엇을 하고 있는가?

《'정체' 시 선두는 무엇을 하고 있는가?》라는 책이 있다. 자연 정체 시 선두가 막혀 있는 것이 아니라, 차가 아무렇지 않게 달리고 있다는 내용이다. 그렇다고 해도 터널이나 오르막 길에서는 조금씩 느려지는 것이 사실이며, 이것이 쌓여서 뒤에 있는 차는 오랜 시간 기다리게 된다. 즉, 이 책에서 말하는 대기 행렬이 생기는 것이다.

이런 정체의 경우, 정체를 벗어난 순간에 앞 차를 얼마나 빨리 따라잡느냐가 중요하다. 이를 통해 시간 연장을 만회할 수 있기 때문이다. 저자는 정체를 벗어난 시점에 이 원칙을 지킬 수 있도록 가능한 빠르게 운전하는 편이다.

이 원칙은 컴퓨터 시스템에도 해당되는데, 사실은 자연 정체(병목 현상)의 선두는 기다리고 있는 것이 아니라 처리 중인 경우가 많다. 또한 해당 처리를 빠르게 하는 것이 중요한데, 빠르게 운전하는 것이 이에 해당한다. 이 책에서 반복해서 설명하고 있는 것처럼 분석 시에는 큐와 스레드를 보고 어디에서 정체가 일어나고 있는지, 해당 정체의 선두가 어디인지를 추측할 수 있다(그림 A).

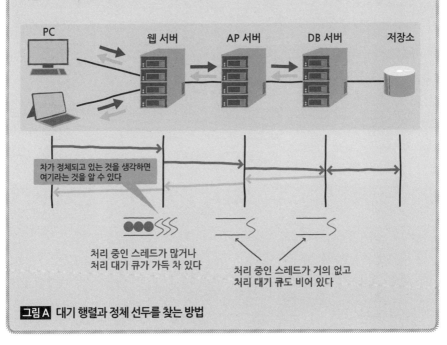

그림 A 대기 행렬과 정체 선두를 찾는 방법

성능 테스트

5.1 | 성능 테스트 개요

성능 문제 대응의 꽃은 튜닝이라 할 수 있다. '성능 튜닝이 가능하다'는 것은 '모든 성능 문제를 해결할 수 있다'라는 것을 의미한다. 성능 문제 전문가라는 인식도 있다.

튜닝을 실시할 때 반드시 필요한 것이 '성능 테스트'다. 좋은 튜닝을 위해서는 테스트를 통해 측정하는 작업이 매우 중요하다. 단, 튜닝 결과 입증을 곧바로 상용 환경을 통해 실시하는 것은 위험하므로 보통은 검증 환경에서 성능 테스트 결과를 얻어 입증한다. 이 성능 테스트야말로 튜닝이나 성능 전문가가 되기 위한 중요한 요소 중 하나라고 해도 과언이 아니다.

이번 장에서는 시스템 성능 향상을 위해 필요한 성능 테스트에 대해 설명하겠다.

5.1.1 프로젝트 공정의 성능 테스트

일반적인 시스템 개발 프로젝트 공정은 대략적으로 그림 5.1과 같이 구분할 수 있다. 굵은 글씨로 표시한 것이 성능 테스트와 관련 있는 태스크다.

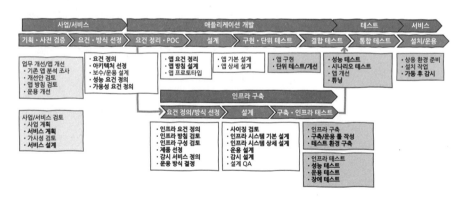

그림 5.1 시스템 구축의 일반적인 흐름

이 중에서 성능 테스트가 실제로 이루어지는 곳은 주로 통합 테스트 단계다. 성능 테스트는 원칙적으로 시스템이 상용 환경에서 가동될 때 문제가 없는 것을 확인하기 위한 것으로, 결합 테스트를 마치고 동일한 환경에서 시스템이 동작하는 것을 확인해야 한다.

단, 통합 테스트 단계에 이르기 전까지는 성능 테스트에 대해 생각하지 않아도 된다는 의미가 아니다. 이번 장에서는 프로젝트 각 공정에 필요한 개념이나 태스크를 설명하고, 효과적인 성능 테스트를 계획하는 기술을 소개하겠다.

5.1.2 역할에 따른 성능 테스트 담당 분야

이번 장에서 가정하고 있는 프로젝트 구조는 아래와 같다. 각 역할에 따라 성능 테스트 담당 분야가 다르다는 것도 표시하고 있다. 자신의 담당 외에도 신경 써야 할 부분이나 작업 종류에 대해 머릿속에 넣어 두도록 하자. 이를 통해 프로젝트 내 소통이 원활해지므로, 잘 읽고 파악해 두는 것이 좋다.

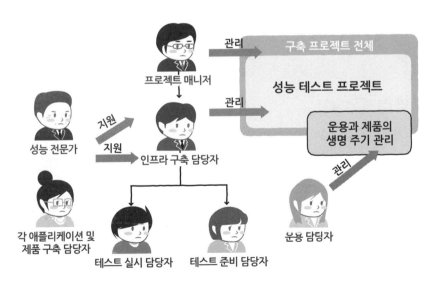

그림 5.2 역할별 성능 테스트 담당 분야

■ 성능 테스트 초보자

'성능 테스트를 해봐' 하고 상사나 관리자, 고객으로부터 처음으로 지시를 받은 사람으로, 성능 테스트가 처음이라 무엇을 중시하고 어떤 순서로 진행하면 좋을지 모르고 있다. 선배나 기존 프로젝트에서 하던 성능 테스트 방법을 그대로 사용해도 되는지 여러 가지로 걱정되고 불안하다. 이 책에서 그 불안감을 해결할 방법을 안내해 줄 것이다.

■ 프로젝트 매니저

프로젝트 매니저(PM)로 프로젝트를 운영하던 중, 특히 시스템 성능에 관해 골머리를 앓는 경우가 많을 것이다. 충분한 허용치를 고려한 하드웨어나 검증이 끝난 소프트웨어를 사용하고 있더라도 생각하지 못한 곳에서 성능 문제가 발생할 수 있다는 것은 경험이 많은 PM이라면 잘 알고 있을 것이다. 이 책은 단순한

성능 테스트 기법만 다루는 것이 아니라, 프로젝트 관점에서 시스템 성능을 담보하기 위해 프로젝트 공정 전반에 걸쳐 어떻게 운영하고 성능 문제를 이끌어가야 하는지 설명한다.

■ 인프라 설계 담당자

인프라 설계는 애플리케이션 설계와는 다른 흐름으로 하고, 대부분의 경우는 애플리케이션 릴리즈보다 선행되어 인프라가 릴리즈되는 형태가 된다. 인프라 설계 담당자는 인프라 구성 시에 충분한 성능이 나오는지를 애플리케이션의 상세 부분이 정해지기 전부터 고려해야 한다. 또한, 유량 제어나 허용량 관리 등 애플리케이

션과 밀접한 관계에 있는 부분을 어떻게 설계하면 좋을지 고민하는 경우가 많다. 게다가 인프라 성능을 어떻게 평가할 것인지도 어려운 부분이다. 이에 관해 프로젝트 전체 공정을 통해 다른 담당자에게 어떤 정보를 요청하고, 어떻게 결정해야 하는지를 적극적으로 소통하여 진행해야 한다. 이 책에서는 이런 때에 참고가 될 수 있는 개념을 소개한다.

■ 인프라 운용 담당자

인프라 운용 담당자는 검증이 끝난 시스템을 받아서 상용 환경에서 운용한다. 운용 시 장애가 발생해서 성능 문제가 처음으로 부각되면, 운용 담당자는 엄청난 양의 조사, 분석 작업에 관여해야 한다. 이것은 비정상적인 작업으로, 시스템을 인수받기 전, 충분히 검증한 후에 인계하도록 요구해야 한다. 이런 사전 검증을 위해서 프로젝트 담당자에게 무엇을 어떤 식으로 요구해야 하는지 설명한다.

■ 애플리케이션 설계 담당자

애플리케이션 설계 담당자는 보통 시스템 전체적인 성능에 대해서 고려하지 않는 경향이 있다. 그것보다 요구된 업무나 기능을 새로운 프레임워크나 미들웨어를 사용해서 어떻게 구현할지로 머리가 꽉 차 있을 것이다. 비록 그것이 중요하긴 하나 성능 문제는 생각하지 못한 시점에 발생하므로, 최악의 경우는 시스템 설계를 처음부터 다시 해야 하는 경우도 있다. 이것은 충분히 예측 가능한 위험이다. 이를 방지하기 위해 어떤 형태로 애플리케이션 성능을 보증해야 할지 프로젝트 전체 관점에서 파악하여, 기능뿐 아니라 성능도 제대로인 프로그램을 설계할 수 있는 방법을 제시한다.

■ 성능 테스트 중급자

성능 테스트 중급자의 경우, 몇몇 프로젝트를 통해 이미 어느 정도 성능 테스트 경험이 있는 사람도 존재한다. 제대로 된 성능 테스트는 테스트 기술뿐만 아니라 주변 기술까지 이해하며, 또한 프로젝트 공정상 앞 단계의 준비가 중요하다는 것을 경험을 통해 아는 독자도 있을 것이다. 이 책에서는 이것들을 체계화해서 이해하기 쉽도록 정리했다. 참고가 되기 바란다.

■ 발주자

시스템을 발주하는 측에서는 예상한 대로 동작하는 안정적인 시스템이면 충분하다고 생각할 수 있다. 단, '예상한 대로'나 '안정적인'이라는 기준에 맞는 시스템을 개발하는 데는 어려움이 따른다. 10명이 동시에 이용하는 시스템과 1,000명이 동시에 이용하는 시스템은 시스템 개발 비용이나 소요 기간이 전혀 다르다. 또한, 실제로 동시 이용자가 10명이 되더라도 그 사람들이 어떤 조작을 하는가에 따라 필요한 서버 사양이 달라진다. 게다가, 필요한 성능 요건이 어중간하면 명시적으로 정해진 요건만 검증해서 전달하기 때문에 실제로 사용하다 문제가 발생해서 곤란해지는 경우가 있다.

개발자 측은 어디까지나 계약대로 만들기만 하면 되므로, 이후에 '이렇게 더 바꿔주면 안 될까?'라는 요청이 있으면 요건 변경이라는 이유로 별도 비용을 부과할 수도 있다. 이 때문에 발주자 측에서는 요건상에 성능 지표를 분명히 정의하여 무엇을 검증해야 하는지 파악해 두는 것이 좋다. 이 책에서는 성능 검증 시 가이드라인이 될 수 있는 것을 소개하겠다.

5.2 | 자주 하는 실패: 아홉 가지 실패 패턴

성능 테스트의 필요성과 넓은 대상 범위를 이해하기 위해, 시스템 성능 문제, 성능 테스트에서 자주 하는 실패와 그 이유 및 배경에 대해 설명하겠다. '이렇게 하면 곤란해진다'는 패턴으로, 저자가 경험한 현장의 성능 테스트에서도 자주 발생했던 문제들이다.

5.2.1 기간 내에 끝나지 않는다

애플리케이션을 만들어서 처음으로 성능 테스트를 하는 경우에 자주 있는 패턴이다. 통합 테스트 시에 성능 테스트를 형식적으로 끝내고 그대로 통과시켜버리면, 임의 성능 테스트 시에 성능이 제대로 나오지 않거나, 성능 관련 장애가 발생해서 그 원인 조사나 튜닝, 테스트에 시간이 더 걸린다. 최악의 경우는 설계를 처음부터 다시 해야 해서 전체 프로젝트 기간이 연장되는 경우다.

이처럼 성능 문제가 후공정에서 많이 발생하는 이유는 다음과 같다.

- 상용 환경이 아니면 재현되지 않는다
- 재현 자체가 어렵다(환경, 데이터, 부하 생성)
- 특정 처리에서 성능 문제가 발생한다

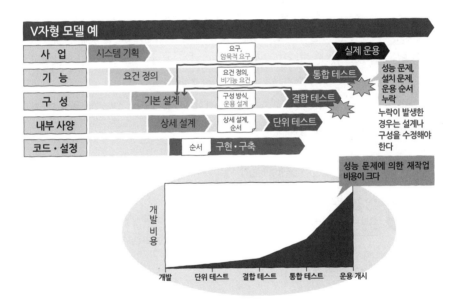

그림 5.3 자주 있는 실패① '기간 내에 끝나지 않는다'

저자는 이런 사항을 염두에 두고 통합 테스트에 최저 한 달을 달라고 고객에게 요청했다. 제대로 계획을 세워서 진행하는 프로젝트라도 이 정도는 필요하다. 프로젝트 종반에 이 정도 기간을 확보하는 것은 어렵지만, 사전에 확보해 두지 않으면, 충분한 성능 테스트는커녕 성능 목표에 도달하지 못해서 기간을 연장해야 하는 등, 사업적으로도 영향을 줄 수 있다.

5.2.2 성능이 나쁘다! 성능 문제를 해결할 수 없다!

성능 테스트를 실시한 결과, 성능 문제가 발생한 경우에는 어떻게 하면 좋을까? 먼저 느린 원인을 조사해야 하지만, 여러 곳이 의심스럽다. 네트워크, 부하분산 장치(LB), 웹 서버, 애플리케이션(AP) 서버, 애플리케이션 개발 방법, 데이터베이스(DB), 저장소, 다른 시스템과의 데이터 연계 부분, 데이터 크기, SQL 등등 끝이 없다.

이것들을 제대로 조사하려면 각 요소별 전문 지식이 필요하다. 또한, 여러 영역에 걸친 성능 문제의 경우, 여러 전문 분야를 같이 볼 수 있는 안목이 없으면 각 담당자는 '내 담당 분야는 문제가 없어'라고 말할 뿐 전체적인 해결이 진행되지 않는다. 또한, 전문 지식이 있는 인력이나 조직이 갖추어져 있다고 해도, 적절한 검증이나 분석 방법을 갖추고 있지 않으면 비효율적일뿐더러, 잘못된 방향으로 진행해서 해결책을 찾을 수 없는 경우도 있다. 그 결과, 성능이 나쁘다는 결과는 얻을 수 있어도 원인을 모르기 때문에, 문제를 해결할 수 없는 상태에 이르게 된다.

특히 최근의 웹 시스템은 모듈 구조가 복잡해서 문제 파악이 어렵고, 필요한 전문 지식 범위도 넓어서 이러한 상태에 이르기 쉽다.

해명이 어렵다
(개발 능력 부족 원인)

성능 부족
성능 요건을 만족하지 않는
프로그램 개발

· CPU를 대량으로 점유하는 프로그램
· 메모리 대량 점유
· 결합 시에 타임아웃이 될 정도의 응답 시간 연장
· 성능이 나쁜 SQL 등

파악이 어렵다
(관리 프로세스가 원인)

성능 오류
개발 도중에 파악할 수 없고,
발생 시에 해명이 곤란

· 병렬 동작, 연속 처리상의 흐름의 타임아웃 버그
· 고부하 시에 실행돼야 할 예외 처리가 동작하지 않음
· 시스템 내부 리소스 관리 오류
· 상용 환경에서만 발생하는 현상(CPU 수, 메모리 크기 등의 영향)

인재 부족
(조직, 계획 부족 요인)

인력 문제
문제 대응에 고도의 지식과
기술이 필요함

· DB, 미들웨어, 애플리케이션, OS, VM, 언어 사양, 네트워크 등
· 설계/실무 담당자의 성능 관련 지식 부족
· 복잡한 시스템 연계, 큰 폭의 시스템 변경을 요구하는
  부하 테스트는 프로젝트 관리 능력이 필요함

그림 5.4 자주 있는 실패② '성능이 나쁘다. 해결할 수 없다.'

5.2.3 환경 차이를 고려하지 않아서 문제 발생

성능 테스트를 제대로 실시한 결과, 상용 환경에서도 문제없는 성능이 나왔기 때문에 출시했다. 하지만 실제 운용해 본 결과 생각한 만큼의 성능이 나오지 않는 경우가 있다. 이런 경우, 정말 성능 테스트를 했는지 성능 테스트 내용에 대해 책임을 물어야 할 수도 있다. 특히 상용 가동 중에 문제가 발생한 경우에는 실제 시스템이 정지하거나 에러가 발생하는 등, 사업상의 영향으로 인해 손해를 배상해야 할 수도 있다.

이런 문제가 발생하는 배경에는 검증과 상용 환경의 차이가 있다. 예를 들면 하드웨어나 사용하고 있는 기반 소프트웨어의 종류가 다르거나, 디스크나 네트워크의 대기 시간 차이 등이 있다. 이외에도 상용 환경에서는 메모리양이 많아서 소프트웨어 메모리 관리 기능의 오버헤드가 크다거나, CPU 코어 수가 많아서 멀티 스레드 관리 오버헤드가 큰 등, 얼핏 보면 성능이 좋을 것 같지만 반대의 결과를 초래하는 경우도 있다.

상용 환경과 같은 사양의 성능 테스트 환경을 준비할 수 없거나 상용 환경을 사용한 성능 테스트가 불가능하면, 당연히 실패 리스크가 따라온다. 가능한 견적 단계에서 상용 환경과 동일한 검증 환경을 준비할 수 있도록 비용을 준비해 두던가, 실제 운영 후에 문제가 발생해도 예전 시스템으로 바로 전환할 수 있는 환경을 준비해 둠으로써 성능 장애 피해를 최소화할 수 있다.

5.2.4 부하 시나리오 설계에 누락이 있어서 문제 발생

성능 테스트에서는 목표 성능을 충분히 달성했음에도 실제 동일 구성의 상용 환경에서 동작시켜 보면, 같은 처리 건수임에도 불구하고 성능이 나오지 않는 경우가 있다. 이때는 어떤 성능 테스트를 실시했는지가 중요하다. 이런 실패가 발생하는 이유는 다음과 같다.

* 실제는 여러 가지 화면 조작이 필요하지만, 테스트에서는 단일 화면 조작만 테스트 해서 무거운 처리를 놓친다

- 테스트와 실제 운용 환경에서 로그인이나 화면 검색 등 부하가 걸리는 화면에 접속하는 비율이 각각 다르다
- 사용자가 테스트 시 예측한 것보다 장시간 머무르게 됨으로써, 화면 이동에 따른 이동 정보가 세션에 축적되어 예상보다 많은 메모리를 사용한다

5.2.5 버퍼/캐시 이용을 고려하지 않아서 문제 발생

성능 테스트에서는 성능이 충분히 나왔지만, 상용 환경에서 다른 경우에 주의해야 할 것이 시스템 측 버퍼나 캐시 사용 상태다.

같은 화면에 여러 번 접속하면, 해당 화면에 연관된 캐시가 LB, 웹 서버, AP 서버의 캐시나 데이터 캐시, 또는 DB 버퍼 캐시 등을 이용하기 때문에, 응답 속도가 빨라진다. 빨라진다는 것은 예상한 기능을 예상한 대로 사용하고 있다는 증거라서 문제가 없지만, 테스트 시와 실 운용 시의 캐시 운용량에 차이가 발생할 수 있다.

이런 실패가 발생하는 이유는 다음과 같다.

- 테스트 시에 같은 화면에만 접속한다
- 같은 사용자 ID만로만 접속한다
- 같은 검색 대상(상품명 등)만 접속한다
- 같은 검색 필터만 사용했다

이런 경우 성능 테스트 때에는 제대로 캐시를 이용하기 때문에 최적의 응답이 반환되거나, 적은 리소스 부하로 처리된다. 하지만 실제 운용에 들어가면 예측하지 못한 처리나 접속이 발생하여 테스트 때만큼 캐시가 사용되지 않아 응답이 느려지거나 높은 부하가 발생할 수 있다.

이것을 방지하려면 실제 운용 시 캐시 적중률을 가정해서 요청(Request)을 동적으로 변경해 가며 테스트해야 한다.

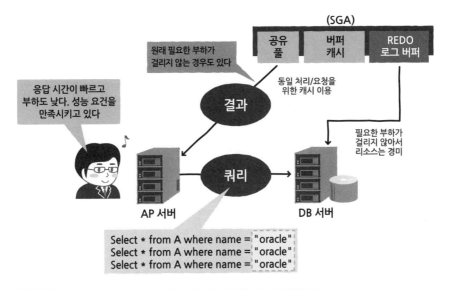

그림 5.5 자주 있는 실패⑤ '버퍼/캐시 이용에 기인한 성능 문제 발생'

5.2.6 사고 시간을 고려하지 않아서 문제 발생

성능 테스트에서 충분한 결과를 얻었지만, 실제 운용 환경에서 동일한 처리 부하에도 불구하고 시스템이 성능 한계에 도달하는 경우가 있다. 원인 중 한 가지로 부하 테스트 시나리오의 '사고(思考, 생각) 시간'을 들 수 있다. 의외로 신경들을 쓰지 않는 항목으로, 이것이 원인이 되는 경우가 자주 있다.

사고 시간이란, 시스템을 이용하는 사용자의 사고 시간 예측 값이다. 사용자는 여러 처리를 연속해서 실행한다. 예를 들어, 화면을 열어서 로그인 → 메뉴 선택 → 검색 키워드 입력 → 목록에서 항목 선택 → 폼 입력 순서로 이루어지는 조작은 순식간에 이루어지는 것이 아니라, 사용자가 읽고 쓰는 데 소요 시간(수 초에서 수 분간)이 발생한다. 이것을 실제 이용 상태를 고려해서 시간을 부여하는 부하 시니리오로 실시하든지, 아니면 단순히 툴을 이용해서 앞의 처리가 끝나면 바로 다음 요청을 보내서 테스트하는가에 따라 실제 부하가 달라진다.

서버에 같은 처리량(접속 처리수/초)을 부여해도 사고 시간 유무에 따라 동시

HTTP 연결 수나 애플리케이션 세션 유지 수가 크게 달라진다. 동일 초당 접속 처리 수 결과에서 사고 시간이 다른 경우에는 그 시간이 길수록 시스템 동시 체류 사용자 수나 세션 수가 많아진다. 이 부분이 시스템 메모리나 세션 관리 부하 차이가 된다. 이 때문에 실제 사용자 움직임을 고려해서 사고 시간을 부여한 부하 시나리오가 없으면, 실제 운용을 고려한 성능 테스트라고 할 수 없다

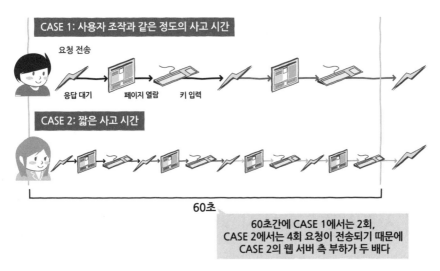

그림 5.6 자주 있는 실패⑥ '사고 시간 차이에 기인한 성능 문제 발생'

5.2.7 보고 내용이 이해되지 않아서 고객이 납득하지 못함

성능 테스트 결과를 고객에게 보고할 때는 일반 테스트와는 다른 부분이 있다. 일반 테스트에서는 설계한 대로 동작하면 합격 즉 OX 판정으로, 모든 항목이 O면 그것으로 고객을 납득시킨다.

한편 성능 테스트에서는 OX 판정이 아닌 숫자로 평가한다. 단순히 하나의 숫자 지표만 사용한다면, '응답 시간이 3초 이내였습니다' '초당 처리 건수가 1,000건을 달성했습니다' 등을 보고해서 납득시키면 되지만, 실제로는 이렇게 단순한 문제가 아니다. 예를 들어, 다음과 같이 보고하면, 돌아오는 반응은 '잘 모르겠다!'다.

'초당 처리 건수 1,000건/초 때는 응답이 2.5초고 CPU 사용률이 60%였지만, 초당 처리 건수가 1,200건/초이면 응답이 4초, CPU 사용률이 80%였다. 단 시나리오의 사고 시간을 평균 5초에서 3초로 줄인 경우, 부하가 30% 정도 줄었다. 또한, 로그인 비율이 높은 시나리오에서는 100건 중 두 건 정도 로그인 에러가 발생했다.'

실제 고객의 관심은 '실제 운용 시에, 성능에 문제가 발생하는가 아닌가'라는 포인트로 집중된다. 이에 반해, 성능 테스트 결과는 '○○ 범위에서는 괜찮은데, 그 이상인 ○○까지 사용하면 한계다'라고 표현하는 수밖에 없어서, 이것을 쉽게 설명하지 못하면 오해를 사거나, 전혀 받아들여지지 않을 수도 있다.

그림 5.7은 고객을 설득시키기 위한 논리 모델의 예다. 이중 일부라도 누락하면 논리가 비약돼서 추가 설명을 요청받거나 모른다는 대답을 들을 수 있다.

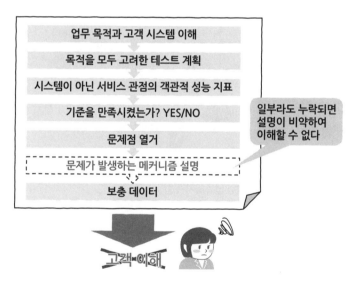

그림 5.7 자주 있는 실패⑦ '보고 내용을 이해할 수 없어서 고객이 납득하지 못함'

5.2.8 불신감으로 인해 고객이 납득하지 못함

고객은 성능 테스트 결과 보고에 대해 불신감을 가지기 마련이다. 몇 번이고 반복해서 튜닝하고 해석하는 데 많은 시간을 소비하지만, 명확한 결론이 나오지 않는 경우가 많다. 또한, '실제 운용에 들어가면 문제가 발생하지 않는가' 하는 본질적인 질문에 대해, 조건을 붙여서 애매하게 대답하면, 고객 또한 확신을 가지기 어렵다. 대부분의 경우 성능 테스트 진행 방법이 체계적으로 공유되지 않거나, 성능 요건이나 부하 테스트 설계 요건이 애매해서 결론이나 평가 기준도 모호해지며, 결과적으로 커뮤니케이션 내용 자체가 불완전한 상태가 된다.

불신감을 초래하면 프로젝트가 무엇을 하든지 의문이 생기게 되고, 이를 증명하기 위해 많은 시간을 투입하기 때문에 효율이 떨어진다. 또한, 고객과의 협력 관계가 필요한 프로젝트에서는 상태가 더욱 나빠진다.

그림 5.8 자주 있는 실패⑧ '불신감으로 인해 고객이 납득하지 못함'

5.2.9 테스트에 시간이 걸린다

성능 테스트는 생각 외로 많은 시간이 걸린다. 기능 테스트라면, 예상대로 동작하는지만 확인해서 결과가 ○인지 ×인지만 알면 되지만, 성능 테스트는 그렇지 않다. 일반적으로는 다음과 같은 공정에 시간이 더더욱 걸린다.

■ 상용 환경과 동일한 구성 구축

성능 테스트에서는 상용 환경과 동일한 구성을 구축해서 동작을 확인해야 한다.

이 때문에, 경우에 따라서는 일반 구축 작업과 동등한 작업 시간이 걸린다.

구성 시 필요한 요소는 주로, 네트워크, 저장소, OS, 미들웨어, 인스턴스 작성, 애플리케이션 배포 등이다.

■ 부하 생성용 환경과 경로 작성

부하 생성용 툴을 어느 네트워크 지점에 설치하고, 어떤 식으로 구성으로 할지 검토해야 한다. 또한, 이때 방화벽이나 부하분산 장치 설정 및 부하 툴 설치 자체에도 작업 시간이 필요하기 때문에 일반 구축 작업과 동일한 정도의 시간이 걸린다는 것을 염두해 두어야 한다. 이는 설계 시에 성능 테스트 경로나 배치까지 검토하지 않고, 테스트 직전이 돼서야 배치 구성을 검토하거나 주소나 라우팅 확보, 장비 설치 장소 조정 등을 허둥대며 대응하는 경우가 실제로도 많기 때문이다.

■ 성능 테스트용 리소스 측정 감시 설정

일반 운용 감시를 하고 있더라도 성능 테스트용으로 리소스 측정을 별도로 등록, 작성해야 하는 경우도 있다.

- 일반 운용 감시는 간격이 10분 단위로 충분했지만, 성능 테스트 시에는 5분 단위로 측정해서 상세 동작을 확인하고 싶은 경우
- 성능 테스트 시에는 병목 현상 분석을 위해, 자잘한 리소스까지 측정하고 싶은 경우

이와 같은 경우에는 감시 등록 설정을 재설정하는 작업이 필요하다.

■ 부하 생성 시나리오 스크립트 작성

부하 생성 시나리오를 실제 실행할 수 있도록 스크립트화하는 것은 테스트 준비 직업 중에서도 많은 시간이 걸리는 작업이다. 먼저, 어떤 화면 조작 흐름이 실제 부하에 가까운지 확인하는 시나리오나 배분 검토라는 설계 작업이 필요하다.

다음으로, 애플리케이션 특성에 맞추어 로그인 검증 에뮬레이터나 Ajax, 웹 서비스 통신 처리를 준비해야 한다. 또한, 여러 검색 키워드나 메뉴 선택 시 변동 폭을 어느 정도 허용할지와, 서버에 요청하는 파라미터의 어떤 부분을 변수화할지 등을 검

177

토해서, 변동에 따라 동작하도록 작성해야 한다.

데이터 뱅크 같은 형태로 로그인 ID나 입력 값을 목록으로 정리해서 CSV 등의 파일로 작성하고, 이 파일에서 매번 다른 데이터를 읽어서 설정하는 부분도 시간이 걸리는 작업이다.

극단적인 예지만, 충분한 경험이 있는 성능 테스트 엔지니어가 익숙하게 사용하는 툴(Oracle Application Testing Suite 등)을 이용하더라도, 하루에 작성 가능한 최대 스크립트 수를 3으로 잡아서 작업 일정을 짠다. 익숙하지 않거나 난이도가 높은 경우에는 일주일이 걸려도 하나를 완성하기가 어렵다.

■ 성능 테스트용 더미 데이터 작성

더미(Dummy) 데이터 작성은 매우 손이 많이 가는 작업이다. 단순히 데이터베이스에 난수를 투입하면 되는 것이 아니라, 실제 패턴에 가까운 문자 패턴이나 카디널리티(Cardinality, 데이터 종류 수나 편중 정도)를 확보해야 하고, 거기에 100만 건 정도의 데이터를 작성하는 것은 매우 힘든 작업이다. 여러 시스템을 연동하는 경우에는 연동할 데이터를 구성하는 작업도 필요하다.

또한, 상용 환경용 테스트 데이터를 만들 때는 일단 실제 운용 데이터를 백업한 후에 테스트용 데이터를 불러오고, 테스트가 끝나면 실제 운용 데이터를 다시 복구하는 작업이 필요하다. 이 백업, 복구 작업에만도 데이터 크기에 따라서는 하루가 걸리는 경우도 있다.

■ 성능 테스트 실시 주기

성능 테스트 실시 주기도 처음 하는 사람이라면 예상보다 많은 시간이 걸린다.

적절한 성능 테스트는 뒤에서 설명하겠지만, 라인업을 해서 다중도를 조금씩 올려가는 테스트다. 이것을 계획한 대로 실시하려고 하면, 한 회에 테스트당 30분에서 한 시간 정도가 필요하다.

그리고 이 테스트 전후에 테스트 결과 분석과 평가를 하거나, 데이터 백업이나 복구, 튜닝 등을 하는 경우도 있다. 이때, 하루에 할 수 있는 테스트 횟수는 시스템을 독점하고 있는 상태라도 3회 이하가 된다.

■ 결과 평가

테스트 결과 평가에도 시간이 걸릴 수 있다. 예를 들어, '초당 1,000건의 처리량을 달성했습니다'라는 보고를 할 수 있다고 해도, 시나리오별, 조작별 응답 속도가 정의된 목표를 달성하고 있는가? 리소스 사용률은 목표 범위 내에 있는가? 로그에 에러 메시지는 없는가? 서버가 응답한 콘텐츠는 모두 정상적인가? 등을 점검하면, 1회 테스트라도 많은 시간이 걸린다.

■ 병목 현상 조사

병목 현상 조사 작업 시간은 조사 담당자의 기술 수준에 따라 차이가 난다. 네트워크는 물론 LB, AP, DB, 저장소, 애플리케이션 내부 구조나 자바 VM 등의 구현 방식 등을 모두 알고 있는 슈퍼 엔지니어라면, 어떤 성능 문제라도 비교적 짧은 시간 안에 파악할 수 있을 것이다.

하지만 실제로 그런 사람은 없다. 분야를 나누어서 조사하거나, 제품 제조사에 물어가면서 수상한 부분을 하나씩 조사하다 보면, 특정 부분에서 병목 현상을 발견할 수 있다. 만약 기술 수준이 낮다면, 최악의 경우 병목 현상을 발견하지 못할 수도 있다.

이때는 해당 시스템을 릴리즈할 수 없는데, 그냥 했다가는 시간이 너무 걸리거나, 시간이 어느 정도 걸리는지 알 수 없는 위험을 내재하게 된다.

■ 결과 보고서 작성

결과 보고서는 간단히 말해서 테스트 결과나 그것을 뒷받침할 수 있는 데이터를 기재해서 설명할 수 있으면 충분하다. 단, 취급 데이터양이 많으면 집계해서 그래프화하는 데만도 많은 시간이 걸리고, 복잡한 병목 현상이나 튜닝 설명을 할 때는 그것을 논리적으로 입증할 수 있는 논리를 자료로 기술하는 등 논문 작성 수준에 가까운 작업이 돼버린다.

또한 충분하다고 생각하고 제출해도 고객이 이해하기 어렵거나, 중요한 정보가 누락되는 등의 지적을 받아서 다시 수정해야 하는 경우도 있다.

■ 성능 테스트 계획 작성과 역할 분담 조정

지금까지 설명한 것처럼 성능 테스트 특유의 시간이 걸리는 문제 때문에 제대로 일정을 세우고 역할을 분담해서 진행할 필요가 있다.

관계자가 많거나 취급 시스템이 많으면 이 계획 작성을 위한 회의나 조정, 교섭 등으로 몇 주가 걸릴 수도 있다.

이런 부분을 사전에 빠르게 조정해 두지 않으면, 성능 테스트 개시 시기가 늦어져서 문제가 되므로 주의하자.

5.3 | 성능 테스트 종류

성능 테스트는 목적이나 상황에 따라 여러 종류가 있다. 각 종류에 대해 설명하겠다.

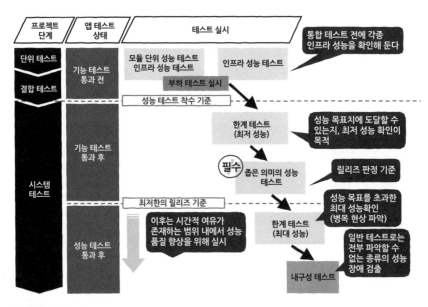

그림 5.9 성능 테스트 종류

5.3.1 실시 주기

성능 테스트는 일반 개발/구축 프로젝트 단계를 따르지만 몇 가지 범위가 다르다.

릴리즈를 위한 성능 판정 기준이 되는 가장 중요한 테스트는 (좁은 의미의) '성능 테스트'다. 다른 테스트는 효율적인 프로젝트 운영이나 기타 목적을 위해 실시하게 된다.

'러쉬(Rush) 테스트'나 '부하 테스트'는 목적을 분류한 것이 아니라, 단순한 테스트 실행 방식이다. 이 때문에 어떤 시점에 실시할지는 목적에 따라 달라진다. 부하 테스트는 목적에 따라 '성능 테스트' '한계 테스트' '내구성 테스트' 등으로 분류한다. 이 테스트들 모두 단시간에 많은 접속을 시스템상에 발생시켜, 그 결과를 측정하는 방식이다. 일반적으로는 온라인 동시 다중 사용자를 이용해서 재현한다. 경우에 따라서는 배치 처리로 대량의 데이터를 흘리는 방식도 여기에 해당한다.

그러면 각 테스트 분류에 대해 조금 더 상세히 알아보도록 하자.

5.3.2 좁은 의미의 성능 테스트

가장 중요한 테스트다. 요건에서 정한 성능을 달성하고 있는지 판정하는 것이 목적이다.

■ 실시 시점

시스템 테스트 단계에서 실시한다. 실시 전제가 되는 것은 시스템 기능 테스트를 모두 통과하고 더 이상 시스템 변경이 필요 없다고 판단한 시점, 그리고 운용 관리나 배치 운용도 준비가 돼 있고, 이것을 포함한 성능 테스트가 가능한 시점이다. 이들 전제가 준비돼 있지 않으면, 성능 테스트가 끝난 후에도 시스템 성능이 바뀔 수 있으므로 가능한 위의 전제 조건을 완료한 후에 성능 테스트를 실시하자.

■ 측정 항목

성능 테스트에서는 다음 세 가지 성능 목표를 모두 달성하고 있는지를 확인해야 한다.

- 처리량(처리 건수/초)
- 응답 시간(초)
- 동시 이용 수(사용자 수)

또한, 서버 측 로그 및 부하 테스트 툴 기록도 확인해서 테스트 중에 에러가 발생하지 않았는지도 함께 확인해야 한다. 에러가 있으면, 해당 처리를 도중에 건너뛰었을 가능성이 있어서, 충분한 성능 검증이 되지 않을 수 있다. 이때는 먼저 에러를 수정한 후에 다시 테스트하자.

운용 시 리소스 사용률의 상한 값이 정의돼 있다면(예: CPU 사용률은 50%이내여야 할 것), 리소스 사용률도 함께 확인해야 한다.

5.3.3 한계 테스트(한계 성능, 퇴거 성능, 장애 테스트)

앞서 언급한 릴리즈 판정을 위한 성능 테스트가 아닌, 다른 관점의 부하 테스트가 있다.

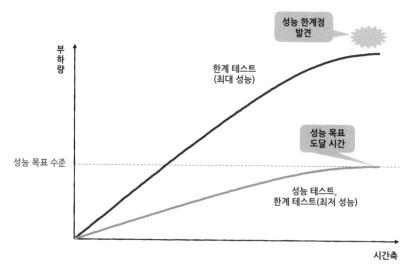

그림 5.10 한계 테스트 종류

■ 한계 테스트(최저 성능)

성능 목표 수준에 도달하고 있는지 테스트하는 것이다. 기존 성능 테스트를 실시하기 전에 하는 사전 테스트로, 사용자 시나리오나 리소스 측정을 하지 않고 예상 처리 건수를 감당할 수 있는지 확인하는 것이 목적이다. 또한, 특정 시점에 성능 테스트를 실행해 보면 부하 대상 측의 성능이 부족하거나, 부하를 거는 측의 성능이 부족, 또는 구성 실수 등이 있을 수 있으므로, 이런 것을 미리 걸러내려는 의도도 있다.

많은 준비 없이 바로 실행할 수 있는 상태라면, 시스템이 결합 테스트를 끝낸 단계 또는 그 직전에 실행하는 것이 좋다.

실시 시점

상용 성능 테스트는 관계 부서와 조정해서 대규모로 실시할 필요가 있어, 실시 시점이 제한될 수 있다. 따라서 테스트 담당자나 서버 관리자로서 자신의 책임 범위를 제대로 테스트할 수 있을지 사전에 확인하는 작업이 필요하다.

측정 항목

큰 수고를 들일 필요는 없다. 최소한의 필요 항목만 확인하고 끝내자.

■ 한계 테스트(최대 성능)

성능 목표를 초과한 부하가 걸린 경우 시스템이 어디까지 견뎌낼 수 있는지 상한 값을 파악하고, 이때 발생하는 현상이나 병목 현상 등을 파악하는 것이 목적이다.

한계 성능 측정이 요건으로 정해진 것이 아니라면, 반드시 실시하지 않아도 된다. 단, 실제로 테스트 결과를 고객에게 보고한 경우 '그 이상의 부하가 오면 제대로 동작하는가?' '유량 제어나 타임아웃 구조를 검증했는가?' 하는 질문을 받을 수 있다. 만약 릴리즈 후에 과부하가 된 경우, 예상대로 유량 제어나 타임아웃, 운용 감시 임계값 감지 등이 동작하지 않으면, 하자가 있다고 판정을 받을 수 있다. 이런 불안함을 피하려면 한계 테스트를 실시하는 것이 좋다. 성능 테스트는 검수를 위한 필수 항목이지만, 한계 테스트는 검수 필수 항목이 아닌 프로젝트 성과를 지키고 위험을 방지하기 위한 것이다.

실시 시점

시스템 테스트 단계에서 성능 테스트를 무사히 통과하고, 충분한 시간 여유가 있을 때 실시한다. 이때는 두 종류의 테스트를 하는데, 하나는 실제 운용을 가정해서 유량 제어가 제대로 동작하는지를 확인하는 인프라 중심의 테스트고 다른 한 가지는 유량 제어를 제외한 상태에서 시스템이 어디까지 처리할 수 있는지 그 상한 값과, 이때 발생하는 동작이나 병목 현상 등을 확인하기 위한 테스트다. 이 두 가지를 실시해서 명확한 증거를 확보하고 이를 기준으로 시스템 성능 목표 이상의 부하가 걸린 경우에 동작을 설명할 수 있다면, 고객도 분명히 납득할 것이다. 첫 번째 테스트는 뒤에서 설명하는 '인프라 성능 테스트'가 제대로 이루어졌다면 필요 없는 경우도 있다.

시스템이 스케일아웃 구성이라면, 스케일아웃 구성 시의 한계 부하 동작도 검증해야 한다. 이상적으로는 최대 부하 시의 AP 서버나 DB 서버의 CPU 사용률이 100%에 이르거나, 네트워크 대역 사용률이 100%에 이를 정도의 부하가 걸리면, 한계 성능 측정 결과로 충분한 결과라 할 수 있다. 만약 리소스 사용률이 100%에 도달하지 않았는데도 성능 한계에 이르러서 그 이상으로 처리량이 늘지 않고, 부하량을 늘려도 응답 속도가 저하되는 경우에는 설정의 어딘가에서 병목 현상이 발생하고 있는 것이므로 그 원인을 판명할 필요가 있다.

시스템의 장기적인 이용 증가와 그에 따른 사이징 지표를 계산할 때는 책상 위에서 한 계산과 더불어 이 한계 테스트의 단계적 부하 증가와 리소스 사용률을 조합해서 표현한다. 특히 사내 시스템과 달리, 인터넷 시스템인 경우는 이용자가 갑자기 늘어나는 경우도 존재할 수 있기 때문에 사이징 전략을 세우기 전에 미리 측정해 두는 작업이 매우 중요하다.

측정 항목

한계 테스트는 최대 처리량이 한계에 이를 때까지 부하를 건다. 부하 테스트 툴로 다중도를 늘려서 부하를 생성시키는 경우에는 해당 다중도를 어디까지 늘렸는지도 하나의 기준이 된다. 또한, 앞의 설명과 같이 리소스를 충분히 사용하고 있는지 판별하기 위해 서버의 CPU 사용률도 함께 참조한다.

■ 퇴거 성능 테스트

퇴거 성능 테스트는 일종의 장애 테스트로 분류할 수 있다. 가용성을 확보하기 위해 이중화 구성을 한 시스템에서 일부를 정지시킨 후 예상 성능이 나오는지 검증한다. 또한, 퇴거 시 성능 요건이 정의돼 있다면 실시한다. 요건이 정의돼 있지 않은 경우라도 상용 가동 후에 퇴거가 발생해서 예상 성능이 나오지 않으면 문제가 커지므로, 가능한 한 프로젝트 검증 일정에 넣어 두는 것이 좋다.

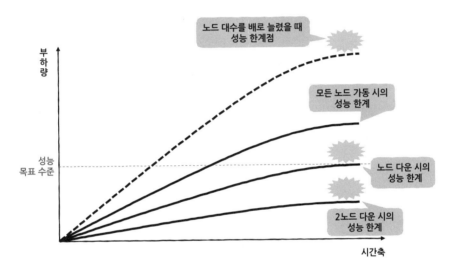

그림 5.11 퇴거 성능 테스트

실시 시점

시스템 테스트 단계의 성능 테스트 종료 후에 실시하는 경우와, 인프라 성능 테스트 중에 실시하는 경우 등 두 가지가 있다. 이중화 구성이나 가용성 기능이 시스템 인프라 내에만 국한되고, 위에 있는 애플리케이션과 분리할 수 있는 경우에는 인프라 성능 테스트 중에 퇴거 성능 테스트를 실시하는 것이 좋다. 그렇지 않으면 애플리케이션을 상용 환경과 동등한 환경에서 동작시키면서 테스트하기 때문에 성능 테스트 후에 실시하게 된다.

일부 정지 상태의 성능 테스트뿐만 아니라, 가동 중에 정지시키거나 재가동을 해서 그때 응답이 어떻게 변화하는지 등도 확인한다.

측정 항목

측정 지표로 최대 성능을 처리량으로 확인하거나, 동작 변화를 응답 시간이나 에러 발생 유무로 확인하는 것이 일반적인 검증 방법이다.

■ 장애 테스트

장애 테스트는 실제로는 성능 테스트가 아닌, 결합 테스트나 시스템 테스트로 분류된다. 단 성능에 관한 장애인 경우는 부하 테스트 기법을 조합해서 표현하므로, 여기서 설명하고 있는 다른 테스트와 기법적으로 비슷하다.

고부하 시에 발생하는 장애를 임의로 발생시켜, 이때도 시스템 동작이나 에러 복구가 예상대로 동작하는지 판정한다. 특히, 고부하와 고가용성이 요구되는 시스템에서는 장애 테스트로서 반드시 필요하다.

실시 시점

인프라로 분리할 수 있는 경우는 결합 테스트나 시스템 테스트의 인프라에서 장애 테스트로 실시한다. 그렇지 않은 경우는 성능 테스트나 한계 테스트 실시 후에 이미 확보된 성능 테스트나 한계 테스트 결과를 기반으로 하여 실시한다.

주의점으로는 일반적인 성능 테스트나 한계 테스트 시나리오를 그대로 실행하면, 원하는 장애 포인트가 아닌 다른 부분에 병목 현상이 발생하게 되어 생각한 대로 성능 장애를 발생시키지 못하는 경우가 있다. 이때는 부하 시나리오나 시스템 구성, 설정을 재확인하여 원하는 성능 장애가 발생하도록 수정해야 한다.

측정 항목

측정 지표로, 서버 및 부하 단말 측의 에러에 먼저 주목한다. 참고 지표로는 처리량이나 평균 응답 시간이 어느 정도였는지 확인한다.

5.3.4 인프라 성능 테스트

최근의 시스템 구축에서는 애플리케이션과 인프라로 나누어 구축하도록 일정을 잡고, 결합 테스트나 시스템 테스트에서 애플리케이션과 인프라를 처음으로 합치는 경우가 많다. 인프라에는 미들웨어(DB나 AP 서버)까지 포함하는 경우도 많다. 그리고 저자는 인프라는 전문 담당자가 별도 일정이나 구축 검증을 실시하기 때문에 애플리케이션과 별도로 진행하는 것이 낫다고 이해하고 있다. 통합 인프라나 개별 클라우드에서는 애플리케이션을 처음부터 준비할 수 없는 경우가 많아서, 애플리케이션이 없는 상황에서 인프라 릴리즈나 인프라 테스트를 해야 할 때도 있다.

■ 인프라 성능 테스트 목적과 필요성

인프라 성능 테스트는 애플리케이션과 별도로 인프라 관점에서 실시하는 성능 테스트다. 인프라 성능 테스트의 목적은 후공정의 시스템 테스트 단계에서 인프라 성능에 문제가 있는 경우, 재작업이나 일정 변동이 발생할 수 있기 때문에 이를 방지하기 위해 미리 예상 사용 부하 시험을 인프라 구축 팀에서 실시해 두는 것이다. 이를 통해 리스크를 줄일 수 있다.

인프라 성능 테스트는 검수 항목으로 정해진 것이 아니라면 필수 사항은 아니다. 단 시스템 테스트 후 성능 테스트에서 처음으로 인프라 측에 성능 문제가 있다는 것을 발견하게 된다면, 재작업을 위한 비용이 커지고 일정에도 영향을 끼칠 수 있다. 이런 사태를 방지하기 위해서라도 인프라 측에서 먼저 실제 운영을 고려한 성능 시험을 실시할 것을 강하게 권장한다.

■ 실시 시점

인프라 구축이 완료되고 인프라 결합 테스트에서 장애 테스트까지 끝난 후에 실시한다.

인프라 단위로 실시하는 성능 테스트의 최대 과제는 아직 애플리케이션이 없는 상태에서 예상 성능을 산정해야 하는 것과, 샘플로 동작시킬 애플리케이션을 어떻게 만들지다.

■ 측정 항목(샘플 애플리케이션)

평가 대상에 따라 측정할 애플리케이션이 다르다.

네트워크에서 웹 서버까지의 인프라 성능 테스트

웹 서버에 정적 콘텐츠를 두고 여기에 대량의 접속을 발생시키면 된다(그림 5.12 참조).

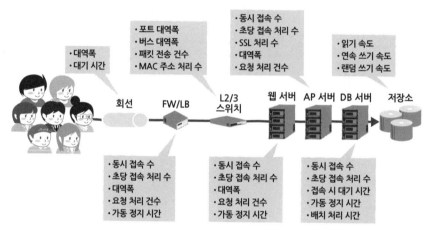

그림 5.12 인프라 성능 테스트의 주요 검증 항목

세션 의존 처리를 포함한 인프라 성능 테스트

애플리케이션에 부속된 샘플 애플리케이션을 사용한다. 웹로직(WebLogic)이라면 PetShop이나 MecRed 등을 샘플 프로젝트로 사용할 수 있다. 이들은 로그인을 포함한 세션 관리를 하기 때문에, 부하분산 장치(LB)나 웹 서버에서 세션 및 쿠키 처리를 하는 흐름을 검증하는 것만으로도 충분하다.

데이터베이스나 캐시 그리드, KVS를 사용하는 경우

이들은 직접 외부에서 참조하는 것보다 AP 서버가 접속하는 경우가 많으므로 인프라 전체를 경유할 필요가 없다. 이때는 각각 단독으로 검증할 것을 추천한다. 각종 테스트 툴을 이용하면 된다.

데이터베이스의 인프라 테스트는 예상하는 정도의 일정 처리를 모아서 실행하는 스크립트를 준비하거나, 실제 가동을 고려한 부하를 걸기 위해 Oracle Application Testing Suit(이하 오라클 ATS)의 Load Testing Accelerator for 오라클 데이터베이스(ORACLE Database)를 사용하면 편리하다(뒤에서 다시 설명하겠다).

인프라 성능 테스트에서 상용 환경과 동등한 데이터를 준비해야 하는 경우는 저장소와 데이터베이스 관련 테스트다. 또한, 백업이나 복구 소요 시간 및 운용 배치가 제대로 실행되는지를 측정하는 것도 인프라 성능 테스트에 포함된다.

■ 인프라 성능 테스트의 성능 목표

인프라 성능 테스트에서는 샘플 애플리케이션 외에 어떤 성능 목표를 기준으로 할지가 문제다. 목표 값은 다음 순서대로 검토한다.

① 성능 목표 정보 제출

애플리케이션 개발 측에 자세한 성능 정보 제출을 요청해야 한다. 구체적으로는 LB나 웹 서버에 필요한 동시 연결 수나 초당 요청 수, 네트워크 유량(bps) 등이다. DB 인프라는 단순한 처리 건수나 동시 접속 수가 아닌, 보다 애플리케이션에 가깝게 실제 업무 수준의 SQL을 동시 실행해야만 제대로 된 인프라 측정이 가능하다.

이와 같은 사항을 제대로 정의하지 않고 애플리케이션 설계를 하는 것은 나중에 성능을 도외시한 개발이 될 수 있으니 지양해야 한다.

② 자신이 계산한다

위 정보를 얻을 수 없거나, 애플리케이션 개발 측 계산이 불안한 경우에는 검증을 통해 직접 계산할 수밖에 없다. 목표 계산에 필요한 항목을 표 5.1에 정리했다.

표 5.1 인프라 성능 테스트의 성능 목표 계산

항목	설명	자주 있는 예	계산 필요 항목			
			대역폭	처리량 (요청/초)	동시 접속 수 (이용자 수)	동시 연결 수
① 전체 사용자 수	예상 이용 사용자 최대 수. 인트라넷인 경우는 사원 수. 인터넷은 마케팅 예측치를 기준	3만 명(대기업 인트라넷), 50만 명(중소규모 인터넷 사이트)	●	●	●	●
② 피크 시 한 시간당 사용자 집중률	위 전체 고객 수 중 한 시간 동안 동시 접속하는 비율은 최대 얼마?	70%=인트라넷 전원이 동시 사용하는 처리, 3%=대규모 EC 사이트의 이벤트 시	●	●	●	●
③ 사용자 평균 사고 시간	특정 화면을 열람하고 다음 화면을 열람하기까지의 사고 시간 평균	5초=문장이 적고 입력이 없는 화면에서 익숙한 사용자가 화면을 이동하는 경우, 120초=화면에 입력 항목이 많고 설명을 읽어야 하는 경우	●	●	●	●
④ 한 사용자 당 열람 화면 수	로그인하고 나서 열람이나 submit 해서 로그아웃하기까지의 단계가 몇 단계인가? 인터넷 사이트인 경우, 한 페이지 열람 후에 떠나는 사람도 포함한 평균값	5페이지=품의 신청, 7페이지=EC 사이트의 상품 검색 (많은 경우 50페이지지만, 한두 페이지만 보고 떠나는 사람도 많음)	●	●	●	●

표 5.1 인프라 성능 테스트의 성능 목표 계산(계속)

항목	설명	자주 있는 예	계산 필요 항목			
			대역폭	처리량 (요청/초)	동시 접속 수 (이용자 수)	동시 연결 수
⑤ 화면당 평균 콘텐츠 수	1화면당 사용되는 콘텐츠(이미지, CSS, JS, XML) 수의 평균	4~50이 대부분. 화면 구조에 따라 다름	●	●		●
⑥ 평균 콘텐츠 크기	HTML이나 이미지, PDF 등을 포함한 평균 파일 크기	HTML/CSS/JS=약 10KB, 이미지 파일=약 50KB, PDF파일=약 2MB 등	●			
⑦ 콘텐츠 캐시 비율	재방문하거나 같은 화면을 몇 번이고 보는 이용자가 있는 경우의 캐시 사용 비율	인트라넷=70%, EC 사이트=10%	●			
⑧ 한 사용자당 최대 동시 접속 수	클라이언트 단말(브라우저) 등의 하나당 최대 연결 수	보통 IE11용 사이트=여섯 개, 웹소켓(Web Socket)을 사용=IE보다 약간 적음				●
⑨ 서버 예상 응답 시간	요청에 서버가 응답해서 콘텐츠를 클라이언트에 반환하는 데까지 걸리는 시간 평균. 캐시 응답도 포함	1.5초 이전=사내 애플리케이션, 0.1초=잘 튜닝된 인터넷 사이트		●		

각 목표치 계산 방법을 표 5.1 항목을 사용해서 어떻게 계산하면 되는지 아래에 설명하고 있다. 수식 내의 동그라미 숫자는 표 5.1의 항목 번호다.

191

대역폭(bps) 계산 방법

(한 시간당 처리 화면 수)×한 화면당 크기×캐시 미사용률

(①×②×④)×(⑤×⑥)×(1−⑦)÷3600sec(1h)×8(bit)=대역폭(bps)

처리량(요청 수/초) 계산 방법

(한 시간당 처리 화면 수)×캐시 미사용률

(①×②×④)×(1−⑦)÷3600sec(1h)=화면 요청 수/초

동시 접속 수(이용자 수) 계산 방법

(한 시간당 처리 화면 수)×평균 사고 시간

(①×②×④)×③÷3600sec(1h)=동시 접속 수

동시 접속 수(접속 연결 수) 계산 방법

(한 시간당 처리 화면 수) × 평균 사고 시간

(①×②×③×④)÷3600sec(1h)×(⑧과 ⑤ 중 작은 값)÷(HTTP Keepalive 예상 시간과 ③ 중에 큰 값)= 동시 접속 수

'동시 접속 수'는 실제로는 계산 결과보다 작아진다. 이것은 브라우저가 한 번의 연결로 여러 콘텐츠를 이용할 수 있기 때문이다. 정확한 계산을 위해서는 콘텐츠 단위의 평균 응답 시간과 연결 집약률을 검토해야 한다.

5.3.5 애플리케이션 단위 성능 테스트

애플리케이션 단위 성능 테스트는 애플리케이션 결합 테스트 전에 개별 단위로 실시하는 테스트다. 결합 후에 성능 문제가 발생해서 이를 쉽게 복구할 수 없는 경우, 일정에 차질이 생길 수 있다. 이를 방지하기 위해 애플리케이션 단위 성능 테스트를 먼저 실시해서 문제를 미연에 제거하는 것이 목적이다.

이 테스트는 필수는 아니지만, 후공정에서 일정이나 비용에 문제가 발생하는 것을 예방하고 폭포수(Waterfall) 방식으로 공정을 진행할 때는 성능 확인을 제대로 한 후에 다음 과정으로 넘어갈 수 있도록 하자.

■ 실시 시점

애플리케이션 개발에서 단위 테스트를 실시할 때는 단위 성능 테스트를 함께 할 것을 권장한다. UnitTest 처럼 테스트 우선(Test first) 방식으로 테스트를 배치로 만들어서 일 단위 빌드로 자동 테스트를 실행할 때 성능 테스트도 함께 해주는 것이 좋다. 자바라면 JUnitPerf 등이 있다. 이런 툴들을 이용해서 응답 시간이 목표치를 넘어가면 에러 메시지를 발생하도록 코드를 작성해 두면 된다.

5.3.6 내구성 테스트

내구성 테스트는 장애 테스트의 일종으로, 성능 테스트 기법을 그대로 사용할 수 있는 특징이 있어서 단독으로 실행하는 것보다 성능 테스트와 함께 실시하는 것이 효과적이다. 이 때문에 성능 테스트 구조를 아는 담당자가 실시하는 경우가 많다.

장시간 가동 시에 장애나 에러, 메모리 누수, 이상 로그 등이 발생하는지 확인하고 로그 변경이나 일간 배치 등이 제대로 작동하는지 확인하기 위한 것이 목적이다. 그러므로 고가용성이 필요한 시스템에서 실시할 것을 추천한다. 단, 내구성 테스트는 소요 시간 목적치를 결정하는 것이 중요하다. 예를 들어 한 주간 연속 가동 테스트를 하는 경우에는 테스트하는 동안 시스템을 독점해서 사용해야 하는 것은 물론, 실시 중에 문제가 발생하거나, 테스트 결과에 문제점이 발견되면 그것을 수정한 후 다시 테스트해야 한다. 이 때문에 테스트 소요 시간이 내구성 테스트 실시 시간의 세 배가 되도록 설정해야 한다.

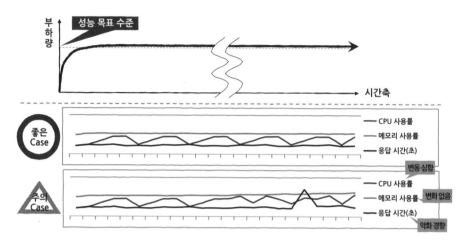

그림 5.13 내구성 테스트

■ 실시 시점

성능 테스트나 한계 테스트가 끝나고 프로젝트 서비스 개시까지 아직 시간이 남아 있는 상태로, 시스템을 독점해서 사용할 수 있는 시간이 충분한 경우에 실시한다.

■ 측정 항목

내구성 테스트에서는 주로 다음 항목에 주목한다.

- 응답 시간: 평균 응답 시간이 점점 악화되지는 않는지 확인한다. CPU 등의 리소스 사용률보다 문제를 쉽게 발견할 수 있는 지표다. 이것이 점점 낮아지고 있다면, 어딘 가에서 문제가 발생하고 있다는 의미다
- 메모리 사용량: 프로세스의 메모리 사용량이 점점 증가하고 있지는 않은지 확인한다. 이것은 메모리 누수 검출 등에 유용하다. 단, 최근의 OS에서는 버퍼나 캐시 구조, 힙 (Heap) 메모리와 GC(가비지 콜렉션) 등의 구조를 가지고 있어서 일단 대량의 메모리 를 확보해 그 안에서 처리를 하는 경우도 있다. 따라서 아키텍처를 이해한 후 확인해 야 한다
- 디스크 증가율: 접근 건수가 이 정도면 로그 증가량은 이 정도여야 한다는 지표를 설 계 시에 설정했을 것이다. 이 지표 값이 맞는지, 다른 디렉터리의 디스크 사용률이 증가하지는 않는지 확인해야 한다

- 기타 참고 지표: CPU, 스레드 수, 시스템 내부 메모리(DB 캐시나 자바 VM의 힙 내부 상태) 등

5.3.7 연관 테스트

위와 같이 성능 테스트에 연관된 테스트로 장애 테스트나 내구성 테스트가 있다. 이 테스트들은 단독으로 실시하기에는 난이도가 높은 편이지만, 성능 테스트 기법을 활용할 수 있고 실제 성능 테스트 담당자가 담당하는 경우가 많아 이번 장에서 소개했다. 성공하는 프로젝트는 자신이 담당하는 분야만 OK여서는 바람직하지 않으며, 프로젝트 멤버 전원이 프로젝트 성공을 향해 함께 협력할 필요가 있다. 관리자라면 이런 협력 관계가 쉽게 구축되도록 프로젝트를 만들어 나가야 한다.

이번 장에서는 시스템 릴리즈 전의 성능 테스트를 중심으로 설명했지만, 실제 현장에서는 릴리즈 후의 배치 실행이나 라이브러리 변경 시점에 이루어진다. 운용 시에도 검증 환경을 이용해서 부하를 곧바로 측정할 수 있게 환경을 준비해 두는 것은 시스템 안정 운용을 위해서 중요한 일이다.

5.4 | 프로젝트 단계별로 고려해야 할 성능 테스트

성능 테스트를 성공시키고 싶어도 막상 테스트가 시작되면 아무리 노력해도 바꿀 수 없는 부분이 있다. 예를 들어 요건 정의에서 정한 성능 요건 관련 부분이나, 성능 테스트 전의 설계, 개발, 구축 단계에서 변경한 구현 내용, 최적의 성능 테스트를 위한 짧은 일정 등, 성능 테스트를 착수한 후에는 변경할 수 없는 것이 있다.

이 경우 충분한 성능 테스트는커녕, 성능이 불안한 상태에서 출시하게 되어 프로젝트나 사업적으로 위험한 상태에 이를 수 있다. 이 때문에 프로젝트 관리자는 프로젝트 전체적으로 성능 관리 공정을 명확히 해서 시스템이 원활하게 릴리즈될 수 있도록 도모해야 한다.

일반적인 프로젝트 공정은 그림 5.1과 같다. 여기서는 특히 놓치기 쉽고, 진행이 어려운 부분에 대해 중점적으로 설명하겠다.

5.4.1 요건 정의

[대상]

※ 해당 그림의 역할 담당자 명칭은 166~168쪽의 내용을 참고 바랍니다(이하 216쪽까지 동일).

■ 요건 정의 시의 세 가지 필수 요소

요건 정의에서는 성능 요건으로 반드시 '처리량' '응답 시간' '사용자 다중도'라는 세 가지 요소를 정의해야 한다. 이것은 성능 테스트뿐만 아니라, 실제 시스템 운용 시의 성능에도 관련된 중요한 요소다.

처리량을 M, 응답 시간을 R, 사용자 다중도를 U라고 하면, 세 가지 요소 간 관계는 다음과 같은 식으로 표현할 수 있다.

$$U \times R = M$$

이 관계식이 의미하는 것은 어느 한 가지 수치라도 변하면, 다른 지표도 함께 변한다는 것이다. 특정 값 하나만 바꿔서 얼마든지 성능이 좋은 것처럼 해석할 수도 있는데, 이런 경우를 미연에 방지할 수 있다. 따라서 처리량, 응답 시간, 사용자 다중도는 반드시 성능 목표에 포함시켜야 한다.

■ 지표 계산

처리량 지표는 환경이나 테스트 목적에 따라 달라진다(표 5.2). 예를 들어, 같은 웹 부하 테스트라도 목적에 따라 측정 지표가 다르기 때문에 주의해야 한다. 처리량 지표를 정했다면, 처리 건수와 대비되도록 1처리에 해당하는 응답 시간을 정의해야 한다.

표 5.2 처리량 측정 기준

테스트 목적	처리량 지표 기준	이유나 다른 필요 요소
네트워크 장비	네트워크 전송량(bps)	패킷/초(bps), 연결 확보 수/초
LB나 HTTP 서버 성능	HTTP 히트 수/초	단순한 HTTP 요청으로 충분. 그 외 연결 생성 수/초(bps) 등
웹 애플리케이션 서버 성능	페이지 처리 수/초, 트랜잭션 수/초	웹 콘텐츠는 한 페이지에 여러 정적 콘텐츠(이미지, 자바스크립트, CSS 등)를 포함하고 있으며, HTTP 히트 수로는 카운트되지만 AP나 DB 부하는 이루어지지 않는다. 따라서 AP나 DB 성능 측정에서는 페이지 수로 판정해야 한다. 또한, 로그인, 커밋, 데이터 갱신 등 부하가 높은 처리에 집중하는 경우에는 데이터 갱신 시의 트랜잭션 수/초도 유용하다.
DB 서버 성능	페이지 처리 수/초, 트랜잭션 수/초	

처리량 계산

처리량 계산은 기존 시스템이 있으면 접속 로그를 보고 과거 피크 시의 처리 건수를 확인하고, 여기에 증가 예상치를 더해 목표치로 정한다. 그리고 이 값을 고객과 협의한다.

기존 시스템이 없으면, 예상 이용자 수나 이용자의 이용 시간 분포, 접속 빈도, 한 접속당 시스템 요청 발생 단위 등을 계산해서 도출한다.

다중도 고려

다중도는 고객으로부터 전달받는 것이 아니라, 처리량과 응답 시간으로부터 타당한 값을 계산해야 한다(고객은 동시에 사용하는 이용자 수를 파악할 수는 있어도, 순간적인 시스템 처리량이 어느 정도인지는 파악할 수 없다).

그러면 어떻게 도출하면 좋을까? 이때 중요한 것이 '예상 사용자 사고 시간'이다. 사용자 한 명이 처리 중에 어느 정도의 빈도로 접속하는지 평균값을 계산한다. 이 평균값은 1다중 처리량이다(예: 5초에 1회 조작=0.2건/초 처리량). 이것을 몇 다중으로 하면 목표 처리량에 도달하는지 계산한다.

예

목표: 1,000건/초

1다중인 경우 0.2건/초

➡ 5,000배하면 1,000건/초가 된다

➡ 따라서 '5,000 다중'이 시스템에서 실제 발생하는 다중도가 된다

애플리케이션 서버 등에서는 로그인부터 로그아웃 시까지 세션 정보가 캐시된다. 클라이언트에는 쿠키 형태로, 서버에는 세션 메모리로 저장된다. 이것을 제대로 동작시키려면, 사용자 체류 시간만큼의 처리를 흘리는 시나리오도 필요하다.

또한, HTTP 통신상에서 다중도와 TCP 연결 수가 다르다는 것을 명확히 이해해 둘 필요가 있다. 그림 5.14와 5.15처럼 사용자 한 명이 여러 TCP 연결을 생성하거나, TCP 연결 상태가 KeepAlive인 경우의 동작이 서로 다르다.

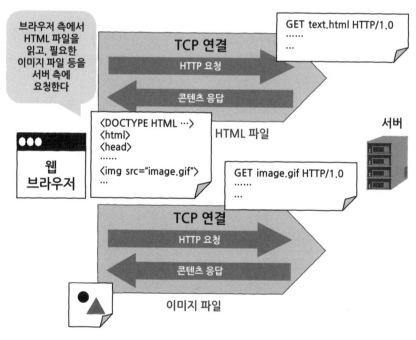

그림 5.14 Keepalive가 없는 TCP 연결

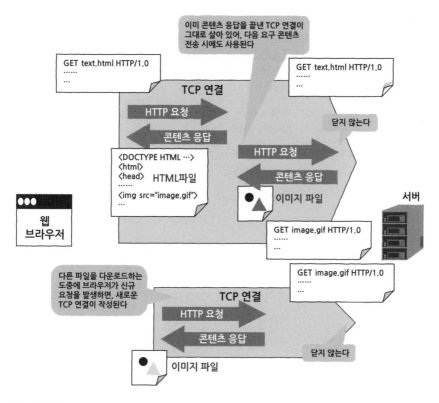

그림 5.15 Keepalive 적용 TCP 연결

■ 성능 요건 정의는 어디에서 하는가?

성능 요건 정의는 시스템 기획 단계에서 요건 정의를 할 때, 비기능 요구 사항으로 정의하는 것이 일반적이다. RFI 및 RFP에 요구 사항을 확정하고 그 안에 성능 목표치를 정의해 두면, 개발사는 목표치를 달성할 수 있는 시스템 구성을 제안한다. 하지만 이 성능 목표를 명확히 합의하지 않은 채 착수하는 프로젝트가 많다. 이 경우에는 시스템 테스트 단계에서나 상태가 안 좋을 경우, 릴리즈 후에 성능 문제가 발생할 수 있다.

■ 성능 요건을 검토할 때 유의 사항

세 가지 요소에 추가로 실제 경우를 고려해서 표 5.3의 항목을 검토할 필요가 있다.

표 5.3 성능 목표 정의 시의 고려 사항

분류	고려 사항	예/비고
이용 상태	데이터양	검색 대상 1,000건 vs 1,000만 건. 한 사용자당 세션 정보: 3MB vs 1GB
	유스 케이스 전제	검색, 갱신을 대량으로 실행하는 사용자 존재. 이용자 이외에 관리 열람자가 있다는 것을 놓침
수치 전제	피크 시 변동률	최대 1분당 600건 처리(평균 10건/초)지만, 피크 시에는 초당 50건이었다.
	준수율	응답 시간 5초 이내가 99.9%
환경 제약	리소스 사용 상한	시스템 최대 CPU 사용률은 50% 이하로 제한
	VM 사용 유무	다른 리소스가 추가되면 성능 확보가 어렵다
	대기 시간	회선 대기 시간, LB의 초기 접속 대기 시간
	클라이언트 구성	예: Windows XP Memory 256MB
운용 시의 특수 케이스	퇴거 시	한쪽 정지 시의 응답 시간, 처리량, 동시 접속 수
	배치 실행 시	배치 실행 중의 응답 시간, 처리량, 동시 접속 수
	백업 시	백업 실행 중의 응답 시간, 처리량, 동시 접속 수
	온라인 정비 시	시스템 변경 중의 응답 시간, 처리량, 동시 접속 수
	가동 과정	노드 가동 중, 가동 직후의 응답 시간, 처리량, 동시 접속 수

5.4.2 프로젝트 기획

[대상]

■ 필요 공정과 인력

성능 테스트를 위해 어느 정도의 시간을 확보하면 좋을까? 저자는 최소 한 달 정도 필요하다고 생각한다. 프로젝트 성격에 따라서는 더 효율적으로 진행하는 경우도 있지만, 일주일로 잡는 것은 위험이 너무 크다. 급하게 준비하더라도 한 번의 테스트와 분석만으로 끝나 버리기 때문에 제대로 성능이 나오지 않으면 일정을 다시 잡아야 할 수도 있다. 이번 장 초반의 실패 패턴에서도 설명했지만, 매우 많은 시간과 노력이 필요한 것이 바로 성능 테스트다.

성능 테스트 관련 필요 인력은 아래와 같다. 각 담당자를 100% 투입할 수 없더라도 사전에 인력을 확보하여 필요한 경우 바로 호출해서 투입할 수 있는 체계를 만들어 두어야 한다. 이 체계가 마련돼 있지 않으면 어떤 문제가 발생했을 때 단기간에 해결할 수 없어 전체 일정에 영향을 끼칠 수 있다.

성능 요건 정의 담당자(제안 SE(System Engineer))

시스템 제안 정보로부터 성능 테스트용 성능 목표를 해석해서 담당자에게 전달한다. 또한, 시스템 제안 시 성능 목표가 애매하거나 모순이 있는 경우에는 고객과 협의해서 조정하는 역할도 한다.

프로젝트 관리자(PM)

성능 테스트 프로젝트의 태스크나 일정을 세우고, 실제 성능 테스트 시의 판단이나 계획서, 보고서를 최종 확인한다.

성능 설계 담당자(아키텍트)

성능 테스트 설계 중의 부하 생성이나 측정 계획이 적절한지 아키텍처 관점에서 확인한다. 또한, 테스트 시에 성능 병목 현상이 발생한 경우에는 분석이나 튜닝을 주도적으로 실시한다.

성능 테스트 담당자①(성능 테스트 설계/계획/보고)

테스트 팀 리더로서 테스트 설계서, 계획서 등을 작성하고, 테스트가 완료되면 보고서를 작성해서 보고한다.

성능 테스트 담당자②(테스트 환경 준비/실시/집계)

테스트 스크립트 작성, 테스트 데이터 준비, 측정 설정, 테스트 실행, 결과 분석 등을 한다.

성능 분석 담당자(미들웨어, DB, 네트워크, AP 전문가)

테스트용 DB 작성이나 변경, 테스트를 위한 애플리케이션 내부 변경 작업을 하며, 성능 병목이 애플리케이션 측에 있는 경우 수정이나 튜닝을 한다.

5.4.3 【기본 설계】시스템 선정

[대상]

■ 성능 측정 기능 유무를 확인한다

요구되는 성능 테스트 기법(대규모 부하 생산)에 대응할 수 있는 장비인지도 중요하다. 제품에 따라서는 고성능이라고 하면서도 대규모 부하를 통한 검증이 불가능한 것도 있으며, 제조사가 지정한 방법 이외의 부하 생성은 인정하지 않는 경우도 많아 검증 방법에 큰 제약을 받게 될 수 있다.

가능하면 성능 테스트 실적이 많고 프로젝트 멤버가 익숙한 장비나, 성능 관련 정보를 친절히 지원해 주는 제조사의 장비를 선택하는 것이 좋다. 이를 통해 설계나 테스트 시의 위험을 줄일 수 있다.

5.4.4 【기본 설계】시스템 테스트 환경

[대상]

■ 기본 설계 시의 성능 테스트 환경

기본 설계에서는 시스템 구성이나 네트워크 토폴로지 등을 정의한다. 이때, 쉽게 놓치는 것이 성능 테스트 시의 경로나 테스트 환경 이용 방법이다. 설계 시에 이것이 누락되면, 뒤의 시스템 테스트 단계에서 환경을 바꿔야 하는 위험이 따른다.

기본 설계에서는 다음 항목을 정의하자.

검증 환경을 어떻게 할 것인가

상용 환경과 동등한 성능 테스트용 검증 환경을 어떻게 준비할 것인가? 상용 장비를 사용할 것인지, 검증 장비를 사용할 것인지에 대한 이야기다. 성능 테스트는 기본적으로 시스템을 독점해서 사용해야 하고, 릴리즈 후에도 배치나 추가 릴리즈 시마다 성능 검증을 해야 한다. 이 때문에 기본적으로 상용 환경이나 개발 환경과는 별도로 상용 환경과 동일한 사양, 동일한 소프트웨어를 가진 검증 환경을 준비하는 것이 원칙이다.

부하 생성 툴은 무엇을 사용할 것인가

부하 생성 툴은 그 특성에 따라 인프라 테스트 시에 사용할 수 있지만, 애플리케이션의 복잡한 HTTP 세션이나 화면 에러 판정에는 사용할 수 없는 것이 있다.

오라클이 제공하는 '오라클 ATS'의 부하 테스트(Load Testing) 기능은 윈도우즈나 리눅스에 분산 설치해서 인프라와 애플리케이션의 대규모 부하 테스트를 간단히 실시할 수 있다. 또한, 병목 현상 분석을 위한 리소스 측정 기능이 있어, 실시간 분석을 진행하면서 테스트도 같이 할 수 있다. 이를 통해, 성능 테스트 일정 효율화를 큰 폭으로 이루어 내는 것이 가능하다.

성능 테스트 시에 데이터는 어디에 둘까?

성능 테스트 시에 DB에서는 대량의 테스트 데이터를 읽어서 테스트할 필요가 있다. 한편 사용자 테스트(UAT)나 실 운용 시에는 실제 데이터로 변경해 줄 필요가 있는데, 이를 위해 데이터 보관이나 백업 복구 구조가 필요하다.

또한, 반복해서 갱신 처리를 테스트해야 하는 경우에는 테스트 시마다 갱신 선 상태로 데이터를 되돌린 후, 그 상태에서 다시 테스트하면 같은 시나리오로 반복 테스트를 할 수 있다. 또한, 테스트 간에 발생할 수 있는 차이를 최소화하는 것도 가능하다. DB 서버 안에 백업 데이터를 둘지, 아니면 외부 저장소를 사용할지는 성능 테스트 시에만 필요한 구조이나, 사전에 검토해 두는 것이 좋다.

저자가 추천하는 것은 오라클의 경우 '플래시백 데이터베이스(Flashback Database)' 라는 기능으로 단기간에 복구하는 방법이 있다. 일반 복구 처리에서는 한 시간 이상 걸리나, 이 방법은 복구 시점을 지정해서 단기간에 복구하는 DB의 옵션 기능이다. 또한 DB 환경이 아닌, 가상 환경이나 클라우드 환경에서는 스냅샷을 파일 시스템으로 만들어서 해당 시점으로 되돌리는 방법이 있다. 이 방법은 DB 재시작이 필요하지만, 비교적 단기간에 복구할 수 있다.

오라클이 제공하는 ZFS라는 파일 시스템에서는 파일 시스템 자체가 체크포인트나 복구 구조를 제공한다. ZFS를 고속으로 사용하기 위한 ZFS SA라는 저장소 플러그인도 제공한다.

만약 테스트 데이터를 참조만 하고 갱신이 필요 없는 경우, 상용 데이터를 마스킹해서 테스트 시에도 그것을 참조하도록 하는 획기적인 방법을 사용할 수 있다. 상용 데이터와 같은 수, 같은 내용으로 테스트하며, 릴리즈 시에도 상용 데이터로 별도 교체해 줄 필요가 없다. 오라클의 경우, 'Oracle Data Masking Pack'이라는 옵션을 이용해서 구현할 수 있다.

네트워크 구성

성능 테스트 준비 시 문제가 되기 쉬운 것이 네트워크 구성으로, 성능 테스트에 해당 구성을 사용할 수 있는지 확인해야 한다. 기본 설계 단계에서 필요한 사항을 미리 확인해 두자.

부하 생성 단말 설치 포인트

부하 생성 툴을 선정한 후에는 그것을 어디에 배치할지 검토해야 한다. 보통은 사용자 접근 경로 가까이 있는 시스템 네트워크의 바깥쪽에 배치한다. 하지만 실제 성능 테스트에서 성능이 좋지 않으면, 네트워크 병목 현상 파악을 위해 더 안쪽 네트워크에 접속해서 재검사하는 등, 유연성 있는 환경이 가장 바람직하다. 각 네트워크가 서로 소통 가능한지, 이용 가능한 IP 주소가 부하 생성 단말기의 대수만큼 있는지도 함께 확인하자.

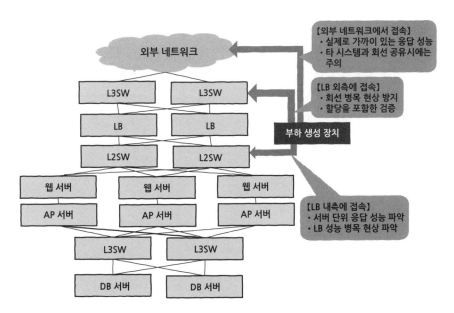

그림 5.16 자주 있는 실패④ '부하 시나리오 설계 부족에 기인한 성능 문제 발생'

대역폭

부하를 걸 때는 대역폭을 많이 소비하게 된다. 이때 상용 환경에서 다른 용도로 사용하고 있는 네트워크가 포함된 경우에는 상용 환경에 영향이 없도록 주의해야 한다. 또한, 사용할 수 있는 대역폭이 작으면 부하량도 줄어들기 때문에 경로상의 각 네트워크 대역을 어느 정도까지 사용할 수 있는지 사전 검증이 필요하다.

라우팅, 접속 경로, 균형

부하 생성 단말에서 라우팅할 수 있는 경로인지, 방화벽 등이 허가된 접속 경로인지, LB를 이용한 분산 네트워크 구성인지 등에 대해서도 확인이 필요하다. LB 내측 및 외측에서 하고 있는 처리가 단순한 부하분산이 아니고 콘텐츠 변경이나 SSL 가속, 콘텐츠 캐시 기능을 사용하는 경우도 있다. 이때는 해당 요소들이 성능 테스트에 끼칠 영향을 고려해야 한다.

측정 경로

성능 테스트 시에는 병목 현상 분석을 위해서 일반 운용 감시가 아닌 정확한 리소스 측정 장치를 사용할 필요가 있다. 네트워크 장비에서 SNMP로 유량이나 부하 정보를 측정하거나, 서버에 가상 접속해서 리소스를 측정할 필요가 있다. 또한, 이런 정보를 테스트 시에 취득할 수 있는 경로가 있는지 확인해야 한다. 오라클 ATS는 브라우저로 원격 접속해서 부하 테스트를 하거나, 분석하는 것이 가능하다. 이런 툴을 사용하고 있다면 원격 접속 경로를 확보해 두는 것이 좋다.

물리적 설치

지금까지 설명한 것 외에도 물리적인 설치 가능 여부 또한 확인해야 한다. 케이블을 연결하는 경우는 포트 수가 충분히 비어 있는지, 케이블 배선 길이가 충분한지, 부하 생성 단말을 둘 위치가 있는지, 전원이 있는지 등도 확인해야 한다. 대규모 시스템에서는 대부분의 경우 상용 환경이 데이터 센터에 있을 텐데, 데이터 센터 내에 성능 테스트를 위한 장비를 수 일에서 수 개월간 둘 수 있는 위치가 존재하는지도 사전에 조율해서 확보해 두는 것이 좋다.

5.4.5 【기본 설계】 기타 성능 설계 관련해서 결정해야 할 것

[대상]

■ 설계 시 고려 사항

좋은 설계자는 애플리케이션 설계 시에 성능 분석을 고려해서 설계한다. 이것은 성능 테스트뿐만 아니라 실제 운용 시의 장애 분석에도 도움이 된다. 고려해야 할 사항은 다음과 같다.

큐 누적이나 스레드 사용 수의 현재 값을 외부에서 취득할 수 있을 것

큐 누적 발생이나 스레드 급증, 최대치 도달은 병목 현상 발생 위치를 쉽게 파악할 수 있게 한다.

중요한 처리 구간의 소요 시간 측정을 위한 장치가 있을 것

처리 연장이 발생한 경우, 어디서부터 어디까지가 느리고 어디가 느리지 않은지를 찾을 수 있으면 분석이 용이해진다.

소요 시간 평균과 최대, 최소 시간을 애플리케이션 기능 단위로 취득할 것

과거 최대 기록 값 등의 측정값 구현은 평균값으로 알 수 없는 일시적인 성능 문제 파악에 도움이 된다.

외부 연계로 사용할 데이터 요청이나 응답은 그 내용과 소요 시간을 기록해서 디버그할 수 있는 구조가 있을 것(웹 서비스 연계나 SQL 실행 등)

여러 시스템 간에 발생하는 성능 문제는 어떤 모듈이 원인인지 파악하는 것이 어렵다. 데이터 전달 시 중간 과정을 가시화하는 것은 분석 효율을 향상시킨다.

로그에 개별 처리 세션 ID나 시퀀스 번호, 소요 시간을 기록할 것

여러 모듈에 걸쳐있는 성능 문제를 분석하려면, 어떤 요청이 어디서 전달된 처리인지 일원화해서 추적할 필요가 있다. 소요 시간을 기록할 수 있으면, 중요한 처리의 소요 시간과 함께 세션별 분석이 가능해진다.

5.4.6 【성능 테스트 설계】 테스트 상세 일정

[대상]

■ 일정을 작성한다

성능 테스트 계획에서 공정의 마지막 과정은 성능 테스트 일정 작성이다. 성과물로서의 성능 테스트 일정은 성능 테스트 설계 자체가 집약된 것이라 할 수 있다.

큰 일정, 중간 일정, 작은 일정을 구체적으로 기재해서 공정 전체의 태스크를 구체화하고 파악, 공유한다. 프로젝트 관리 툴을 사용하는 것도 좋은 방법이다.

큰 일정

프로젝트 조감 관점의 일정이다. 단위는 월 단위 또는 월을 상하순으로 나누거나 상중하순으로 나누는 3분할 방법, 주 단위의 4~5분할 방법 등이 일반적이다. 프로젝트 각 단계별 마일스톤도 기재한다.

성능 테스트에 충분한 시간(한 달 이상)이 할당됐는지, 성능 테스트 실시 전제가 되는 결합 테스트나 인프라 단위 성능 테스트가 성능 테스트 개시 일정이나 후공정의 사용자 테스트 일정과 겹치지는 않는지 등을 확인해야 한다.

이번 장에서 설명하고 있는 프로젝트 공정별 성능 테스트 준비 사항을 태스크로 기술해 두도록 하자.

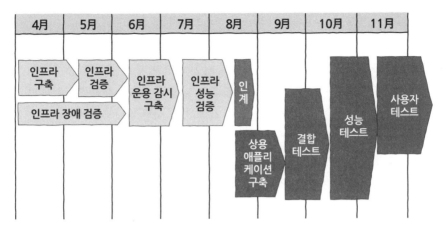

그림 5.17 프로젝트 조감 관점의 일정

중간 일정

중간 스케줄은 일 단위로 무엇을 해야 할지 정리한 계획 자료다. 아래와 같이 성능 테스트에 필요한 태스크 마일스톤이 정리돼 있고, 이것을 가지고 일정을 조정한다.

○월
1 2 3 4 5 6 7 8 9 10 11 12 13 14 15 16 17 18 19 20 21 22 23 24 25 26 27 28

▼회의 · ▼속보 · ▼속보

테스트 계획서 작성
테스트 계획서 수정
성능 테스트 사전 검증
2회째 성능 테스트
첫 성능 테스트
결과 보고서 작성
성능 테스트용 네트워크 구성 변경
성능 분석
성능 분석
성능 테스트용 데이터 구축
튜닝
부하 생성용 단말 구입
부하 생성용 단말 구축
부하 생성용 스크립트 작성
서버 리소스 계측 설정

그림 5.18 중간 일정 예

작은 일정

작은 일정은 성능 테스트 전날이나 당일 작업을 위한 계획표다. 시간대별로 작업 리스트를 만들기 때문에 단위는 시간 또는 분 단위로 한다.

테스트 각 단계별 개시나 종료 예상 시간을 기재한 후, 실제 작업량이 정한 일정 범위 내에 끝날 수 있을지 사전에 점검하여 각 태스크 실행 담당자가 원활히 협업할 수 있도록 일정을 조율하는 것이 목적이다.

상용 환경에서 테스트하는 경우는 시스템 정지 및 교체 개시/종료 시간이나 백업 종료 시간, 마일스톤별 전체 메일 보고 시간 등도 기재한다.

	애플리케이션 담당	인프라 담당	부하 테스트 담당
9:00	데이터 센터 입관・사전 미팅		
10:00	데이터 백업		
11:00	및 교체	네트워크 교체	
12:00	입회	입회	입회
13:00	휴식	휴식	휴식
14:00			리소스 계측 사전 점검
15:00	입회	입회	성능 테스트① 개시
16:00	입회	입회	최대 UV 수 도달, 리소스 분석
17:00	데이터 교체		간이 결과 분석
18:00	보고회		
19:00	병목 현상 조사(필요에 따라)	병목 현상 조사(필요에 따라)	데이터 분석 작업
20:00	입회	입회	성능 테스트② 개시
21:00	입회	입회	최대 UV 수 도달, 리소스 분석
22:00	데이터 교체	네트워크 교체	간이 결과 분석
23:00	보고회 및 정리		
0:00			

그림 5.19 작은 일정 예

5.4.7 【성능 테스트 설계】인력 배치 및 연락 체계

[대상]

테스트 계획 단계에서 앞서 설명한 역할들을 누가 담당할지, 연락처는 어디인지, 대응 가능한 일시는 언제인지, 부서 간 조정 담당자는 누구인지 등을 정리할 필요가 있다. 이것을 역할 담당도나 조직도로 정리하면 진행하기가 쉽다. 조직도는 하나만 만들지 말고, 단계별로 변경되는 것도 고려해서 준비해야 한다.

또한, 담당을 배정한 경우에 그 담당자가 작업할 수 있는 시간을 잘 확인해서 공유하는 것이 좋은데, 다른 업무를 해야 하거나 휴가 등이 낀 경우를 고려해서 체계도로 만들어야 한다. 야간 작업인 경우는 다음 날 업무 일정에도 영향을 주므로 이 내용역시 체계도에 반영하자.

5.4.8 【인프라 결합 테스트】 인프라 성능 테스트

[대상]

인프라 성능 목표는 처리량이나 다중도 목표를 정의한다. 애플리케이션이 완료돼지 않은 상태나 정보가 없는 상태에서 결정하기 때문에 생각하는 값보다 큰 값을 정의하는 것이 일반적이다.

■ 성능 평가 지표 정의

인프라 성능 테스트 목표에는 두 가지 역할이 있다. 첫 번째는 애플리케이션을 동작시켰을 때 충분한 성능이 나오는지를 사전에 확인하는 것이다. 두 번째는 제공된 인프라가 설계 성능을 만족하고 있는 것인지, 또는 구성인지를 확인한다. 이것은 경우에 따라서는 애플리케이션 성능 목표를 훨씬 넘는 큰 값으로 테스트해야 할 수도 있다.

구체적인 항목으로는 네트워크 전송량, 디스크 I/O 처리량, LB나 웹 서버 처리 성능 등을 들 수 있다.

■ 성능 측정 수단 설정

인프라 성능 측정 수단으로 애플리케이션 부하 테스트 툴(예: 오라클 ATS)을 사용할 수도 있지만, 각 검사 항목별 전용 툴을 사용하는 경우도 있다(표 5.4).

표 5.4 인프라 성능 테스트 측정 시에 사용하는 툴 예

항목	사용 툴
네트워크 전송량	iperf, wget, ftp 등. 대규모 시스템에서는 네트워크 부하 발생 장비를 사용하는 경우도 있다.
네트워크 연결 생성 수 조사	오라클 ATS 사용. 또는 부하 생성 장비
디스크 I/O 처리량	부하 생성은 복사 명령 등(연속 접근), 랜덤 I/O는 iometer. 측정은 리눅스라면 iostat, 윈도우즈라면 perfmon의 Physical Disk 항목.
TCP 연결, HTTP 연결 생성	오라클 ATS나 아파치 Bench(아파치 라이선스) 툴. 초 대규모 환경에서는 부하 생성 장비를 사용하는 경우도 있다.

■ 성능 측정

부하 생성 시에는 해당 부하나 처리량 상한 값만 측정하는 것이 아니라 주변 리소스도 함께 측정해서 정보를 취득해 둔다. 이 정보는 뒤의 애플리케이션 성능 테스트에서 병목 현상을 파악하기 위해 사용한다. 이 정보가 없으면, 후공정에서 같은 작업을 반복해야 해서 일정 연기의 원인이 되기도 한다.

기본적인 측정 항목

인프라 성능 테스트 시에 성능 저하 원인을 조사하기 위해 필요하지만, 곧바로 사용하는 경우는 드물다. 어디까지나 후공정에 필요한 정보라고 생각하면 된다.

- CPU 사용률(리눅스: idle, user, sys, wio, st/윈도우즈: user time, kernel time)
- 끼어들기 처리나 시스템 콜 발생률(int, call)
- 디스크 사용률

- 네트워크 상세 통계(예: netstat ※윈도우즈/리눅스 모두 상세 통계 정보를 파악할 수 있다.)
- 서버 프로세스 메모리 사용량
- 서버 자체 내부 통계 보고서

5.4.9 【결합 테스트】 다중 실행 테스트

[대상]

성능 테스트 실시 전의 결합 테스트 단계에서 누락하기 쉬운 것이 다중 실행 시 동작 검증이다. 이것은 성능 테스트가 아니라 기능 테스트지만, 이 테스트를 하지 않는 경우, 후공정의 성능 테스트 단계에서 처음으로 문제가 발생하게 되고, 기능상의 문제로 판명될 경우에는 수정이 필요하다. 검증 항목은 다음과 같다.

- 여러 스레드를 실행했을 때 개별 처리 흐름이 유지되는가(일관성 유지)
- 여러 처리를 실행했을 때 다른 처리 데이터가 섞이지 않는가(데이터 섞임)
- 단일 사용자 ID로 동시 로그인한 경우, 또는 개별 사용자ID로 로그인한 경우에 예측한 대로 동작하는가
- 전 단계에서 이용한 사용자ID나 입력 값, 설정 값을, 캐시 등의 오동작으로 인해 다음 사용자에게 적용하고 있지 않는가(데이터 오염)
- 적은 수의 동시 실행으로 CPU나 메모리, 디스크 등의 리소스가 과대 사용되지는 않는가(리소스 과대 소비)
- 유량 제어나 과부하 시 예외 처리가 제대로 동작하는가
- 타임아웃이 제대로 동작하는가

5.4.10 【통합 테스트】부하 테스트, 한계 테스트, 내구성 테스트

[대상]

앞에서 설명한 것처럼 성능 테스트에는 목적에 따라 다양한 종류가 있으며, 실시 우선순위도 다르다. 상세한 내용은 앞 절을 참고하자.

5.4.11 【운용 테스트】성능 감시 테스트, 장애 테스트

[대상]

시스템 운용 테스트에서는 성능 테스트 기법을 그대로 사용하는 경우도 있다.

■ 성능 감시 테스트

성능 감시 관점에서 시스템 임계 값을 이용하고 있거나 성능 보고서 작성 기능이 있는 경우에는 그 동작을 입증할 처리 부하를 건다. 이 부하를 걸기 위한 구조는 성능 테스트 부하 생성 방법으로 실시하는 것이 효율적이다. 부하 생성은 성능 테스트 시에 함께 확인하는 경우와 그와 별도로 확인하는 경우 등 두 가지 방법이 있다. 성능 테스트와 함께 실시하는 경우에는 고부하 시에 경고가 발생하도록 설정한 곳에서 대량의 경고 메시지가 날아올 수 있다. 이것을 무시할 수 있다면 함께 실시하는 것도 가능하다.

■ 장애 테스트

고부하 시에만 발생하는 장애 확인을 위해 성능 테스트 기법으로 부하를 건다. 다음과 같은 기법들이 있다.

- 고부하 시에 페일오버(Failover)를 발생시킨다
- 고부하 시에 이상 처리를 발생시켜 장애 시 동작을 검증한다
- 고부하 시의 인스턴스 정지, 재시작 동작이나 소요 시간을 검증한다

5.4.12 【납품】성능 테스트 결과 검수 보고

[대상]

보통 테스트 결과 보고서와 성능 테스트 결과 보고서는 그 보고 내용에 차이가 많다. 테스트 결과 보고서는 실시 결과를 ○, ×로 확인하고, ×가 있으면 버그로 표시한 후 수정한다. 한편, 성능 테스트에서는 달성한 여러 수치를 기재하고 그것에 대한 종합 평가를 보고한다.

다음은 성능 평가 보고서를 기술할 때 필요한 주요 항목이다.

- 릴리즈할 수 있는 성능 품질인지 평가(제일 먼저 작성)
- 위 평가 내용을 보완할 수 있는 전체 성능 수치
- 위 평가 내용을 보완할 수 있도록 어떤 시나리오로 어떤 테스트를 했는지, 그리고 테스트 시 처리량, 응답 시간, 다중도는 어떻게 변화했는지 기재
- 시스템 리소스 사용률 기재
- 에러 발생과 그 원인 기재
- 시스템 성능의 병목 현상이 발생하는 위치 기재
- 테스트를 통해 파악한 튜닝 중요 포인트와 그 메커니즘을 설명
- 운용 시작 후에 성능 측면에서 주의해야 할 사항 기재

5.4.13 【운용】 초기 가동 확인

[대상]

성능 테스트로 릴리즈 가능한 성능이라고 판단한 시스템이라도 실제 릴리즈 직후에 예상 부하나 리소스 사용률이 나오지 않으면 사이징이나 측정 결과를 재검토해야 한다. 그렇지 않으면 운용 시에 예상하지 못한 성능 장애가 발생할 수 있다. 가동 초기에는 다음과 같은 관점으로 시스템 성능을 확인해야 한다.

'예측 데이터양 및 이용 건수가 맞고 테스트 시의 평균 응답과 같은가, 리소스 사용률은 같은가'

이것을 확인하기 위해서는 성능 테스트와 운용 시에 성능을 동일한 기준이나 관점으로 측정할 필요가 있다.

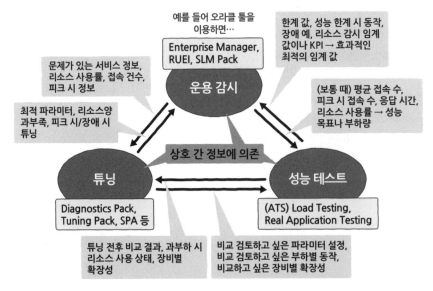

그림 5.20 적절한 사이징을 위해서는 각 분야에 대한 반복 작업으로 경험을 축적해야 한다

5.5 | 성능 테스트 문제와 필요 노하우

지금까지 실제 성능 테스트에 필요한 공정이나 테스트 종류 체계에 대해 설명했다. 마지막으로 실제 여러분이 성능 테스트 시에 직면하는 개별 문제와 대응 노하우에 대해 소개하겠다.

5.5.1 성능 견적 능력

견적 시에 필요한 능력에 대해 설명한다.

■ RFI/RFP 누락 사항 확인

시스템 기획 제안 단계에서는 RFI(Request For Information, 정보 요구서)나 RFP (Request for Proposal, 제안 의뢰서)가 제시되며, 이를 통해 어떤 시스템을 어떤 규모나 구성으로 만들 것인지가 대략적으로 결정된다. 성능은 그중에서 비기능 요건으로 정의되지만, 이 시스템 기획 단계에서 정의된 것이 나중의 성능 테스트나 출시 결정 때까지 영향을 주기 때문에 매우 중요하다. 이 때문에 RFI, RFP나 제안서를 제대로 정의해 두는 것이 반드시 필요하다.

또한, 발주자 입장에서도 시스템 성능을 확보하기 위해서는 최적의 성능 요건을 정의하는 것이 필수다. 특히, 다음과 같은 사항에 주의하자.

- 응답 시간 요건을 정의했는가?
- 처리량 요건을 정의했는가?
- 동시 사용 수 요건을 정의했는가?
- 장비 정지 시나 배치 가동 시 성능 준수율을 정의했는가?

■ 데이터 부족 시 성능 목표 책정

이전에 가동 실적이 있는 시스템을 개선하는 것이라면, 이후 현재의 몇 배 정도 이용률이 증가할지 현재 이용률을 고려해서 계산한다. 이때, 시스템 최대 허용치나 성능 목표를 책정한다.

신규 서비스라면 기존 이용 데이터가 없을 수 있다. 이 경우 이용 증감률을 계산하는 것은 매우 어렵지만, 앞에서 설명한 '기존 성능 테스트의 성능 목표'같이 모델을 만들어서 실제에 가까운 결과를 얻을 수 있다.

■ 성능 관련 파라미터 설계는 어디까지 해야 하는가?

워터폴(Waterfall, 폭포수) 개발에서는 이전 공정으로 돌아가는 것은 일정 연기를 초래하기 때문에 권장되지 않는다. 이런 관점에서 어려운 것이 바로 성능 관련 파라미터 설계다. 파라미터 설계는 상세 설계 단계, 인프라 설계 단계에서 정해지며, 실제 성능 파라미터가 적절한지 검증하는 것은 시스템 테스트 단계의 성능 테스트나 한계 테스트에서 이루어진다. 이 테스트 단계를 통해 파라미터를 수정하게 된다. 이것은 공정을 건너뛰는 것처럼 보일 수 있지만, 꼭 필요한 수정 과정이다. 이 때문에 이전 공정으로 돌아가야 하는 상태가 된다면, 다음 두 가지 중 한 가지 방식을 선택해야 한다.

① 파라미터 재수정을 전제로 해서 프로젝트 공정을 정의한다

워터폴 개발 공정 중에도 다음 과정을 추가한다.

- 사전 프로토타입 성능 검증
- 초기 인프라 구축 후 인프라 한계 테스트
- 시스템 테스트에 선행한 한계 테스트
- 시스템 테스트 기간 중의 파라미터 검증 테스트
- 파라미터 수정 결과를 설계에 재반영하는 공정

② 경험치 범위로 설계를 한정한다

워터폴을 성공시키기 위한 하나의 조건으로, 경험한 적이 없는 요소를 시스템 아키텍처에 적용하지 않는다는 조건이 있다. 다음 항목에 대해 경험치가 없다면 채용하지 않는 것이 좋다.

- 하드웨어
- 소프트웨어(미경험 버전이나 옵션도 포함)
- 데이터양
- 사용자 접속량 및 패턴
- 토폴로지

경험치가 있는 요소로 한정함으로써, 성능은 물론 공정 번복이 없는 시스템 구축이 가능해진다. 경험치를 제대로 활용할 수 없을 것 같은 경우에는 앞서 설명한 파라미터 수정을 실시해서 공정을 반복하는 방식을 선택하는 것이 무난하다.

■ 프로젝트 계획이나 개발 단계에서의 성능 파라미터 설계와 수정 지침

태스크나 일정 조정은 프로젝트 내 합의를 전제로 해야 한다.

5.5.2 효율적인 반복 실시 능력

반복 작업을 효율적으로 실시하기 위한 능력에 대해 설명하겠다.

■ 병목 현상 파악, 튜닝, 보고와 승인, 재시험 시 소요 공수

성능 테스트를 반복적으로 실시해야 하는 경우의 공정에 대해, 표 5.5와 같이 오라클 ATS 등의 툴을 사용한 경우와 그렇지 않은 경우로 나누어 정리했다.

표 5.5 계산 모델 예(단위:人/日)

작업	하나당 작업 공수 (ATS 미사용)	하나당 작업 공수 (ATS, FBDB, Masking, Enterprise, Manager 사용)	표준 실시 개수 산정	ATS 미사용 합계	ATS 사용 합계
테스트 설계	8	8	1	8	8
부하 테스트 환경 구축	5	1	1	5	1
테스트 애플리/ 데이터 준비	12	5	2	24	10
테스트 시나리오 작성	3	1	3	9	3
부하 테스트 실시 검증	2	1	2	4	2
부하 테스트 시나리오 실시	0.5	0.125	12	6	3
부하 테스트 결과 분석	2	0.5	12	24	6
튜닝	0.5	0.5	4	2	2
한계 테스트 실시	4	1	3	12	3
영구 테스트 실시	5	5	2	10	10
보고 자료 작성	8	4	1.5	12	6
보고 실시	3	1	2	6	2
합계				118	56

표 5.5는 어디까지나 하나의 예로, 실제로는 대상 애플리케이션이나 환경, 프로젝트 진행 방법, 인력 기술 정도 등에 따라 공수가 달라진다.

프로젝트에서 소프트웨어 조달 비용에는 여유가 없지만 사람과 시간이 남는다면, 성능 테스트용 소프트웨어를 구입하지 말고 직접 만들어서 성능 테스트를 실시하는 편이 좋다. 이것을 판단하는 손익분기점은 표 5.5를 이용한다면 118-56=62인/일 분의 차이가 된다.

5.5.3 오라클 ATS의 사용 효과

앞서 설명한 것처럼 성능 테스트 전용 툴을 사용하면 성능 테스트를 크게 효율화할 수 있다. 그 예로, 오라클 ATS(Oracle Application Testing Suite)의 성능 테스트 기능을 소개하겠다. 저자가 근무하는 회사의 제품을 일부러 소개하는 것 같아 미안하지만, 이 툴을 통해 소개하는 문제들이 실제 여러분들이 성능 테스트 시에 직면하게 될 다루기 어려운 문제들이다. 따라서 실제 이용 단계에서는 이런 문제들이 발생할 수 있다는 것을 이해하는 데 참고가 될 것이다.

■ 오라클 ATS 개요

오라클 ATS에는 다음과 같은 특징이 있다.

- GUI를 이용한 단순 스크립트 작성
- 쿠키나 HTML 내의 세션 데이터를 자동 파라미터화
- 사용자 관점의 에러 확인
- OS/AP/Network 등의 성능 테스트 데이터를 에이전트로 수집
- 보기 쉬운 분석 그래프
- HTTP(s)/SOAP에 대응

용도로는 다음과 같은 경우에 효과를 발휘한다.

- 개발 초기 단계부터 부하 테스트를 실시하고 싶다
- 응답 시간 연장 원인이되는 서버를 찾고 싶다
- 예측하지 못한 에러 화면을 놓치고 싶지 않다
- PC뿐만 아니라 휴대 전화나 전용 단말 애플리케이션도 테스트하고 싶다
- 서버에 모듈을 두입하지 않고 성능을 측정하고 싶다
- 테스트 시에 대량의 데이터를 효율적으로 등록하고 싶다

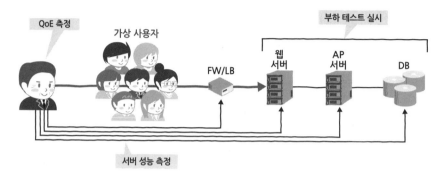

그림 5.21 오라클 ATS

오라클 ATS의 성능 테스트 기능인 '로드 테스팅'은 아래와 같은 성능 테스트 효율화 기능을 갖추고 있다.

■ 정확한 페이지 응답 시간 측정 기능

복수의 프레임으로 구성되는 페이지를 동시에 요청함으로써, 백엔드 서버상에 생성된 히트 강도는 실제 브라우저 강도와 같아진다.

■ 테스트 규모에 따른 스케일아웃(Scale-out)

컨트롤러(Controller)나 에이전트(Agent)를 부하 조건에 따라 유연하게 배치할 수 있다.

'컨트롤러'는 에이전트 제어, 성능 정보 취득, 보고서 작성 등의 기능을 제공하고, '에이전트'는 웹 서버에 동시 접속하는 기능을 제공한다. 또한, 에이전트 접속을 복수의 지점으로 분산시키는 것이 가능하다.

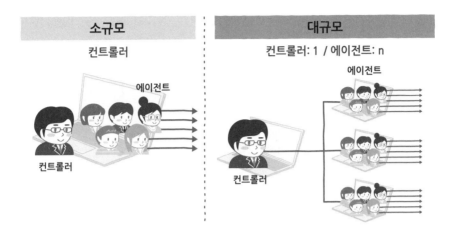

소규모 | 대규모

컨트롤러 | 컨트롤러: 1 / 에이전트: n

에이전트

에이전트

컨트롤러 | 컨트롤러

그림 5.22 대규모 부하 테스트 대응(분산 에이전트)

■ 용이한 사용자 조작 시나리오 스크립트화

스크립트 작성은 프로그래밍 없이 가능하다. 테스트를 하고 싶은 화면 이동을 브라우저와 같은 방식으로 조작하기만 하면 URL, 요청 링크, POST 데이터, 쿠키 등의 정보가 자동으로 생성된다. 자바 코드를 이용한 스크립트 확장도 가능하다.

■ HTTP 세션 자동 인식과 재현

웹 애플리케이션은 세션을 이용해서 관리하거나, 다수의 사용자가 같은 세션 ID를 이용하는 경우와 세션 유효 기간이 끝날 경우에 에러가 발생할 수 있다. 오라클 ATS의 로드 테스팅에서는 쿠키/URL/HTML 내포 등의 세션 ID를 자동으로 처리하고, 항상 새로운 요청을 전송한다.

오라클 웹로직 서버, Oracle Application Development Framework, 마이크로소프트 ASP.NET 등 일반적인 웹 애플리케이션 개발 환경에 최적화돼 있다.

■ 변동성이 있는 데이터의 성능 테스트

다른 데이터에 동시에 접속하는 시나리오를 에뮬레이터할 수 있다. 구체적으로는 CSV 파일이나 데이터베이스에 정의한 데이터를 이용해서 가상 서버마다 다른 입력

데이터나 검증 데이터를 사용할 수 있다. 연속, 랜덤, 셔플(Shuffle) 등 다양한 재생
방식을 제공한다.

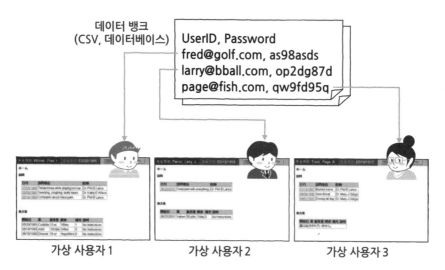

그림 5.23 데이터 주도형 부하 테스트(데이터 뱅크)

■ 데이터 혼재 에러 검출

페이지 응답 시간이나 서버 성능에 문제가 없어도, 사용자가 기대하지 않은 콘텐
츠가 표시될 가능성이 있다. 서버 부하가 높아지면 '지금은 접속이 어렵습니다'라는
메시지를 표시하고 Sorry 서버로 전송해 버린다.

로드 테스팅에서는 웹 서버 응답 코드(4xx, 5xx)와 함께, 콘텐츠(HTML)가 맞는지
도 사용자 관점에서 확인한다. 에러 콘텐츠는 실시간으로 확인해서 문제 추적이 용이
하다.

■ 변동 대응과 효율화 조합

그룹웨어 등 인증 후 세션 유지 시간이 비교적 긴 애플리케이션은 업무 기능 화면
만 반복해서 이동하도록 정의할 수 있다. 인증 자체나 로그인 후에 표시되는 메인 화
면의 부하가 높은 경우, 로그인/로그아웃만 테스트해야 한다.

로드 테스팅에서는 여러 스크립트를 조합해서 사용자 정의 프로파일을 작성할 수 있다. 이를 통해 로그인 처리만 반복 실시하는 등의 처리도 간단히 검증할 수 있다.

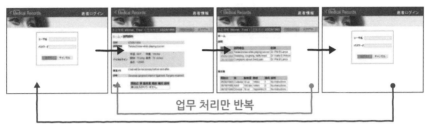

그림 5.24 로그인 처리만 반복한다(사용자 정의 프로파일)

■ 시스템 리소스 상태 파악

애플리케이션, 데이터베이스, 시스템, 네트워크 장비 등의 다양한 리소스 정보를 감시할 수 있다. 대상 시스템에 에이전트 등을 도입할 필요는 없다. 참고로 다음과 같은 리소스를 감시할 수 있다.

- 윈도우즈 OS(Perfmon)
- 솔라리스/리눅스(Telnet/SSH)
- AP 서버(JMX/SNMP)
- 네트워크 디바이스(SNMP)
- DB(SQL)
- 웹 페이지(URL)
- Ping, COM+, … 등

■ 빠른 병목 현상 분석 보고서

응답 시간, 에러 발생률, 사용자 수, 히트 수/초, 페이지 수/초 등을 보고서나 그래프로 출력한다. 여러 테스트 결과를 하나의 보고서로 출력할 수 있기 때문에, 튜닝 전후 비교도 용이하다.

■ 분석부터 병목 현상 원인 진단까지 툴로 가능

부하 테스트 중에 데이터베이스나 자바 애플리케이션의 상세 성능 분석을 수행하는 오라클 엔터프라이즈 매니저 12c(Oracle Enterprise Manager 12c)[주1]에 접근할 수 있다.

■ DB 성능 테스트

오라클 데이터베이스에 대한 부하 테스트를 지원한다. DB에 직접 접속할 수 있는 스크립트를 작성할 수 있는데, 스크립트를 이용해서 다음과 같은 처리가 가능하다.

- DDL, DML 실행
- PL/SQL 실행
- SQL 행 수 카운트 테스트
- 자바 API를 이용한 확장
- Oracle Real Application Testing

참고로 로드 테스팅의 데이터베이스 리플레이로 캡처한 트랜잭션 로그나 커스텀 SQL, PL/SQL 스크립트를 임포트할 수도 있다.

■ 웹 서비스 성능 테스트

WSDL(Web Service Description Language) 매니저를 사용해서 웹 서비스 정의 파일을 임포트 및 저장할 수 있다. 오픈스크립트(OpenScript) 및 오라클 파서는 물론, 아파치 XML, .Net 서버 등 여러 가지 WSDL 파서를 지원한다.

SOAP 1.1, 1.2 프로토콜도 지원하며 DIME, SWA, MTOM 등의 바이너리 파일도 전송할 수 있다.

주1 별도 오라클 엔터프라이즈 매니저 12c 라이선스가 필요하다.

*　　*　　*

툴의 이런 기능들은 실제 많은 현장 성능 테스트를 거치면서 필요하다고 판명된 것들을 구현한 것이다. 성능 테스트 전에 여러 문제들을 파악한다는 의미로도 참고가 될 것이다.

이 책을 참고로 충분한 테스트 준비와 계획을 세워, 차질 없는 성능 테스트를 실현했으면 하는 바람이다.

CHAPTER 06

가상화 환경 성능

6.1 | 가상화와 성능

이번 장에서는 가상화 기술을 사용한 시스템 환경(이하 가상화 환경)의 성능 관리에 대해 설명하겠다.

최근에는 서버 가상화가 보편화되었는데, 시스템 구축 시에 가상화 채택을 전제로 검토하는 경우가 많다. 가상화 환경에서는 복수의 VM(가상 머신)이 하나의 서버에서 동작한다. 이를 통해 리소스를 효율적으로 공유하고 비용을 절감할 수 있지만, 과도하게 공유하면 경합이 발생해서 성능이 저하될 수도 있다. 이 때문에 리소스 효율화와 성능 간 균형을 맞추는 것이 중요하다.

또한, 가상화 환경은 물리 환경과 아키텍처가 다르므로 가상화 특유의 고려 사항을 숙지해야 한다.

이번 장에서는 다음과 같은 사항에 대해 정리할 것이다.

- 가상화 기술 개요
- 가상화 환경의 성능 고려 포인트
- 가상화 기반의 성능 분석 방법

주의사항

이번 장은 서버 가상화에 대해 설명하고 있다. 네트워크 가상화, 저장소 가상화는 대상 외다. 관리자 관점에서 성능 관리를 설명하고 있기에 가상화 환경 및 사설 클라우드의 설계/구축, 운영 담당자를 대상으로 한다.

가상화에 대해서는 여러 제품을 고려해서 설명하고 있으나, 상세 기능이나 구체적인 예를 위해 VMWare vSphere(이하 vSphere)를 대상으로 한다. 다른 가상 서버 제품에 대해서는 각 개발사의 공개 정보를 참고하기 바란다.

또한, vSphere에 대해서도 성능에 관련된 부분만 중점적으로 설명할 것이다. 아키텍처나 설계, 운용 전반에 대해선 VMWare 관련 서적을 참고하기 바란다.

6.2 │ 가상화 개요

가상화 환경의 성능에 대해 설명하기 전, 그 전제가 되는 가상화 기술에 대해 간단히 알아보도록 하겠다. 가상화 개요에 대해 이미 알고 있는 독자는 6.3절로 곧장 넘어가도 된다.

6.2.1 │ 서버 가상화란?

서버 가상화란, 한 대의 물리 서버상에 가상으로 여러 대의 서버(VM)를 동작시키는 것을 말한다. 각 VM상에서 OS(게스트 OS)를 실행시킴으로써, 여러 애플리케이션을 한 대의 물리 서버에서 동작시킬 수 있다(그림 6.1).

가상화 환경에서는 여러 VM이 물리 서버상의 CPU나 메모리 등의 리소스를 공유하게 된다. 단 각각의 VM은 상호 독립해서 존재하며, VM상의 OS는 자신이 한 대의 물리 서버상에서 동작하고 있다고 인식한다. 이 때문에 각 VM은 전혀 별개의 장비로 동작하게 되며, 가상화를 실현하는 소프트웨어(가상 머신 모니터, VMM) 동작에 악영향을 끼치지 않는 한, 다른 VM에 영향을 주지 않는다.

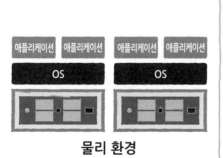
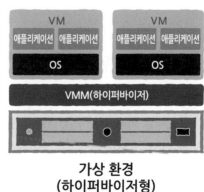

물리 환경

가상 환경 (하이퍼바이저형)

그림 6.1 물리 환경과 가상 환경

231

• 리소스 효율화 및 비용 절감

유휴 상태 시에 남아돌던 CPU나 메모리 등의 서버 리소스를 복수의 게스트 OS로
배분해서 효율적으로 사용할 수 있다. 이처럼 여러 서버를 통합해서 물리 서버 대수
를 줄일 수 있기 때문에 서버나 그 주변 장비에 드는 비용, 전력, 공간, 관리 공수 등
을 절감할 수 있다.

• 시스템 유연성 향상

기존 물리 환경에서 서버 정비를 할 때는 서버를 정지시켜야 했다. 그러나 가상화
환경에서는 VM을 다른 물리 서버로 이동할 수 있기 때문에 서버 정비 시에도 VM
을 정지하지 않아도 된다. 이 때문에 정비 시의 시스템 정지 시간을 크게 줄일 수 있
다. 또한 VM의 실체는 파일이며, 이 파일을 복사해 두면 물리 환경에 비해 시스템
이전이나 백업, 복구를 손쉽게 할 수 있다.

• 가용성 향상

가상화 소프트웨어의 표준 클러스터 기능을 이용해서 물리 서버나 VM 장애 시에
VM을 자동으로 페일오버(Failover)하거나 재가동할 수 있다. 물리 환경에서도 서버
를 이중화하고 클러스터링 소프트웨어를 도입하면 장애 시 페일오버가 가능하다. 하
지만 비용이 많이 들고, 아키텍처가 복잡해져 관리가 어려워지는 경향이 있다. 가상
화 기본 기능을 사용하면 낮은 비용으로 손쉽게 관리할 수 있어서 가용성을 향상시
킬 수 있다.

6.2.2 가상화 종류

반복되는 이야기이나 VMM이란, 한 대의 컴퓨터에 복수의 VM을 동작시키기 위
한 소프트웨어를 가리킨다. 이 VMM을 동작시키는 방식으로 '호스트 OS형'과 '하이
퍼바이저(Hypervisor)형'이 있다(그림 6.2).

호스트 OS형은 윈도우즈나 맥 OS, 리눅스 등에 가상화 소프트웨어를 설치하고 거기다 VM을 작성해서 실행하는 방법이다.

반면, 하이퍼바이저형은 하드웨어 BIOS가 직접 가상화 소프트웨어(하이퍼바이저)를 가동하고, 그 위에 VM을 실행하는 방법이다. 물리 서버 OS가 존재하지 않고, 하이퍼바이저가 하드웨어를 직접 제어할 수 있기 때문에 물리 서버 OS형과 비교해 게스트 OS 동작 속도 저하를 최소화한 것이 특징이다. 이런 이유로 성능이 요구되는 기업 시스템의 서버 가상화에 하이퍼바이저형이 주로 채택되고 있다.

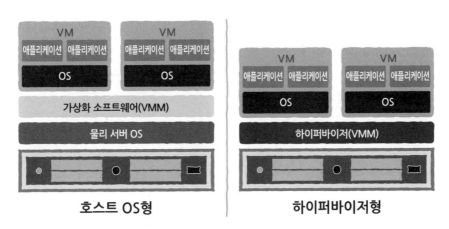

그림 6.2 호스트 OS형과 하이퍼바이저형

하이퍼바이저형은 다시 '완전 가상화'와 '준가상화' 방식으로 나눌 수 있다(그림 6.3).

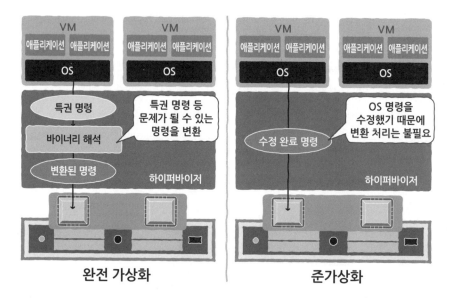

그림 6.3 완전 가상화와 준가상화

완전 가상화는 게스트 OS(VM에 설치된 OS)가 발행한 특권 명령 등의 특수한 명령을 하이퍼바이저가 변환해서 VM을 정상적으로 동작시키는 구조다. VM이 하이퍼바이저에서 동작하고 있는 경우 CPU 구조상 특권 명령을 발행할 수 없으며, 특권 명령을 발행해도 제대로 처리되지 않는다. 그럼에도 VM은 하이퍼바이저상에서 동작하고 있다는 것을 모르기에 물리 환경과 동일한 특권 명령을 발행해 버린다.

특권 명령 외에도 하이퍼바이저상의 VM이 바로 실행해서는 안될 명령이 있다. 이런 '문제를 발생시킬 수 있는 명령'들을 하이퍼바이저 기능(바이너리 해석)을 통해 변환해서 VM을 정상적으로 동작시킬 수 있다. 이 명령 변환 기능을 통해 VM상에서 동작하는 게스트 OS에서는 특별한 수정 없이 그대로 동작시키면 된다.

한편, 준가상화는 '문제를 발생시킬 수 있는 명령'을 하이퍼바이저에서 변환하는 것이 아니라, 명령 자체를 하이퍼바이저상에서 정상 동작하도록 변환하는 OS를 사용한다. 즉, 가상화 환경용으로 특별하게 수정한 OS를 게스트 OS로 사용한다. 명령 변환 처리가 발생하지 않기 때문에 완전 가상화에 비해 오버헤드가 적고, VM을 고속으로 실행할 수 있다.

하지만 준가상화가 가능한 OS가 한정돼 있고 하드웨어 성능이 향상되면서 하드웨어적으로 오버헤드를 감소시킬 수 있어, 현재는 완전 가상화가 주류를 이루고 있다.

KVM이나 Hyper-V에서도 하드웨어적 지원 기능이 있는 CPU가 전제되는 것을 보면, 완전 가상화가 주류라는 것을 알 수 있다. 이번 장에서도 완전 가상화를 전제로 설명하겠다.

Column

하드웨어 지원 기능

OS 를 변경하지 않고 x86 플랫폼에서 가상화하는 경우 CPU 명령 변환이나 메모리 관리, IO 처리 등을 VMM(하이퍼바이저)가 처리하기 때문에 오버헤드를 피할 수 없었다.

최근의 CPU는 가상화 오버헤드 경감을 위해 CPU 제조사인 인텔(Intel)이나 AMD가 가상화에 필요한 처리를 하드웨어 적으로 구현한 기능(HAV:Hardware-Assisted Virtualization)을 탑재하고 있다.

표A 주요 하드웨어 지원 기능

하드웨어 가상화 지원 기능	인텔	AMD	기능 및 효과
CPU	VT-x	AMD-V	명령 변환 고속화
메모리	EPT	RVI	메모리 처리 고속화
I/O 장비	VT-d	AMD-vi	VMDirectPath I/O
NIC	VT-c	-	NetQueue

가상화 환경을 구축할 때는 하드웨어 지원 기능을 탑재한 CPU를 선택하도록 하자. 성능도 매년 향상되고 있으므로 하드웨어 지원 기능을 탑재한 CPU 중에서도 최신 CPU를 선택하는 것이 좋다. 또한, BIOS나 하이퍼바이저에서 해당 기능을 켜야만 사용할 수 있으니 주의하자.

6.3 │ 서버 가상화 주요 기술(오버커밋)

물리 환경에 비해서 가상화 환경이 우수한 점은 리소스의 유효 활용(효율화)이다. 물리 서버 성능 범위 내에서 VM에 CPU나 메모리만 할당하면 되므로 물리 서버를 별도로 구축하는 것에 비해 리소스를 효율화하기 쉽다.

물리 서버상에 많은 VM을 작성하고 VM의 CPU나 메모리양을 물리 서버 탑재량 이상으로 활용할 수 있다면, 리소스 효율화는 더욱 극대화될 수 있다. 이렇게 물리 서버 리소스 한계 이상으로 VM에 리소스를 할당하는 것을 '오버커밋(Overcommit)' 이라 한다. 성능에 영향을 적게 주면서 이 오버커밋을 실현하는 것이 리소스 효율성 이 높은 가상화 환경을 구축하기 위한 목표가 된다.

이제부터는 오버커밋을 실현할 수 있는 하이퍼바이저 기능에 대해 설명하겠다.

6.3.1 CPU 가상화 기술

먼저 CPU가 가지고 있는 가상화 기술과 이것을 사용해서 구현할 수 있는 하이퍼 바이저 기능에 대해 알아보자.

■ VM에 가상 CPU 할당

하이퍼바이저에서는 VM에 CPU를 할당할 때, 보통 논리 CPU를 1가상 CPU로 해서 할당한다. 이 논리 CPU가 무엇인지 살펴보도록 하자.

CPU 수를 세는 단위로 '소켓' '코어' '스레드'라는 것이 있다(그림 6.4). 소켓이란 물 리적인 CPU 하나를 가리킨다. 물리적 CPU에는 코어라고 하는 것이 있어, 일(계산) 을 하는 두뇌가 여러 개 탑재되어 있다. 두 개의 코어를 탑재하고 있는 CPU(소켓)가 두 개 있으면, 그 서버는 네 개의 코어를 탑재하고 있다고 표현한다.

또한, CPU 코어는 항상 일을 하고 있는 것이 아니어서 누군가의 정보 전달 등으 로 기다리는 시간이 발생할 수 있다. 이 시간을 활용해서 두 번째 일을 병렬로 실행하는 기술이 있는데, 이것을 '하이퍼스레딩(HyperThreading)^{주1}'이라 한다. 이 기술을 활용하면 하나의 코어를 스레드라 불리는 두 개의 실행 단위로 분할할 수 있어, OS에는 물리적인 두 개의 CPU 코어로 인식시킬 수 있다. 단, 어디까지나 대기 시간을 활용하고 있으므로 엄밀히 말해서 두 배가 되는 것은 아니니 주의하자. 실제로는 1.2배 정도라고 생각하는 것이 좋다.

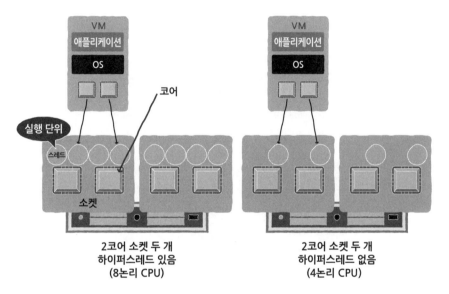

그림 6.4 소켓과 코어 스레드

이 하이퍼스레딩을 사용하는 2코어 물리 CPU 두 개가 탑재돼 있는 서버는 논리적으로 여덟 개 CPU 코어를 탑재하고 있는 OS로 인식된다.

이 논리적인 CPU 실행 단위(스레드)가 VM의 1CPU 할당 단위가 된다.

■ 가상 CPU 오버커밋

지금까지 설명한 것처럼 가상화 환경 CPU는 논리 CPU 단위로 가상 CPU를 VM

주1 구조와 개념에 대해서는 2장을 참고하자.

에 할당한다. 하나의 물리 서버상에서 동작하는 VM의 가상 CPU 총합은 해당 서버
상의 논리 CPU 수보다 많을 수 있다. 이렇게 할당하는 것을 'CPU 오버커밋'이라고
한다(그림 6.5).

엄밀히 말하면 하이퍼스레딩을 적용해서 스레드 단위로 가상 CPU를 할당한 상태
도 물리 CPU 수보다 가상 CPU 수가 많기 때문에 오버커밋 상태라고 할 수 있다.

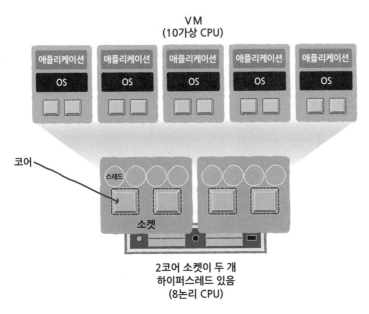

그림 6.5 CPU 오버커밋

그러면 CPU 오버커밋이 가능한 이유를 설명하겠다.

OS가 애플리케이션에 CPU를 할당할 때와 마찬가지로 CPU를 VM에 할당할 때
스케줄러가 이용된다. 스케줄러는 일정 규칙에 따라 논리 CPU를 VM에 할당한다
(이 스케줄러 구조는 하이퍼바이저 종류나 버전에 따라 다르다).

vSphere인 경우는 수십 밀리초 단위로 VM에 논리 CPU를 할당한다(그림 6.6).
모든 VM이 항상 CPU를 사용하는 것은 아니기 때문에 VM 요구에 따라 수 밀리초
단위로 CPU 할당 상태를 바꾼다. 이런 동작을 통해 CPU 오버 커밋이 가능해지는
것이다.

238

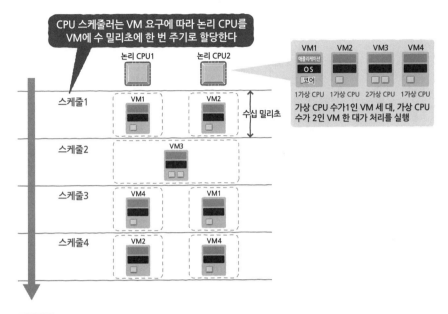

그림 6.6 VM 스케줄링(vSphere의 경우)

6.3.2 메모리 가상화 기술

계속해서 메모리가 가지고 있는 가상화 기술과 이를 이용해서 구현되는 하이퍼바이저 기능에 대해 알아보자.

■ VM에 메모리 할당

VM에 메모리를 할당하는 것은 하이퍼바이저에 따라 방식이 다르며, 크게 두 가지 방식으로 나눌 수 있다. VM이 소비하는 메모리양만 할당하는 방식과, VM에 모든 메모리를 할당하는 방식이다(그림 6.7).

전자는 VM에 할당한 메모리양과 실제로 하이퍼바이지기 할당한 메모리양이 달라서 메모리 효율화가 가능하다. 반면, 후자는 물리 OS가 할당한 메모리와 하이퍼바이저가 할당한 메모리양이 같으므로 메모리 효율성이 떨어질 수 있으나, 관리가 비교적 쉬운 것이 특징이다. 이런 차이로 인해 뒤에서 설명할 메모리 오버커밋 동작이 달라진다.

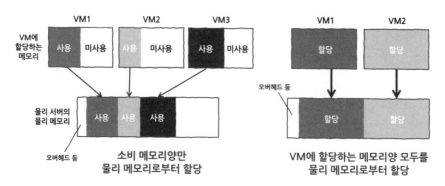

그림 6.7 VM 메모리 할당 방식

■ 가상 메모리 오버커밋

가상화 환경에서는 메모리 역시 서버의 물리 메모리양을 초과해서 할당할 수 있다(메모리 오버커밋). 이 아키텍처는 하이퍼바이저에 따라 다르지만 공통적으로 다음 기능들을 가졌다.

중복 배제

중복 배제는 동일 물리 서버에 동일 메모리 페이지가 존재하는 경우, 해당 페이지를 공유해서 메모리 사용량을 절약하는 구조다. 동일 서버상에 동일 OS가 여러 개 가동하고 있는 환경에서는 OS 커널 부분 메모리 페이지가 중복되기 때문에 특히 유용하다. 이 기능은 vSphere나 Xen Server에 구현돼 있다. vSphere에서는 'TPS(Transparent Page Sharing, 투과적 페이지 공유)'라 불리는 기능이다.

최근에는 메모리 1페이징당 크기(페이지 크기)가 큰 방식(라지 페이지)을 표준으로 탑재하는 OS가 늘고 있다. 라지(Large) 페이지를 사용할 수 없는 경우의 일반적인 페이지 크기는 4KB지만, 라지 페이지를 사용하는 경우에는 2MB와 같이 큰 값이 된다. 메모리 페이지가 중복될 가능성이 이전보다 낮아졌으므로 이 기능을 가지고 있지 않는 하이퍼바이저도 있다. vSphere도 라지 페이지가 유효한 환경인 경우, 동작하기 어렵게 되어 있다.

가상 데스크톱처럼 동일 OS를 탑재한 VM이 대량으로 동일 서버상에서 가동되는 경우, 일부러 페이지를 사용하지 않고 메모리 페이지를 공유하는 경우도 있다.

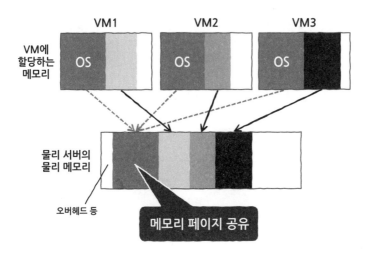

그림 6.8 메모리 중복 배제 기능

회수

회수(벌루닝, Ballooning)는 물리 서버상에서 추가로 VM에 메모리 할당 요구가 발생하면, 동일 서버상에서 가동하고 있는 다른 VM에서 메모리를 회수해서 요구한 VM에 할당하는 구조다. 여러 하이퍼바이저가 이 기능을 제공하고 있다.

단, 하이퍼바이저에 따라 사양은 가지각색이다. 메모리 회수 범위가 설정한 상한/하한 값 내에 있는 것이나, 그런 제약이 전혀 없는 것도 있다. 또한 메모리를 VM 간에 균일한 비율로 할당하거나, OS가 소비하고 있는 메모리양에 따라 동적으로 할당하는 것도 있다. 상세 내용은 사용하는 하이퍼바이저 사양을 확인하도록 하자.

VMware vSphere에서는 이 기능을 '벌루닝(Ballooning)'이라고 하며 다음과 같이 실행된다(그림 6.9).

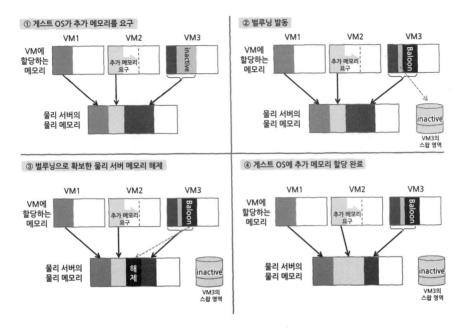

그림 6.9 회수(벌루닝) 동작(vSphere의 경우)

VM에 추가 메모리 요구가 발생하면 벌루닝이 동작한다. 물리 서버상에는 처리량이 적은 VM이 존재하며, 해당 VM에는 많은 비활성(Inactive) 메모리 영역이 생긴다(①). 이 경우, 벌룬 드라이버에 의해 해당 VM(그림 6.9에서는 VM3)의 비활성 메모리에서 메모리를 회수한다(②).

비활성 메모리 영역에서 회수되기 때문에 빈번한 페이징은 발생하지 않는다. 이 때문에 비활성 메모리를 회수하는 단계에서는 VM 성능에 많은 영향을 미치지 않는다. 하지만 벌루닝에 의해 많은 메모리가 회수되면, 활성 메모리까지 회수하려는 상태가 되어 페이징이 빈번히 발생할 수 있으니 주의하도록 하자.

벌루닝에 의해 회수된 메모리가 페이징 대상이 되지 않도록 고정하고, 물리 서버 측의 물리 메모리를 해제해서 빈 메모리 영역을 확보한다(③). 빈 영역을 추가 요청이 있는 VM(그림 6.9에서는 VM2)에 할당하고 회수 처리를 완료한다(④).

벌루닝을 실행하려면 게스트 OS에 벌룬 드라이버를 설치해야 한다. 벌룬 드라이버는 OS에 VMware Tools를 설치하면 사용할 수 있다.

스왑

스왑(Swap)은 물리 서버상에서 VM에 추가 메모리 할당 요청이 발생한 경우에 다른 VM에 있는 우선순위가 낮은 메모리 페이지를 디스크에 스왑아웃(Swap-out)한 후, 이때 비는 메모리를 할당하는 기능이다.

VM은 스왑아웃이 발생한 것을 인식하지 못하기 때문에, 해당 페이지의 메모리 접근 시마다 스왑인(Swap-in), 스왑아웃을 반복해서 성능에 큰 영향을 끼칠 수 있다.

vSphere에서는 이 기능을 'VMKernel 스왑'이라고 하며, 다음과 같이 실행된다 (그림 6.10).

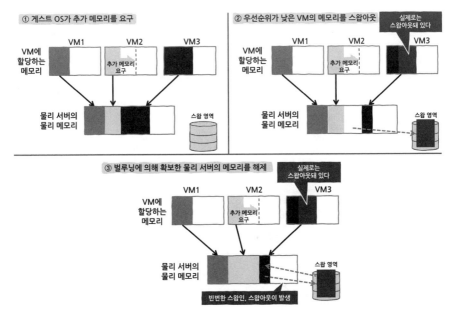

그림 6.10 스왑 동작(vSphere의 경우)

VM에서 추가 메모리 요구가 발생했지만, 회수나 다른 기능으로 메모리를 확보할 수 없는 상태인 경우 스왑이 발동한다(①). 우선순위가 낮은 VM(그림 6.10에서는 VM3)에 할당한 메모리 영역을 스왑아웃해서 빈 메모리 영역을 확보한다(②). 스왑에 의해 생긴 빈 영역을 추가 요구가 있었던 VM(그림 6.10에서는 VM2)에 할당하고 스왑 처리를 완료한다(③).

243

스왑 대상이 된 VM(그림 6.10에서는 VM3)은 필요한 메모리 영역 일부가 디스크 상에 존재하기 때문에 스왑인, 스왑아웃이 빈번하게 발생한다. 이 때문에 성능 악화가 발생할 가능성도 높다.

기타 메모리 효율화 기능

vSphere에서는 '메모리 압축'이라는 기능을 제공한다. 메모리 페이지 압축과 해제는 메모리상에서 실행되기 때문에 디스크에 상주하는 스왑보다 성능에 미치는 영향이 적다. 그러므로 스왑이 빈번히 발생하는 것을 방지하기 위해 이 메모리 압축 기능이 사용된다(그림 6.11).

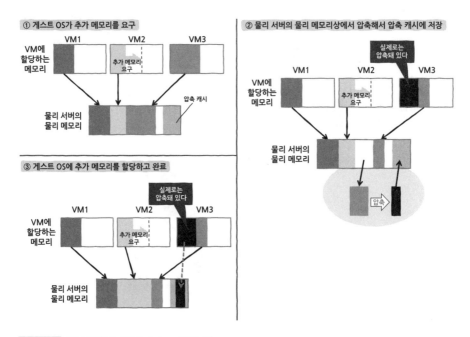

그림 6.11 메모리 압축 동작(vSphere의 경우)

VM에 추가 메모리 요구가 발생하고 회수로는 메모리를 확보할 수 없는 상태인 경우에 메모리 압축이 발동한다(①). 우선순위가 낮은 VM(그림 6.11에서는 VM2)에 할당된 메모리 영역을 압축해서 물리 서버의 물리 메모리상에 있는 압축 캐시 영역에 저장한다(②). 메모리 압축에 의해 비게 된 영역을 추가 요청한 VM(그림 6.11에서는 VM2)에 할당한 후 메모리 압축 처리를 완료한다(③).

압축된 메모리 영역에 접근하는 경우는 물리 서버의 물리 메모리상에서 압축을 푼다. 이 때문에 활성 메모리 영역이 압축 대상이 되면, 스왑만큼은 아니지만 성능 저하가 발생할 수 있다.

메모리 오버커밋을 실현하는 기능에 대해 설명했다. 정리하면 표 6.1과 같다.

표 6.1 메모리 오버커밋을 실현하는 기능(vSphere의 경우)

기능	발생 시점	개요	성능 영향	비고
투과적 페이지 공유	항시	VM 간에 중복되는 메모리 페이지를 공유하여 중복분을 삭제	없음	–
벌루닝	물리 서버의 빈 메모리가 기준 값을 하회할 때 (버전 4.1까지는 4~6%)	메모리를 비교적 여유가 있는 VM에서 회수하여 다른 VM에 할당	소	활성 메모리 영역보다 비활성 메모리를 우선적으로 회수하는 구조기 때문에 메모리 압축이나 스왑보다 처리 부하가 적다
메모리 압축	물리 서버의 빈 메모리가 기준 값을 하회할 때 (버전 4.1까지는 2~4%)	VM 메모리 영역을 압축해서 빈 영역을 확보하고, 이것을 다른 VM에 할당	중	활성 페이지가 대상이 되면 성능이 빠르게 저하된다. 단, 압축 캐시에서 해제하는 것은 스왑보다 처리 부하가 적다
스왑	물리 서버의 빈 메모리가 기준 값을 하회할 때 (버전 4.1까지는 2% 이하)	VM 메모리 영역을 스왑 전용 파일에 스왑아웃해서 빈 영역을 확보하고, 이것을 다른 VM에 할당	대	활성 페이지가 대상이 되면 성능이 빠르게 저하된다. 디스크 I/O가 발생하므로 처리 부하가 높다

참고로 이 기능들은 물리 서버의 메모리 허용량에 따라 동작하고, 메모리 잔량이 적을수록 회수→ 메모리 압축→스왑순으로 발동된다. vSphere 4.1까지는 표 6.1에 있는 것처럼 물리 서버의 빈 메모리 비율이 기준 값이었다. 하지만 최근에는 서버 탑

재 메모리 크기가 커져서 예를 들어 128GB의 6%만 설정해도 7.78GB가 되기 때문에 벌루닝 기준 값이 너무 커져 버린다. 이 때문에 vSphere 5.0에서는 '슬라이딩 스케일(sliding scale)'이라는 물리 서버 메모리 크기에 따라 적절한 기준 값을 계산하는 구조로 바뀌었다. 이것에 대한 상세한 내용은 VMware사(社)의 기술 문서[주2]를 참고하자.

6.4 │ 가상화 환경에서의 성능 개념과 분석 방법

서버 가상화 기술에 대해 이해했다면, 지금부터는 본격적으로 가상화 환경의 성능 개념과 주요 분석 방법 및 대응 방법에 대해 알아보도록 하자.

6.4.1 │ 성능 분석에 사용하는 툴

성능 분석을 하기 위해서는 분석을 위한 정보 수집 툴이 필요하다. 가상화 환경에서는 다음과 같은 툴을 사용한다. 기본적으로는 앞에서 다룬 분석 툴과 큰 차이는 없다.

● 실시간 성능 표시 툴

현 시점의 성능 상태를 일정 간격으로 반복 표시하는 툴이다. 실시간 정보를 표시하기 때문에 순간적인 성능 사태를 파악하는데 유리하다[주3]. 반대로 특정 시점의 정보만 표시하기 때문에 과거부터의 추세를 파악하기 어렵다는 것이 단점이다.

vSphere에서는 esxtop 명령이 이에 해당한다(그림 6.12).

주2 http://blogs.vmware.com/vsphere/2012/05/memminfreepct-sliding-scale-function.html
주3 2장에서 소개한 스냅샷 형식 정보다.

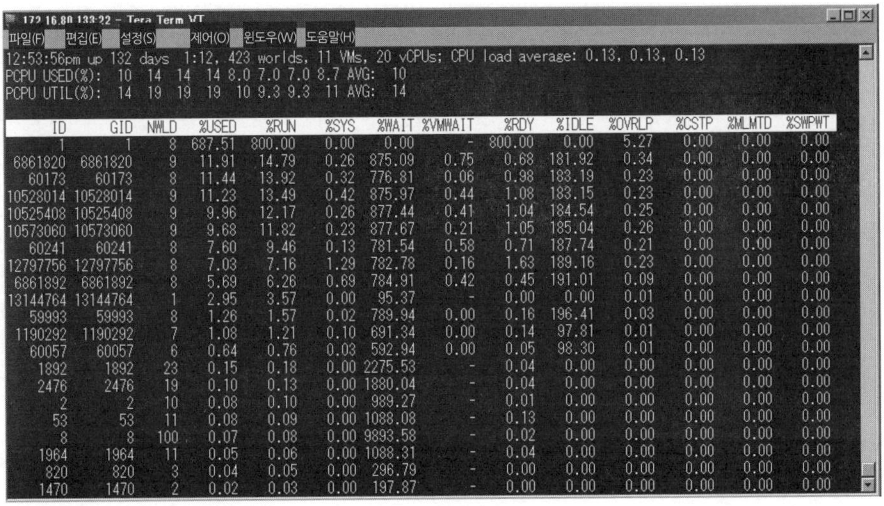

```
172.16.80.133:22 - Tera Term VT                                                    _ □ ×
파일(F)   편집(E)   설정(S)   제어(O)   윈도우(W)  도움말(H)
12:53:56pm up 132 days 1:12, 423 worlds, 11 VMs, 20 vCPUs; CPU load average: 0.13, 0.13, 0.13
PCPU USED(%):   10   14   14  14 8.0  7.0 8.7 AVG:  10
PCPU UTIL(%):   14   19   19  19  10 9.3 9.3  11 AVG:  14

      ID       GID  NWLD   %USED   %RUN  %SYS   %WAIT %VMWAIT   %RDY  %IDLE  %OVRLP  %CSTP  %MLMTD  %SWPWT
       1         1     8  687.51 800.00  0.00    0.00       - 800.00   0.00    5.27   0.00    0.00    0.00
 6861820   6861820     9   11.91  14.79  0.26  875.09    0.75   0.68 181.92    0.34   0.00    0.00    0.00
   60173     60173     8   11.44  13.92  0.32  776.81    0.06   0.98 183.19    0.23   0.00    0.00    0.00
10528014  10528014     9   11.23  13.49  0.42  875.97    0.44   1.08 183.15    0.23   0.00    0.00    0.00
10525408  10525408     9    9.96  12.17  0.26  877.44    0.41   1.04 184.54    0.25   0.00    0.00    0.00
10573060  10573060     9    9.68  11.82  0.23  877.67    0.21   1.05 185.04    0.26   0.00    0.00    0.00
   60241     60241     8    7.60   9.46  0.13  781.54    0.58   0.71 187.74    0.21   0.00    0.00    0.00
12797756  12797756     8    7.03   7.16  1.29  782.78    0.16   1.63 189.16    0.23   0.00    0.00    0.00
 6861892   6861892     8    5.69   6.26  0.69  784.91    0.42   0.45 191.01    0.09   0.00    0.00    0.00
13144764  13144764     1    2.95   3.57  0.00   95.37       -   0.00   0.00    0.01   0.00    0.00    0.00
   59993     59993     8    1.26   1.57  0.02  789.94    0.00   0.16 196.41    0.03   0.00    0.00    0.00
 1190292   1190292     7    1.08   1.21  0.10  691.34    0.00   0.14  97.81    0.01   0.00    0.00    0.00
   60057     60057     6    0.64   0.76  0.03  592.94    0.00   0.05  98.30    0.01   0.00    0.00    0.00
    1892      1892    23    0.15   0.18  0.00 2275.53       -   0.04   0.00    0.00   0.00    0.00    0.00
    2476      2476    10    0.10   0.13  0.00 1880.04       -   0.04   0.00    0.00   0.00    0.00    0.00
       2         2    10    0.08   0.10  0.00  989.27       -   0.01   0.00    0.00   0.00    0.00    0.00
      53        53    11    0.08   0.09  0.00 1088.08       -   0.13   0.00    0.00   0.00    0.00    0.00
       8         8   100    0.07   0.08  0.00 9893.58       -   0.02   0.00    0.00   0.00    0.00    0.00
    1964      1964    11    0.05   0.06  0.00 1088.31       -   0.04   0.00    0.00   0.00    0.00    0.00
     820       820     3    0.04   0.05  0.00  296.79       -   0.00   0.00    0.00   0.00    0.00    0.00
    1470      1470     2    0.02   0.03  0.00  197.87       -   0.00   0.00    0.00   0.00    0.00    0.00
```

그림 6.12 esxtop 명령 실행 화면

• 성능 차트

성능 추세를 그래프화하여 나타내는 툴이다. 그래프로 만들어주므로 과거부터의 추세를 시각적으로 파악하기 쉽다는 것이 장점이다. 단, 설정된 시간 간격으로 요약 정보[주4]를 취득하기 때문에 순간적인 값을 취득하기 어려우니 주의하자.

vSphere에서는 vSphere 성능 차트가 이에 해당한다(그림 6.13).

주4 2장에서 소개한 요약 형식 정보다.

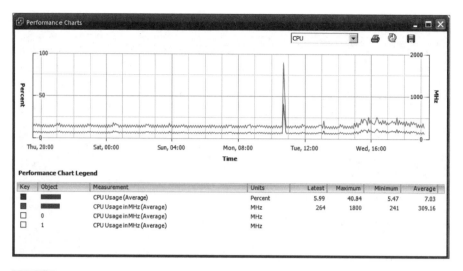

Performance Charts — CPU

Key	Object	Measurement	Units	Latest	Maximum	Minimum	Average
■	▬▬▬▬	CPU Usage (Average)	Percent	5.99	40.84	5.47	7.03
■	▬▬▬▬	CPU Usage in MHz (Average)	MHz	264	1800	241	309.16
☐	0	CPU Usage in MHz (Average)	MHz				
☐	1	CPU Usage in MHz (Average)	MHz				

그림 6.13 vSphere 성능 차트

6.4.2 CPU 성능 관리

먼저 CPU 성능에 대해 설명하겠다.

■ CPU 성능에 영향을 끼치는 요소

물리 환경과 비교해서 가상화 환경의 CPU 성능에 영향을 끼치는 요소들에 대해 생각해 보자. 앞에서 설명한 것과 같이, 가상화 환경에서는 게스트 OS가 특권 명령이라는 명령을 변환한다. 이 때문에 물리 환경에 비해 추가 시간이 필요하다.

또한 당연한 얘기지만 논리 CPU를 VM에 할당하는 스케줄링 처리는 물리 환경에는 없는 것으로, 이것도 물리 환경에 비해 추가 시간이 요구된다. CPU 할당 경합이 발생한 경우는 대기 시간이 성능에 영향을 미친다. 이 두 가지 처리를 얼마나 단축하는지가 가상화 환경의 CPU 성능에 중요 포인트가 된다.

첫 번째의 '명령 변환'에 대해서는 준가상화를 채용함으로써 변환에 의한 오버헤드를 제거할 수 있다. 하지만 준가상화 대응 OS가 제한돼 있으므로 가상화 지원 기능을 탑재한 CPU를 사용하여 오버헤드를 줄이는 것도 방법이 될 수 있다.

두 번째인 'CPU 스케줄링'에 대해서는 오버커밋 자체를 발생시키지 않으면 성능에 영향을 거의 미치지 않는다. 하지만 오버커밋으로 통합률을 향상시켜 비용을 절감하는 것이 가상화의 이점이기도 하다. 절대로 오버커밋을 적용하지 않는다는 것은 애써 사용한 가상화 기능을 제대로 활용하지 못하는 격이 된다. 그러므로 오버커밋을 하면서 적절한 감시를 통해 CPU 경합을 예방하는 것이 중요한 운용 포인트다.

■ CPU 성능 분석과 대응 방법

지금까지 설명한 것처럼 CPU 성능에 영향을 주는 가상화 환경 요소로, 명령 변환 처리와 VM에 논리 CPU를 할당하는 처리가 있다. 즉, 가상화 환경 특유의 CPU 성능 문제는 이 두 가지 상태를 확인하면 해결할 수 있다.

그러면 이런 문제를 포함해서 성능 문제를 어떻게 분석해야 할지 살펴보도록 하자. 특정 VM에 성능 문제가 발생한 경우, 해당 VM이 가동되고 있는 물리 서버와 VM이라는 두 가지 관점에서 분석 및 대응하도록 한다.

물리 서버 관점의 분석과 대응

먼저 물리 서버의 CPU 사용률이 높은지를 확인한다. 높지 않으면 개별 VM을 확인한다.

CPU 성능 문제에서 물리 서버를 대상으로 확인해야 할 것은 CPU 경합, 즉 논리 CPU가 경합하고 있지 않은지 확인해야 한다. 또한, 이 경합 상태는 두 가지 관점으로 볼 수 있다. 한 가지는 'CPU 할당 대기', 다른 한 가지는 '복수 CPU의 동기 처리 대기'다.

'CPU 할당 대기'는 VM의 가상 CPU가 논리 CPU에 할당을 요구하지만, 실제로는 다른 VM이 사용 중이기 때문에 할당하지 않고 대기하는 상태다(그림 6.14).

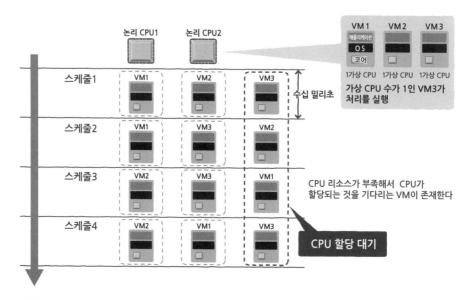

그림 6.14 가상 CPU 할당 대기

그림 6.14는 스케줄1 단계에서 VM3가 CPU 할당을 요구하고 있지만, VM1과 VM2가 사용 중이기 때문에 할당을 기다리고 있다. 'CPU 할당 대기'란, 이런 대기 상태를 말한다. vSphere에서는 '준비 완료(Ready)'라고 한다.

스케줄링 단위인 수십 밀리초 경과 후, CPU가 VM3에 할당되면 대기 상태가 해제된다. 그림 6.14에서는 스케줄2가 되면 VM2가 CPU 할당을 위해 대기 상태가 된다.

한편 '복수의 CPU 동기 처리 대기'란, 복수의 가상 CPU가 할당된 VM이 동기 처리를 위해 논리 CPU 할당을 요구하지만, 일부 논리 CPU를 다른 VM이 사용 중이기 때문에 기다리는 상태다(그림 6.15).

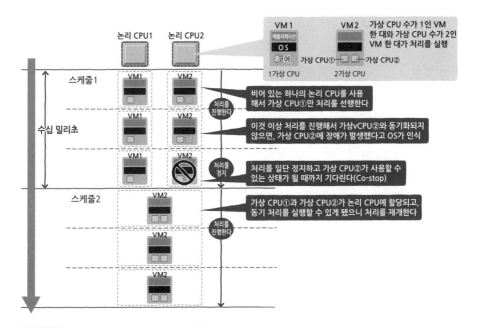

논리 CPU1　논리 CPU2

VM 1　　VM2　가상 CPU 수가 1인 VM
한 대와 가상 CPU 수가 2인
OS　　　　VM 한 대가 처리를 실행
코어　가상 CPU①　　가상 CPU②
1가상 CPU　　2가상 CPU

스케줄1

비어 있는 하나의 논리 CPU를 사용
해서 가상 CPU①만 처리를 선행한다

처리를
진행한다

수십 밀리초

이것 이상 처리를 진행해서 가상vCPU②와 동기화되지
않으면, 가상 CPU②에 장애가 발생했다고 OS가 인식

처리를
정지

처리를 일단 정지하고 가상 CPU②가 사용할 수
있는 상태가 될 때까지 기다린다(Co-stop)

스케줄2

가상 CPU①과 가상 CPU②가 논리 CPU에 할당되고,
동기 처리를 실행할 수 있게 됐으니 처리를 재개한다

처리를
진행한다

그림 6.15 복수의 가상 CPU 동기 처리 대기

그림 6.15에서는 논리 CPU1을 VM1에서 사용을 끝냈기 때문에, 논리 CPU2를 사용해서 VM2에 할당된 두 개의 CPU 중 하나만(가상 CPU①) 처리를 진행한다. 다른 CPU를 사용할 수 없는 상태가 계속되면, OS는 CPU에 장애가 발생했다고 인식한다. 이 이상 처리를 진행하면 OS가 CPU 장애라고 인식한 곳까지 진행해서 일단 가상 CPU①을 정지한 후, 가상 CPU②가 논리 CPU를 사용할 수 있게 될 때까지 기다린다. '복수의 CPU 동기 처리 대기'란 이 상태를 말한다. vSphere에서는 '상호 정지(Co-stop)'라고도 부른다.

가상 CPU①과 가상 CPU② 양쪽에 논리 CPU가 할당되고, 동기 처리를 실행할 수 있게 되면 처리를 재개한다.

대기 시간이 긴 경우에는 VM에 싱능 문제가 발생했을 가능성이 크다. 판단 기준은 대상 물리 서버에서 단위 시간당 대기 시간이 10~20% 정도인 경우다. 단위 시간이라는 것은 데이터를 툴로 갱신하는 간격으로, vSphere 성능 차트에서는 20초(실시간), esxtop에서는 6초(초깃값)다. 즉, vSphere 성능 차트에서 2,000~4,000밀리

251

초, esxtop에서 600~1,200밀리초의 대기 상태가 보이면 주의가 필요하다.

단, 애플리케이션 특성에 따라 대기 시간 영향이 다르므로 대기 시간이 10%라고 해서 반드시 성능 문제가 발생했다고 단정지을 수는 없다. 이런 이유로 정상 때의 추세를 파악해 두는 것이 중요하다. vSphere에서는 이 상태를 vCenter 서버의 성능 차트나, 표 6.2에 있는 esxtop 명령 지표로 확인할 수 있다.

표 6.2 CPU 성능 지표

대상	지표	내부명	esxtop	단위	비고
물리 서버 (호스트)/ VM(가상 머신)	CPU 사용률	cpu.usage.average	%USED	%	CPU 사용률 평균
	준비 완료	cpu.ready. summation	%RDY	밀리초 (ms)	CPU 할당 대기 시간
	상호 정지	cpu.costop. summation	%CSTP	밀리초 (ms)	복수 CPU를 할당한 VM에 별도 코어 할당 대기 시간 (Co-stop)
	최대 한도	cpu.maxlimited. summation	%MLTD	밀리초 (ms)	CPU 제한에 의한 대기 시간

이런 CPU 경합 상태가 보일 경우의 해결책은 경합 상태가 발생하지 않도록 VM 배치를 변경하는 것이다. 신규 물리 서버를 추가하든가 경합이 발생하기 어려운 별도 물리 서버에 VM을 이동하든가 해서 이 문제를 해결할 수 있다.

또한, vSphere에는 DRS(Distributed Resources Scheduler)라는 클러스터 내 물리 서버 간에 VM을 동적으로 이동시켜 부하분산해 주는 기능이 있다. 이 기능을 사용하면 클러스터 내 물리 서버 부하를 평준화할 수 있으며, 경합을 피하거나 줄이는 것도 가능하다.

'복수의 가상 CPU 동기 처리 대기'가 발생하고 있는 경우는 VM에 할당하는 가상 CPU 수를 줄여 CPU 동기 시간을 줄이면, 문제를 해결해 낼 수 있는 경우가 존재한다. VM에 해당 가상 CPU가 정말로 필요한지 재검토해 보자.

VM 관점 분석

물리 서버 CPU 사용률이 높지 않다면, VM 자체에 성능 문제가 존재할 가능성이 있다. VM 자체에 문제가 있다면 두 가지 원인을 생각해 볼 수 있는데, 바로 '가상화 오버헤드'와 'VM 내부 문제'다.

가상화 오버헤드란, CPU 특권 명령 변환(바이너리 해석) 때문에 물리 환경에 비해 성능이 악화되는 것을 말한다. 이것은 앞서 설명한 것처럼 하드웨어 지원 기능을 이용해서 오버헤드를 줄일 수 있는데, 물리 환경에 비해 system[주5]의 CPU 사용률이 높은 경우는 이 명령 변환 처리가 원인이 되어 성능 저하가 발생할 수 있다. 이런 상태를 보면 하드웨어 지원 기능이 BIOS나 하이퍼바이저에서 꺼져 있지 않은지 확인하자. 드문 경우이긴 하나, 하드웨어 지원 기능이 켜져 있어도 물리 환경에 비해 성능이 좋지 않은 경우는 물리 환경으로 옮기는 것을 검토할 수밖에 없다.

또한 VM 내부 문제란 물리 환경에서도 발생할 수 있는 성능 문제를 가리키는데, CPU 리소스 부족이나 애플리케이션 설계 및 설정 부족에 의해 충분한 성능이 나오지 않는 상태를 말한다. 이때는 물리 환경과 동등한 사양의 리소스 증설이나 애플리케이션 튜닝을 검토해 보자.

참고로 특정 VM에만 'CPU 할당 대기' 상태가 발생한다면, VM 설정에서 CPU를 제한하고 있을 가능성이 높다. 이때는 제한을 해제해서 할당된 CPU 모두를 사용할 수 있도록 해주어야 한다.

주5 2장의 'vmstat' 도 참고하자.

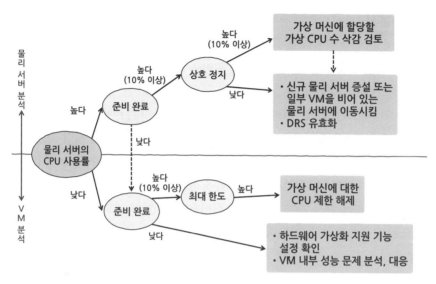

그림 6.16 CPU 성능 문제 파악과 대응 순서(예)

6.4.3 메모리 성능 관리

다음은 메모리에 관련 성능에 대해 알아보겠다.

■ 메모리 성능에 영향을 주는 요소

물리 환경과 비교해서 가상화 환경의 메모리 성능에 영향을 주는 요소를 생각해 보자. 이것도 CPU와 마찬가지로 가상화에 의한 오버헤드와 오버커밋에 의한 리소스 경합이라고 할 수 있다.

메모리 가상화 오버헤드로는 메모리 주소 변환 처리가 있다. 앞서 설명한 것처럼 하드웨어 지원 기능에 의해 이 주소 변환 처리도 오버헤드가 줄어들었다. 따라서 가상화 시에 하드웨어적으로 메모리 주소 변환 처리를 지원하는 CPU를 사용하는 것이 도움이 된다.

또한, 오버커밋을 과하게 하면 스왑 등의 기능들이 빈번히 동작하여 성능을 악화시킨다. 그러므로 감시를 통해 적절한 오버커밋을 실시하는 것이 리소스 효율화와 성능 향상을 양립시키는 방법이다.

■ 메모리 성능 분석과 대응 방법

앞에서 설명했듯이, 가상화 환경 특유의 메모리 성능 문제는 가상화 오버헤드와 메모리 오버커밋이다. 가상화 환경에서 메모리 오버헤드를 구체적으로 확인하기란 쉽지 않으며, 물리 환경의 성능과 비교해야 한다. 단, 하드웨어 지원 기능을 사용하면 이 오버헤드가 경감되기에 이로 의한 성능 저하는 그리 크지 않다고 할 수 있다. 따라서 대부분의 경우는 오버커밋이 주요 문제다.

그러면 오버커밋에 의한 문제인지 다른 것이 원인인지를 분석하는 방법을 알아보자. VM에 성능 문제가 발생한 경우, 그 VM이 가동되고 있는 물리 서버와 VM, 두 가지 관점에서 분석과 대응을 실시한다.

물리 서버 관점의 분석과 대응

먼저 물리 서버 메모리 사용률이 높은지 확인한다. 높지 않다면 개별 VM을 확인해 보자. 물리 서버의 메모리 사용률이 높은 경우, 메모리 오버커밋 발생 상태를 확인해야 한다. 오버커밋이 과도하면 그것이 성능 악화의 원인이라고 할 수 있다.

vSphere 경우는 vCenter 성능 차트나 esxtop 명령을 사용해서 오버커밋 발생 상태를 확인한다. 주요 메모리 성능 지표는 표 6.3과 같다.

표 6.3 메모리 성능 지표

대상	지표	내부명	esxtop	단위	비고
물리 서버 (호스트) /VM (가상 머신)	메모리 사용률	mem.usage.average	–	%	메모리 사용률 평균 VM: 유효 메모리÷구성 메모리 물리 서버: 소비 메모리÷머신 메모리
	벌룬	mem.vmmemctl. average	MCTLSZ	kb	벌룬으로 회수한 메모리양의 단위 시간당 평균
	압축 완료	mem.compressed. average	ZIP/s	kb	압축된 메모리양의 단위 시간당 평균
	스왑아웃 속도	mem.swapOutRate. average	SWW/s	KBps	스왑아웃된 메모리양의 단위 시간당 평균

스왑 등 성능에 큰 영향을 미치는 기능이 동작하고 있는 상태라면, 물리 서버에 VM을 너무 많이 설치한 것이다. 물리 서버 추가나, 메모리 사용률에 여유가 있는 다른 물리 서버 및 클러스터에 일부 VM을 이동시키는 것을 검토해 보자. CPU와 마찬가지로 DRS를 적용해서 클러스터 내의 물리 서버 부하를 평준화하는 것도 한 방법이다.

VM 관점의 분석과 대응

물리 서버의 메모리 사용률이 낮고 메모리 오버커밋이 발생하고 있지 않다면, VM 자체에 문제가 있다고 생각할 수 있다. VM 자체에 문제가 있는 경우는 CPU와 마찬가지로 두 가지 원인을 생각해 볼 수 있는데, 바로 '가상화 오버헤드'와 'VM 내부 문제'다.

가상화 오버헤드란, 앞에서 설명한 것처럼 메모리 주소 변환으로 인하여 물리 환경에 비해 성능이 저하되는 현상이다. 이것은 하드웨어 지원 기능에 의해 경감된다. 성능이 좋지 않을 경우는 만일을 위해 BIOS나 하이퍼바이저 등에서 하드웨어 지원 기능이 꺼져 있지 않은지 확인하자.

VM 내부 문제는 CPU와 마찬가지로 물리 환경에서도 발생하는 성능 문제로, 메모리 리소스 부족이나 애플리케이션 설계 및 설정 부족으로 충분한 성능이 나오지 않는 상태다. 이때는 물리 환경과 동등한 사양으로 리소스를 추가하거나, 애플리케이션 튜닝을 검토해야 한다.

또한 특정 VM에서만 오버커밋이 동작하고 있는 경우, VM 설정에서 메모리 제한이 설정됐을 수도 있다. 이때는 할당한 메모리 전체를 사용하도록 제한을 해제해 주어야 한다.

그 외 주의점은 VMware Tools 가동 상태다. VM에 VMware Tools를 설치했는데도 정상적으로 동작하지 않는다면, 벌루닝이 동작하는 대신 메모리 압축이나 스왑이 동작해 버린다. 그리고 성능 저하가 발생한 VM의 VMware Tools가 동작하지 않을 경우, 이를 다시 가동하도록 해주면 성능 저하를 줄일 수 있다.

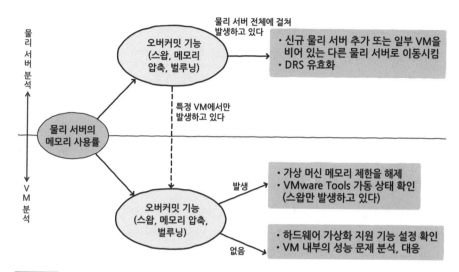

그림 6.17 메모리 성능 문제 파악과 대응 순서(예)

6.4.4 저장소 성능 관리

다음으로 저장소 관련 성능에 대해 살펴보자.

■ 저장소 성능에 영향을 미치는 요소

가상화 환경에서 성능 관점으로 저장소를 설계할 때는 다음 사항을 고려해야 한다. 이 설계 요소가 성능에 영향을 미친다.

- 토폴로지
- 저장소 구성
- 멀티 패스 정책
- SCSI 어댑터
- 큐와 RUN 큐 크기
- 프로비저닝(Provisioning) 방식
- VMFS/RDM
- I/O 처리의 저장소 오프로드 기능 활용(vSphere의 VAAI 등)
- 1데이터 스토어당 VM 수

257

■ 저장소 성능 분석과 대응 방법

저장소 성능 상태는 응답 시간, 처리량, 실행 명령 수(IOPS) 등으로 확인할 수 있다. 단, 처리량이나 실행 명령 수에 대해서는 정상과 이상을 판단할 수 있는 명확한 기준이 없으며, 환경에 따라 정상치와 이상치가 달라진다. 과거에 비해 처리량 및 I/O 수가 높은 경향이 보이면, 저장소에 의한 성능 저하 가능성을 생각할 수 있다. 이런 이유로 저장소 성능 저하는 응답 시간을 통해 판단하는 것이 일반적이다.

응답 시간 관점의 분석

응답 시간은 I/O 연장 시간을 감시해서 확인한다. 어디서 연장이 발생하고 있는지에 따라 대응책이 달라지므로 연장 발생 위치를 정확히 찾아내는 것이 중요하다.

그림 6.18은 VM으로부터 저장소까지의 구성 요소와 그 사이에서 발생하는 응답 연장을 표시한 것이다.

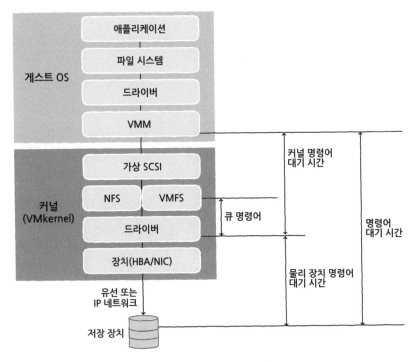

그림 6.18 디스크 I/O 연장 발생 장소

성능 악화가 발생하고 그것이 저장소 문제인지 판단하려면, 먼저 저장소 전체 지연 상태(명령 대기 시간, 이하 GAVG)를 확인해야 한다. FC-SAN 구성의 데이터 저장소라면, 1초당 20밀리초, iSCSI나 NFS라면 50밀리초 정도를 기준으로 지연 여부를 판단한다. 이 값은 디스크 장치 자체의 사양이나 가상화 머신의 I/O 크기에 의존하므로 어디까지나 참고 수치로서만 알아 두자. 정확한 값은 성능 테스트를 실시하거나 저장소 제조사에게 묻는 등, 운용 상황을 확인해서 값의 정확도를 점진적으로 높여야 한다.

GAVG 확인에 의해 I/O 지연이 큰 것을 확인했다면, 해당 지연 발생 위치를 찾아야 한다. 여기서 확인하는 것이 장치 측 I/O 지연(물리 장치 명령어 대기 시간, 이하 DAVG)과 하이퍼바이저의 커널 측 I/O 지연(커널 명령어 대기 시간, 이하 KAVG)이다.

DAVG가 20~50밀리초를 넘은 경우는 저장 장치 측에 어떤 문제가 발생하고 있다는 의미다. 먼저 저장소가 정상 상태인지 확인한다. 저장 장치가 과부하 상태라면 원인이 어디에 있는지(저장소 프로세서, 스핀, HBA 등)를 확인하자. 이때 명령어 타임아웃 상태(중지된 명령어)나 SCSI 예약의 경합 상태도 확인해 두도록 한다.

DAVG가 높고 KAVG도 높다면, 저장소 측 과부하로 인해 커널 측에도 영향이 미칠 가능성이 있다. 먼저 저장소 측에 대응(뒤에서 설명)한 후, KAVG 값이 어떻게 변하는지 확인하자.

DAVG가 그다지 높지 않고 KAVG가 2밀리초를 넘는 경우에는 커널 측 문제일 가능성이 있다. 이 경향이 보이면 큐 지연(큐 명령어 대기 시간, 이하 QAVG)을 확인하자. 이 값은 보통 0에 가깝지만, 지연이 1밀리초 이상 발생하고 있으면 커널 큐가 넘치고 있을 가능성이 높다.

DRS, 아직도 사용하고 있지 않은가?

앞에서 설명한 것처럼 vSphere에는 'DRS'라는 기능이 있다. 클러스터 내에 있는 물리 서버가 다른 물리 서버에 비해 부하가 높은 경우, 해당 물리 서버상에서 동작하는 VM 일부를 다른 물리 서버에 이동(vMotion)시켜서, 물리 서버 부하를 평준화시키는 기능이다. 이 기능을 이용하면 CPU나 메모리 경합을 방지할 수 있기 때문에 더 많은 VM을 클러스터 내에서 운용해서 리소스 효율을 향상시킬 수 있다.

해외에서는 HA 다음으로 사용률이 높은 기능이지만, 국내에서는 아직 보편화되지 않은 상태다. 그 이유 중 하나가, 어떤 물리 서버에서 어떤 VM이 가동되고 있는지 몰라서 장애 시 영향 범위 파악이 어렵다는 점이다. 사실은 vCenter Server의 경고 기능에는 HA에 의한 VM 재가동을 통지하거나 PowerCLI 등의 스크립트로 VM 상주 위치를 정기적으로 로그로 출력하는 기능이 있어서, 장애 시에 영향을 받은 VM을 파악할 수 있다. 두려워하지 말고 DRS를 사용해 보자.

지금까지 설명한 저장소 성능에 관한 지표는 표 6.4로 확인할 수 있다.

표 6.4 저장소 성능 지표

대상	지표	내부명	esxtop	단위	비고
물리 서버 (호스트)	명령어 대기 시간	disk. totalLatency. average	GAVG/ cmd	밀리초 (ms)	I/O가 게스트 OS에서 실행되어 돌아오기까지 총 지연 시간의 평균
	물리 장치 명령어 대기	disk. deviceLatency. average	DAVG/ cmd	밀리초 (ms)	디스크 I/O의 디바이스 총 지연 시간의 평균
	커널 명령어 대기	disk. kernelLatency. average	KAVG/ cmd	밀리초 (ms)	디스크 I/O의 VMkernel 총 지연 시간의 평균
	큐 명령어 대기	disk. queueLatency. average	QAVG/ cmd	밀리초 (ms)	디스크 I/O의 큐 총 지연 시간의 평균
	중지된 명령어	disk.com mandsAborted. summation	ABRTS/s	수량	단위 시간당 타임아웃한 I/O 수

표 6.4 저장소 성능 지표(계속)

대상	지표	내부명	esxtop	단위	비고
물리 서버 (호스트)	–	–	CONS/s	수량	1초당 SCSI 예약 경합 수
	읽기 요구	disk. numberread. summation	READS/s	수량	단위 시간당 발행된 Read I/O(디스크 합계치)
	쓰기 요구	disk. numerwrite. summation	WRITES/s	수량	단위 시간당 발행된 Write I/O(디스크 합계치)
	읽기 속도	disk.read. average	MBREADS/s	KBps	단위 시간당 디스크 읽기 처리량 평균 (디스크 합계치)
	쓰기 속도	disk.write. average	MBWRTN/s	KBps	단위 시간당 디스크 쓰기 처리량 평균(디스크 합계치)
가상 머신	읽기 대기 시간	virtualdisk. totalReadLa tency.average	LAT/rd	밀리초 (ms)	가상 디스크의 읽기 연장 평균
	쓰기 대기 시간	virtual.total WriteLatency. average	LAT/wr	밀리초 (ms)	가상 디스크의 읽기 연장 평균

저장소 성능 문제 대응책

DAVG가 높은 경우, 저장소 성능 문제를 해결하기 위해서 다음 네 가지를 검토해야 한다.

① 애플리케이션 수정
② VM 배치 수정
③ 설계 수정
④ 저장 장치 증설 및 변경

저장 장치를 증설하면 성능 문제를 해결할 수 있는 가능성이 높아진다. 단, 비용이 들기 때문에 기존 구성으로 해결할 수 있는지를 먼저 검토해야 한다.

첫 번째 대응책은 애플리케이션 측에서 I/O 발생을 튜닝할 수 있는지 검토하는 것이다. 데이터베이스처럼 캐시를 크게 잡아 I/O를 줄일 수 있는 경우가 이에 해당한다.

다음은 데이터 스토어를 위한 VM 배치 검토다. 과부하가 발생하거나, 피크 시에 무거워지는 VM을 다른 곳에 배치해서 I/O 경합을 줄이는 것이다. 현장에 따라서는 StorageDRS처럼 VM을 배치하는 데이터 스토어를 부하에 따라 동적으로 이동하는 기능이나, Storage IO Control처럼 동일 데이터 스토어상의 VM I/O를 사전에 정해 둔 비율로 분산하는 기능을 채용한다. 또한 SCSI 예약 경합이 발생하면, 데이터 스토어 하나당 VM 수를 줄이는 방향으로 검토해야 한다.

다음은 설계 수정 검토다. 앞서 설명한 '저장소 성능에 영향을 끼치는 요소' 중 설계 요소를 수정해서 성능 개선이 가능한지를 확인한다. 예를 들어, 얇은 프로비저닝(Thin provisioning)을 사용한 VM을 두꺼운 프로비저닝(Eager-zeroed Thick provisioning) 방식으로 변경해서 연장 시간을 줄일 수 있는지 확인한다.

마지막으로 저장 장치 증설이나 변경 검토다. 이것은 가장 비용이 많이 드는 방법이지만, 성능 병목 현상을 해결하기 위한 좋은 방안이 될 수 있으니 여유가 있다면 반드시 검토해 보도록 하자.

만약 SCSI 예약 경합이 발생하고 있다면, I/O 처리의 저장소 오프로드 기능인 VAAI를 지원하는 저장소 도입을 검토하자. 참고로 SCSI 명령의 타임아웃이 발생하고 있을 경우, 저장 장치나 주변 기기에 장애가 발생할 가능성이 높다. 제조사에 문의해서 필요에 따라 장비나 부품을 교체해야 한다.

계속해서 DAVG가 낮고 KAVG가 높은 경우의 대응책에 대해 살펴보자. 이런 상황에서 QAVG도 높다면, 큐 심도가 낮게 잡혀 있을 가능성이 있으므로 심도가 적절한지 확인한다. 보통은 저장소 제조사가 변경을 권하지 않는 이상 초깃값을 변경하지는 않으므로 현재 설정 값이 제조사 추천 값과 차이가 없는지 확인해야 한다.

QAVG 값이 문제없고 KAVG가 높은 경우는 Storage IO Control 기능에 의해 커널이 의도적으로 연장 시간을 발생시키고 있을 가능성이 높다. 이때는 Storage IO Control 설정이 타당한지를 확인한다. 또한, 물리 서버 CPU 부하가 높고 IO가 불안정할 가능성도 있다. 물리 서버의 CPU 사용률을 확인해서 물리 서버상에서 가동되는 VM을 다른 곳으로 이동하는 등 부하 경감 대책을 검토하자.

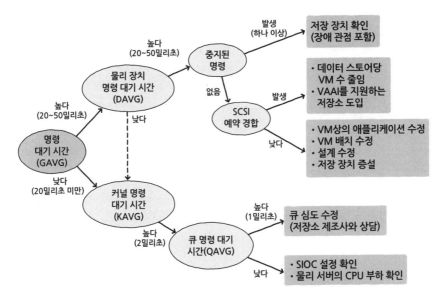

그림 6.19 저장소 성능 문제 파악과 대응 순서(예)

6.4.5 네트워크 성능 관리

가상화 환경 성능 관련 마지막 요소로 네트워크 성능에 대해 설명하겠다.

■ 네트워크 성능에 영향을 끼치는 요소

가상화 환경의 성능 관점 주요 네트워크 설계 요소로는 부하분산 구성의 티밍 정책(Teaming policy)과 가상 NIC 어댑터 선정을 들 수 있다.

• 티밍 정책

티밍 정책에 대한 상세 내용은 VMware 공식 매뉴얼을 참고하자[주6].

주6 http://pubs.vmware.com/vsphere-51/index.jsp?topic=%2Fcom.vmware.vsphere.networking.
doc%2FGUID-BB8EC262-5F85-4F42-AFC5-5FED456E2C11.html

• 가상 NIC 어댑터 선택

가상 NIC 어댑터에는 여러 가지 선택안이 있는데, 게스트 OS 종류에 따라 기본 설정 값이 다르다. 그중에서도 가상화 환경에 적합한 것은 VMXNET3다.

■ 네트워크 성능 분석 및 대응 방법

저자의 경험상 네트워크 성능 문제는 CPU나 메모리, 저장소에 비해 그리 많이 발생하지는 않는다. 하지만 만일의 경우를 대비해서 분석 및 대응 방법에 대해 이해해 두도록 하자.

우선, 네트워크 성능에 관한 지표를 표 6.5에 정리해 보았다.

표 6.5 네트워크 성능 지표

대상	지표	내부명	esxtop	단위	비고
물리 서버 (호스트)	송신 패킷	net.packetsTx. summation	PKTTX/s	수량	단위 시간당 송신된 패킷 수
	수신 패킷	net.packetsRx. summation	PKTTX/s	수량	단위 시간당 수신된 패킷 수
	드롭 송신 패킷	net.droppedTx. summation	%DRPTX	수량	단위 시간당 송신 패킷 드롭 수
	드롭 수신 패킷	net.droppedRx. summation	%DRPRX	수량	단위 시간당 수신 패킷 드롭 수
	데이터 송신 비율	net.transmitted. average	MbTX/s	KBps	단위 시간당 초단위 평균 송신 처리량
	데이터 수신 비율	net.received. average	MbRX/s	KBps	단위 시간당 초단위 평균 수신 처리량

네트워크 성능 상태는 처리량이나 패킷 수로도 확인할 수 있지만, 저장소와 마찬가지로 평소 상태와 비교해야 하므로 평상시 상태를 잘 파악해 두는 것이 좋다. 때문에 네트워크 혼잡 상태를 단적으로 파악하려면 패킷 손상 상태를 확인하면 된다.

패킷을 송신할 때, 물리 NIC 대역이 부족하거나 네트워크 혼잡 상태로 충분한 대역이 없는 경우는 가상 스위치나 가상 NIC에 큐가 쌓인다. 이런 상태가 계속되어 큐가 넘쳐 버리면 패킷이 손상된다. 만약 송신 패킷 손실이 확인됐다면, 물리 NIC 나 네트워크의 어느 부분에서 병목 현상이 발생하고 있는지 찾아야 한다. 또한, 물리 NIC의 전송 모드가 해당 장비에서 지원할 수 있는 최대 속도를 이용하고 있는지도 확인하자. 느린 속도 모드로 동작하고 있다면 서버나 스위치 설정을 수정해서 문제를 해결한다.

물리 NIC나 네트워크 대역이 원인이라면 이들을 증설하는 것을 고려해 보자. 그리고 패킷 손실 원인이 물리 NIC에 있다면, 속도가 빠른 물리 NIC로 교체하거나 추가해서 티밍 또는 부하분산한다. 또한, 네트워크 대역이 원인이라면 네트워크나 스위치 등의 네트워크 장비 증설을 검토하도록 하자.

패킷을 송수신할 때, 수신 측 VM이 과부하로 수신 가능한 상태가 아니라면 가상 NIC나 가상 스위치에 큐가 쌓인다. 이런 상태가 계속돼서 큐가 넘치면 패킷이 드롭 될 수 있다.

이렇게 패킷이 손실되는 경우, 패킷이 수신되지 않은 원인을 해결해야 한다. 패킷 수신은 CPU 부하를 동반하기 때문에 패킷 수신 시 CPU 사용률이 높은지 확인해서 가상 CPU를 추가하거나 비교적 CPU 부하가 낮은 준가상화 드라이버 VMXNET3 로 변경한다.

*   *   *

지금까지 가상화 환경의 성능에 대해 vSphere를 예로 들어 설명했다. 가상화 환경의 성능은 리소스 효율과 반비례하므로 항상 균형을 잡아야 한다. 참고로 지면상 모든 내용을 다루진 못했으나 vSphere에는 성능 향상을 고려한 기능과 노하우가 풍부하게 반영돼 있다. 자세한 내용은 VMware사가 공개한 vSphere 성능 백서[7]를 참고하도록 하자.

주7 'Performance Best Practices for VMware vSphere 5.5'(영문), http://www.vmware.com/pdf/Perf_ Best_Practices_vSphere5.5.pdf

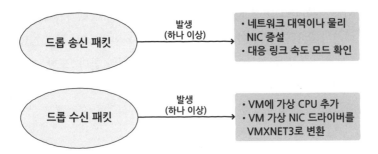

그림 6.20 네트워크 성능 문제 파악과 대응 순서(예)

Column

대기 시간 감도(Latency-Sensitivity) 기능

가상화 기술이 사용되기 시작한 초기에는 비교적 소규모인 시스템이 가상화의 대상이었다. 가상화가 당연시되는 요즘에는 기반 시스템 등의 대규모 시스템도 가상화 대상이 되고 있다.

vSphere에서는 대규모 시스템의 높은 성능 요건을 충족시키기 위한 기능으로 '대기 시간 감도'(vSphere 5.5 이후)라는 기능을 제공하고 있다.

① 특정 VM에 특정 물리 CPU를 독점적으로 할당

VM에 전용 물리 CPU를 할당한다[주8].

전용 물리 CPU를 할당함으로써 CPU 스케줄링 처리에 의해 발생하는 오버헤드가 없어지고 CPU를 완전히 독점할 수 있는 구조가 된다.

② 네트워크 패킷 전송 단축

처리량 중심의 기본 패킷 전송 구조(NIC 결합, LRO: Large Receive Offload)를 무효화하고 성능 중심으로 변경한다.

상세 내용은 VMware사가 제공하는 기술 백서(white paper)[주9]를 참고하자.

기존 가상화의 장점이었던 효율성을 희생하고 성능을 중시하는 기능이기에 함부로 사용하는 것을 권장하지 않는다. 하지만 매우 유용한 기능임에는 틀림없으므로 반드시 충분한 검토, 검증을 거친 후에 사용하도록 하자.

주8 4장에서 소개한 바인드(Bind)나 어피니티(Affinity)에 해당한다.

주9 'Deploying Extremely Latency-Sensitive Applications in VMware vSphere 5.5'(영문), http://www.vmware.com/files/pdf/techpaper/latency-sensitive-perf-vsphere55.pdf

클라우드 환경의
성능

7.1 │ 클라우드 환경에서의 성능 개념

클라우드 환경을 사용해 본 적이 없는 독자를 위해, 6장까지의 지식을 전제로 기존 시스템(온프레미스)과의 차이를 설명하고, 클라우드 정의를 바탕으로 '클라우드 환경의 성능 개념'에 대해 설명하겠다.

7.1.1 클라우드 환경에서는 속도가 느려지는가?

최근에는 기업용으로도 클라우드 환경 시스템 구축 및 서비스 제공이 급속도로 진행되고 있다. 클라우드를 처음 도입할 때, 개발자나 이용자가 일반적으로 고려하는 사항에는 세 가지가 있다. '보안' '신뢰성' '성능'이다.

보안에 대해서는 각 클라우드 서비스 제공사가 가장 중요시하여 대응하는 부분으로 다양한 기술 문서 제공, 보안 감사 및 회사 규정 대응, 클라우드상의 접속 제어 기능 제공, 각종 보안 서비스의 클라우드 대응 등에 의해 기술적으로 안정된 상태다.

두 번째 신뢰성에 대해서도 클라우드 제공사가 SLA(Service Level Agreement, 서비스 수준 협약서)를 명확히 정의하여 시스템 요건에 따른 사용자 합의를 도출하고 있다. 또한, 데이터 센터가 추상화돼서 손쉽게 DR(Disaster Recovery, 재해 복구)을 실현할 수 있어, 채용 방식에 따라서는 높은 서비스 지속성을 실현하는 것이 가능하다.

반면 세 번째인 성능은 어떨까? 클라우드 환경이라는 것이 제품이 아니라 서비스라는 특성상 4장에서 다룬 SPEC(Standard Performance Evaluation Corporation)이나 TPC(Transaction Processing Performance Council) 등의 벤치마크 정보를 클라우드 제공사로부터 제공받을 수 없고, 클라우드상의 성능을 상세히 설명한 기술 문서 또한 거의 없다.

그래서 클라우드 환경으로 애플리케이션을 이동하면, 자사 환경보다 성능이 떨어지진 않을까 막연하게 불안을 느끼는 경우가 많다. 이 의문에 대한 대답을 결론부터 말하자면 '클라우드 환경에 적합한 애플리케이션 방식을 채용하는가에 따라 개선되거나 악화, 또는 둘 다인 경우가 있다'다. 또한, 대부분의 클라우드 서비스는 확장이 가능하고 서비스를 종량제로 제공한다. 따라서 성능은 자사 환경에 비해 기술 측면보다 관리 방식이나 개념적 접근이 많은 영향을 미친다. 지금까지는 하드웨어나 가상화 환경을 자사에서 관리하는 것을 전제로 분석했지만, 이번 장에서는 클라우드 서비스 이용을 전제로 성능 분석 기법을 소개하겠다.

이번 장을 다 읽은 후에는 성능 기준이 높은 기업형 시스템에 대해서도 이미 클라우드화가 현실화되고 있다는 것을 이해할 수 있게 될 것이다.

7.2 | 클라우드와 온프레미스 환경의 차이

7.2.1 클라우드 정의

먼저 클라우드를 명확하게 정의해 보자. NIST(미국 국립표준기술연구소)에서는 클라우드 컴퓨팅을 다음과 같이 정의하고 있다[주1].

'클라우드 컴퓨팅은 공용 구성이 가능한 컴퓨팅 리소스(네트워크, 서버, 저장소, 애플리케이션, 서비스)의 집약체로, 어디서든 네트워크를 경유해서 간단하게 접속할 수 있는 모델이다. 또한, 최소한의 설정이나 서비스 제공자와의 협의만으로 신속히 제공된다.'

이것을 요약하여 기존 환경(온프레미스, On-premise)[주2]과 비교하면 다음과 같이 정리할 수 있다.

① 컴퓨팅 리소스를 구성하는 기술 요소는 크게 다르지 않다
② 접속하는 네트워킹과 리소스 사용 및 제공 형태가 다르다

주1 http://csrc.nist.gov/publications/nistpubs/800-145/SP800-145.pdf

주2 온프레미스(On-premise)란, 정보 시스템을 이용함에 있어 자사 관리 하에 있는 서버실에 장비를 설치하고 거기에 소프트웨어를 설치, 운용하는 형태를 가리킨다.

이것이 클라우드 성능 개념의 기본적인 틀이 된다.

①은 앞에서 배운 CPU, 메모리, 디스크 등의 기존 컴퓨팅 기초 이론을 그대로 적용할 수 있다는 것을 의미한다.

②는 데이터 센터와의 차이를 명확히 나타내고 있다. 하드웨어, 소프트웨어를 바탕으로 분석했던 것을 서비스 이용 관점 분석으로 바꾸어야 하며, 기술적으로는 네트워크가 가장 큰 변경점이 된다.

컴퓨팅 이론이나 알고리즘 이론은 앞에서 이미 다루었으므로 이번 장에서는 ②를 중심으로 설명하겠다.

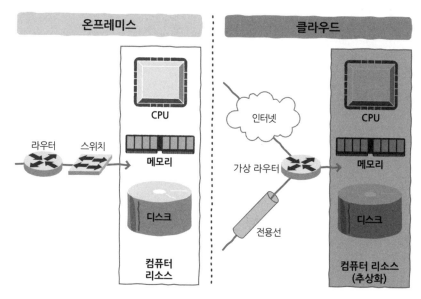

그림 7.1 온프레미스와 주요 차이점

7.2.2 클라우드 특징을 통해 보는 온프레미스 환경과의 차이점

NIST에서는 클라우드 컴퓨팅의 특징을 다섯 가지로 정의하고 있다. 이 특징들에 대해 성능 관점의 온프레미스 환경과 어떤 차이점이 있는지 구체적으로 설명하겠다.

■ 주문형(On-demand), 셀프 서비스

클라우드 환경은 모든 리소스 정보가 추상화돼 있어, API 기반으로 즉시 (요청에 의해) 사용자 측(셀프 서비스)에서 조작할 수 있다. 허용량이 한계에 직면한 경우에는 특정 기준 값을 시발점으로 수동 또는 자동으로 리소스를 확장하며, 이 확장이 공통 클라우드 기능으로 구현된다는 차이가 있다.

■ 폭넓은 네트워크 접속

클라우드 기술은 인터넷 기술을 기반으로 구성돼 있다. 1984년에 썬 마이크로시스템즈(Sun Microsystems)가 발표한 비전인 'Network is the computer(네트워크가 곧 컴퓨터다)'라는 문구가 있다. 이것은 네트워크가 강해지면, 컴퓨터 리소스를 네트워크 경유로 제공할 수 있게 된다는 클라우드 컴퓨팅의 본질을 설명한 유명 메시지다. 이후 썬에 재직하고 있던 에릭 슈미츠(Eric Schmidt)가 구글로 자리를 옮긴 후 2006년에 클라우드 컴퓨팅이라는 말을 창조해 냈다.

따라서 대부분의 클라우드 제공사는 강력한 인터넷망을 클라우드 서비스 내에 포함시켜서 제공하고 있다. 클라우드상에 웹 시스템을 구축하면, 이 인터넷망을 사용할 수 있으므로 인터넷 서비스 제공자(ISP)와의 계약이나 피크 시 대역 조정으로부터 해방될 수 있다. 또한, 인터넷 회선의 병목 현상도 줄어든다는 차이가 있다.

애플리케이션 특성에 따라서는 일반 회선이 아닌 대역 보증형 전용 회선을 클라우드에 연결하고 싶은 경우도 있을 것이다. 대부분의 클라우드 서비스는 전용 회선을 비교적 자유롭게 선택할 수 있으며, 클라우드 서비스에 따라서는 데이터 센터 간에도 전용선으로 연결되고 있다. 실제로 클라우드를 제공하는 회사는 IT 회사보다 인터넷 서비스 회사나 통신 회사가 많은데, 클라우드와 네트워크가 긴밀하게 연계되기 때문이다.

■ 리소스 공유

클라우드는 서로 다른 이용자와 리소스를 공유하는 모델이므로 시스템 구성에 따라서는 클라우드 서비스 이용이 피크에 이르면, 컴퓨팅 리소스나 네트워크 대역이 영향을 받을 수 있다. 이것은 온프레미스 환경의 공통 기반에서도 발생할 수 있지만, 클라우드의 경우는 다른 이용자를 파악할 수 없기 때문에 시스템 피크를 예측할 수 없어 랜덤으로 발생할 수 있다는 점이 다르다. 단, 클라우드 서비스에 따라 이런 경합 상태를 방지하는 기능을 갖춘 경우가 있으니 이를 활용하는 것도 하나의 방법이 될 수 있다.

■ 빠른 확장성

클라우드의 큰 특징 중 하나는 부족한 리소스를 관리자 혼자서 즉시 조달 또는 증설할 수 있다는 것이다. 가상화 환경에서도 비슷한 방식으로 구현할 수 있지만, 가상화 소프트웨어 호환성이나 하드웨어, 데이터 센터의 물리적인 제약이 있어 하드웨어를 조달하여 몇 배 규모의 확장을 즉시 구현하는 것은 어렵다. 반면 클라우드 환경에서는 하드웨어 조달 제약이 없고, 무제한에 가까운 하드웨어 리소스를 빠르게 확장할 수 있다는 점에서 차이가 있다. 이는 실제 프로젝트에서 큰 이점이 된다.

■ 서비스 측정 가능

일반적인 클라우드 서비스의 내부는 블랙박스인 경우가 많으나, 대부분의 클라우드 서비스는 내부 리소스를 측정할 수 있는 기능을 제공하고 있어서 이용자가 이를 감시할 수 있다. 단, 클라우드 제공 부분은 클라우드 서비스 특유의 감시 기능으로 제한되므로 애플리케이션을 포함한 시스템 전체를 측정할 수 있도록 기능 표준화가 필요하다. 즉, 감시 가능한 범위가 다르다.

클라우드 환경의 특징을 통해 본 차이점을 정리하면 표 7.1과 같다.

표 7.1 온프레미스 환경과 클라우드 환경의 차이(변경 사항)

특징	변경 사항
주문형, 셀프 서비스	확장 자동화가 가능하다
폭넓은 네트워크 접속	강력한 인터넷 대역을 이용하는 것이 가능하다
리소스 공유	다른 사용자나 애플리케이션과 공유하는 부분도 있다
빠른 확장성	즉시 확장 처리 반영이 가능하다
서비스 측정 가능	클라우드 내부의 성능을 측정할 수 있지만, 대응할 수 있는 범위가 다르다

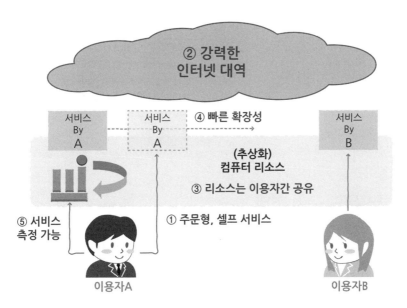

그림 7.2 클라우드 특징

클라우드 컴퓨팅이 실현하는 궁극의 세계화

클라우드 서비스의 이점 중 하나로 전 세계에 고루 분포돼 있는 인프라 활용을 들 수 있다. 대부분의 클라우드는 전 세계에 데이터 센터를 가지고 있으며, 애플리케이션을 전 세계로 단시간에 배포할 수 있는 기능을 제공한다. 이것을 온프레미스 환경으로 실현하려면, 해외 데이터 센터와 계약을 맺어야 하고 해외에서 장비 조달이나 운용 조직을 준비해야 하기에 많은 비용과 수고가 든다. 하지만 클라우드 환경에서는 국내와 동일한 운영 방식으로 단시간에 실현할 수 있다. 세계화된 클라우드 서비스는 전 세계 서비스를 표준화할 수 있다는 점에서 큰 의미가 있다.

- 시간: 내부적으로는 UTC(Coordinated Universal Time/런던 시간)로 통일
- 언어: 최신 문서나 기능은 우선 영어로 통일
- 화폐: 최종 결제는 기축 통화인 달러로 통일

시간, 언어, 화폐의 표준화가 이루어져 제공된다는 것은 국가간 장벽을 넘어 궁극적인 세계화가 가능하다는 것을 의미한다. 이는 현재 기업의 IT 시스템에서는 없어서는 안 될 핵심 경쟁력 중 하나다. 시스템을 클라우드 환경에 구성한다는 것은 산업 세계화를 의미하며, 이것은 인류 역사상 가장 큰 성취라고 생각한다. NASA는 공개 사례로서 위성과 클라우드 서비스(아마존 웹 서비스)를 연계해서 서비스 세계화를 실현했다. 나스닥(NASDAQ)도 마찬가지로 증권 회사용 아마존 웹 서비스(Amazon Web Services, 이하 AWS)상에 FinQloud를 제공해서 완전한 B2B를 실현했다. 이 부분에서 큰 혁신성이 느껴지지 않는가?

7.2.3 클라우드 구현 형태

NIST에서는 클라우드 구현 형태로, '공개(Public) 클라우드' '커뮤니티(Community) 클라우드' '사설(Private) 클라우드' '하이브리드(Hybrid) 클라우드' 등 네 가지를 정의하고 있다. 이번 장에서는 이들 구현 형태에 대해, 클라우드 환경 이용 관점의 성능을 중심으로 설명하겠다. 클라우드 환경을 이용하는 관점에서는 클라우드 제공사가 클라우드 기반을 관리하고 있으므로 사용자 측에서 성능 튜닝이 가능한 부분이 제한돼 있다(다음 절의 그림 7.3).

여기서 중요한 것은 하드웨어와 가상화 계층은 튜닝할 수 없다는 것이다. 즉, 클라우드에서의 성능 개선의 기본은 소프트웨어 계층이며, 특정 하드웨어나 프로세서 또는 가상화 환경은 성능을 개선할 수 없다. 다만 가상 머신의 크기 등을 변경하는 것은 가능하다. 당연한 이야기인 것 같지만, 클라우드 환경에서 기본 제약 사항이기 때문에 반드시 기억해 두도록 하자.

Column

하이브리드 구성의 비용 관리는 리얼 옵션을 고려한 포트폴리오 관리

현 시점에서는 기업용 대규모 클라우드화 추진 시 기존 환경과의 생명 주기 차이나 회사 내 규에 의한 제약으로 인해 대부분 온프레미스 환경과 함께 병용하는 하이브리드 구성을 취한다. 또한, 하나의 클라우드 제공사에만 의존하는 것은 위험이 높아, 여러 클라우드 환경을 조합해서 사용하는 경우도 있다. 이때, 논란이 되는 것이 바로 하이브리드 구성 비율이다. 그리고 기술적 적합성을 검증한 다음에 문제가 되는 것은 비용 평가다(최근에는 클라우드 가치를 비용이 아닌 클라우드 생태의 본질적인 가치로 평가하는 경우가 늘고 있지만, 비용 평가 프로세스는 여전히 필요하다).

온프레미스는 기본적으로는 연간 고정 비용으로 자산화하지만, 클라우드 환경에서는 서비스 이용률, 기존 소프트웨어 라이선스, 트래픽양, 과금 체계 등 여러 변동 요소를 고려해야 한다. 이 변동 요소 중에, 시스템 사용량과 전혀 관계가 없으면서도 완벽한 예측이 불가능한 것이 환율과 클라우드 가격 하락률이다. 따라서 이 두 가지 요소에 대한 변동 확률을 리얼 옵션 설계에서 계산하고 남은 온프레미스 고정비와의 비율을 조정한다. 이것은 하이브리드 구성의 TCO 분석에 관련된 포트폴리오 관리라고 할 수 있다. 특히 대규모 시스템인 경우, 이런 분석 변동에 따라 전체 비용에 차이가 발생하기 때문에 분석 노하우에 대한 필요가 높아지고 있다.

클라우드 환경에 드는 비용 계산용 파라미터는 대부분 한계치 관련 데이터이며, 취득이 가능한 정보다. 클라우드 환경을 포함해서 포트폴리오 관리를 하기 위해서는 한계치 관리 데이터 수집과 분석 노하우가 필요하다.

7.2.4 클라우드 서비스 제공 형태 관점에서 본 온프레미스와의 차이

NIST에서는 클라우드 서비스 제공 형태로 'SaaS(Software as a Service)' 'PaaS (Platform as a Service)' 'IaaS(Infra as a Service)' 등을 정의하고 있다. 단, 최근에는 이런 서비스 제공 형태 분류법의 의미가 점점 사라지고 있다.

서비스 형태에 대해서는 그림 7.3과 같이 클라우드 제공단이 올라갈수록, 튜닝 가능한 부분이 줄어든다. 특히 클라우드가 제공하는 서비스를 'Managed Service(관리 제한 서비스)'라고 하는데, 이것은 성능 등의 운용 관리를 클라우드 기능에 위임하므로 관리할 수 있는 영역이 제한돼 있음을 의미한다.

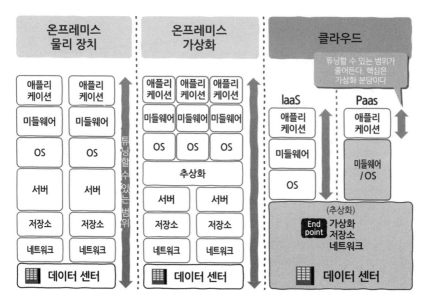

그림 7.3 온프레미스와 클라우드의 튜닝 범위 비교

　SaaS는 소프트웨어 자체를 통째로 제공하는 형태로, 이용자 측에서 실시할 수 있는 튜닝 방법은 거의 존재하지 않는다.

　PaaS는 서비스 자체에 애플리케이션을 직접 배포해서 이용하는 형태다. 따라서 개별 가상 머신 수준의 CPU, 메모리, 네트워크 등의 시스템 리소스 관점이 아닌, 서비스 전체 부하 관점에서 성능을 평가해야 한다. 엄밀하게는 '① SaaS에서 파생된 PaaS 환경, ② 단순한 PaaS 환경, ③ IaaS에서 파생된 PaaS 환경' 등 세 가지로 분류할 수 있으며, 저자는 파생 계층이 낮을수록 자유도가 높다고 생각한다. ③에 대해서는 별로 의식할 필요는 없으나, IaaS 관점에서 분석 가능한 부분도 있다. 다음 절에서 구체적으로 다루도록 하겠다.

　IaaS는 가상화 환경에서 게스트 OS보다 상위에 있는 계층을 관리할 때 방식을 그대로 적용할 수 있다. 하이퍼바이저 관리 주체가 클라우드 서비스 측에 있다는 것이 큰 차이이며, 그 외 차이점에 대해서는 뒤에서 하나씩 설명하도록 하겠다.

7.2.5 리소스 변동 요소와 고정 요소 파악

클라우드 환경의 성능에서는 클라우드 서비스 특성에 따라 변경 요소와 고정 요소를 파악하는 것이 중요하다. 클라우드라고 해도 가상화 형태로 동작하고 있는 것이 대부분이라 CPU에서는 컨텍스트 스위치가 발생할 수 있고, 디스크 I/O에서는 저장소 영역 네트워크를 공유하는 서비스 구성에 의해 I/O 처리량이 영향을 받을 수 있다.

6장에서 설명한 것처럼, 가상화 기술 도입에 의해 하드웨어와 OS가 개념적으로 나뉘게 된다. 클라우드 환경에서는 하드웨어를 의식하지 않기 때문에 확장성이 높아지지만, 6장에서 다룬 대책들에 수반되는 제약도 늘어난다. 이번 7장에서는 클라우드화를 통해 CPU, 메모리, 하이퍼바이저, 디스크, LAN, WAN 등의 여섯 가지 리소스가 온프레미스 환경과 어떻게 달라지는지 구체적인 변경 사항을 정리해 보도록 하겠다.

■ CPU 변경 사항

CPU에 대해서는 구체적인 개념은 가상화 환경과 거의 같지만, 하드웨어를 의식할 필요가 없다는 커다란 차이가 있어 호스트 측 리소스 관리가 불필요하다(애당초 호스트 측 하드웨어가 보이지 않는다). 따라서 6장의 가상화 환경에서는 '물리 서버 관점'과 'VM 관점' 두 가지가 있었지만, 클라우드 환경에서는 'VM 관점'만 의식하면 된다. 또한, 물리 하드웨어를 조작할 수 없기 때문에 'CPU를 오버커밋한다' '인스턴스에 의해 CPU 모델이나 클록 주파수를 지정한다' '하이퍼스레딩을 무효화한다' 같은 처리가 불가능하다.

2014년도 초의 아마존 웹 서비스(AWS), 구글 컴퓨트 엔진(Google Compute Engine), 마이크로소프트 윈도우즈 애저(Microsoft Windows Azure)에서는 가상 머신 크기를 사전에 정해진 vCPU(가상 코어) 인스턴스 타입 내에서 선택하도록 되어 있다.

한 대의 가상 머신에서 vCPU(가상 코어)를 늘려야 하는 상황이 발생하면 인스턴스 타입을 변경해야 한다. CPU는 무어의 법칙(Moore's law)을 따라 성능이 혁신적으로 향상되고 있으므로 클라우드 서비스 내부에서도 최신 CPU로 교체되는 추세다. 최신 CPU로 교체하게 되면 가상화 부분도 크게 변경되기 때문에 새로운 인스턴스 타입을 제공해야 하는 경우도 있다. 또한, 최근의 AWS는 HPC(High Performance Computing, 고성능 컴퓨팅)이라 불리는 고급형 인스턴스 타입을 제공하고 있어서, 3D 그래픽 애플리케이션 용도의 GPU(Graphic Processing Unit, 그래픽 처리 장치)도 선택할 수 있다.

가상화 환경의 핵심이 되는 CPU 오버커밋이나 CPU 동적 할당의 목적은 물리 서버의 CPU 리소스를 최대한으로 활용하기 위해서다. 물리 서버를 의식하지 않는 클라우드 환경에서는 이를 고려하지 않아도 되며, 오직 'VM 관점'의 요소로 가상화 자체의 오버헤드만 고려하면 된다. 클라우드 환경의 경우, 하이퍼바이저를 튜닝할 수 없으므로 이에 대한 특별한 대책은 없다. 단지 애플리케이션에서 실제로 보이는 인스턴스 타입의 CPU 리소스를 어느 정도 사용하고 있는지만 파악하면 된다. 따라서 CPU 리소스 감시는 OS 측에서 본 CPU 사용률이 'VM 관점' 및 'OS 관점'에서 비슷해지기 때문에 OS상 애플리케이션 관점으로 보는 것이 맞다.

Amazon Linux 2013.9 t1.micro 1

```
processor        : 0
vendor_id        : GenuineIntel
cpu family       : 6
model            : 45
model name       : Intel(R) Xeon(R) CPU E5-2650 0 @ 2.00GHz
stepping         : 7
microcode        : 0x70d
cpu MHz          : 1795.672
cache size       : 20480 KB
physical id      : 0
siblings         : 1
core id          : 0
cpu cores        : 1
apicid           : 0
initial apicid   : 8
fpu              : yes
fpu_exception    : yes
cpuid level      : 13
wp               : yes
flags            : fpu de tsc msr pae cx8 sep cmov pat clflush
  mmx fxsr sse sse2 ss ht syscall nx lm constant_tsc up
  rep_good nopl nonstop_tsc pni pclmulqdq ssse3 cx16
  pcid sse4_1 sse4_2 x2apic popcnt tsc_deadline_timer aes avx
  hypervisor lahf_lm
bogomips         : 3591.34
clflush size     : 64
cache_alignment      : 64
address sizes    : 46 bits physical, 48 bits virtual
power management:
```

Amazon Linux 2013.9 t1.micro 2

```
processor        : 0
vendor_id        : GenuineIntel
cpu family       : 6
model            : 45
model name       : Intel(R) Xeon(R) CPU E5-2650 0 @ 2.00GHz
stepping         : 7
microcode        : 0x70a
cpu MHz          : 1799.999
cache size       : 20480 KB
physical id      : 0
siblings         : 1
core id          : 0
cpu cores        : 1
apicid           : 0
initial apicid   : 14
fpu              : yes
fpu_exception    : yes
cpuid level      : 13
wp               : yes
flags            : fpu de tsc msr pae cx8 sep cmov pat clflush
  mmx fxsr sse sse2 ss ht syscall nx lm constant_tsc up
  rep_good nopl nonstop_tsc pni pclmulqdq ssse 3 cx16
  pcid sse4_1 sse4_2 x2apic popcnt tsc_deadline_timer aes avx
  hypervisor la  hf_lm
bogomips         : 3599.99
clflush size     : 64
cache_alignment      : 64
address sizes    : 46 bits physical, 48 bits virtual
power management:
```

그림 7.4 클록 주파수를 명시하고 있지 않은 아마존 EC2(Amazon EC2)의 t1.micro 인스턴스 두 대를 비교한 예(전체 주파수에 미묘한 차이가 있다)

■ 메모리 변경 사항

메모리에 대해서도 기본적인 변경 사항은 CPU와 같아서 호스트 측 리소스 관리가 필요 없다. 6장 가상화 환경에서는 '물리 서버 관점'과 'VM 관점' 두 가지가 있었지만, 클라우드 환경에서는 'VM 관점'만 의식하면 된다. 물리 하드웨어나 하이퍼바이저를 조작할 수 없기 때문에 메모리 오버커밋 등이 불가능한 것이 일반적이다. 따라서 클라우드 환경의 경우, 보통 사전에 메모리 크기가 정해진 인스턴스 타입을 선택한다. CPU에서는 vCPU(가상 코어)만 클록 주파수를 명시하지 않는 경우가 있으나, 물리 메모리 크기는 인스턴스 타입에 명시한다. 물리 메모리 크기의 확장은 인스턴스 타입을 바꿔야만 가능하다. 'VM 관점'의 요소는 가상화 자체의 오버헤드밖에 없으며 클라우드 환경의 경우, 하이퍼바이저를 튜닝할 수 없기 때문에 인스턴스 타입의 메모리 크기를 고려해야 한다.

메모리는 OS 특성에 크게 의존하므로 클라우드의 경우 OS를 중심으로 생각하면 된다. 예를 들어, 32비트 OS를 이용하고 있다면, OS 측 제약으로 메모리를 4GB밖에 사용할 수 없기 때문에 그 이상의 인스턴스 타입을 선택할 수 없다. 또한, OS에 따라서 가상 메모리에 할당할 수 있는 비율이 다르다. 메모리 오버커밋이 되지 않으면 스왑을 발생시키지 않는다는 철칙이 있지만, 스왑 영역에 SSD를 사용하는 방법도 있다. 자세한 내용은 뒤에서 설명할 '디스크 변경 사항'에서 다루도록 하겠다.

메모리란 것은 다른 노드에서 공유하는 데이터 구조 유지를 위해 미들웨어를 사용하거나, 캐시 적중률을 개선하는 등, 미들웨어 종류에 따라 크게 변동되는 요소다. 최근의 클라우드에서는 큰 메모리를 탑재한 인스턴스도 등장하고 있지만, 클라우드의 장점을 활용하기 위해서는 병렬로 메모리를 분산할 수 있는 애플리케이션 방식을 검토하는 것이 좋다.

메모리 리소스 감시는 OS 관점이 주체가 되기 때문에 클라우드 서비스 표준 감시 항목에 포함돼 있지 않은 경우도 있다. 클라우드 환경에서는 가상화 계층의 오버커밋을 의식할 필요가 없기 때문에, OS상의 애플리케이션 시점 감시에서는 OS 관점에서 메모리를 감시하는 것이 좋다.

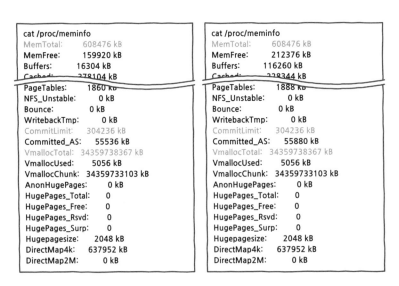

그림 7.5 메모리 용량을 명시하고 있는 Amazon EC2의 t1.micro 인스턴스를 두 대를 비교한 예 (차이가 없다)

■ 하이퍼바이저 변경 사항

클라우드 환경에서는 하이퍼바이저 관리가 필요 없다는 것이 가장 큰 차이점이다. 사용자가 하이퍼바이저를 튜닝하는 것은 불가능하다. 특히 클라우드 서비스에 따라 사용하고 있는 하이퍼바이저가 다르기 때문에 기능 제약이나 성능 등에 대해서 의식하고 있어야 한다. 구체적으로 AWS에서는 젠(Xen), 구글 컴퓨트 엔진에서는 KVM, 마이크로소프트 에저에서는 하이퍼V(Hyper-V)를 사용하고 있다. 또한 6장에서 설명한 것처럼 가상화에는 완전 가상화와 준가상화가 있는데, 클라우드 서비스 종류에 따라 인스턴스나 OS의 가상화 모드가 다른 경우가 존재하므로 미리 확인해 둘 필요가 있다. 완전 가상화 상태에서 준가상화에 가까운 성능을 내기 위해서는 드라이버 선정 등도 고민해야 한다.

또한 CPU 변경 사항 설명에서도 다루었으나, 클라우드 서비스에서는 하이퍼바이저를 수시로 개선해서 업그레이드하고 있다. 이런 이유로 클라우드 서비스 구조에 따라서는 가상 머신을 재가동하거나 인스턴스 타입을 변경하므로 하이퍼바이저 버전이 달라질 수 있다. 이런 처리는 성능에 영향을 미칠 가능성이 있다.

클라우드 서비스에서 제공하는 하이퍼바이저의 리소스 감시에서는 CPU나 메모리에 대해 크게 신경 쓸 필요는 없다. 그러나 뒤에서 설명하는 디스크나 노드 간 네트워크 트래픽이 모두 하이퍼바이저를 통과하므로 해당 대역 사용량 확인 시에 필요할 수도 있다.

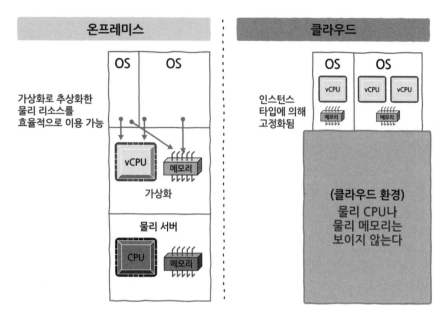

그림 7.6 CPU, 메모리, 하이퍼바이저

■ 디스크 변경 사항

클라우드 서비스가 제공하는 디스크 서비스는 크게 '① 블록 접근 타입'과 '② 객체 접근 타입'으로 나눌 수 있다. 여기서는 온프레미스 환경과의 변경 사항을 중심으로 다루기 때문에 ①을 주로 다루고, ②는 다음 절에서 설명하겠다.

블록 디스크에 대해서는 내부적으로는 물리 블록 장치를 사용한다는 것은 같다. 또한 앞 장에서 설명했듯이 CPU나 메모리 성능 향상으로 인해 인프라 성능이 나날이 향상되고 있는 반면, 디스크 자체는 크게 향상되지 않았다. 클라우드 서비스에서는 가상 블록 장치를 디스크로 이용하기 때문에 상세 디스크 회전 수나 인터페이스 사양을 파악하기가 어렵다는 것이 큰 차이다. 따라서 디스크 회전 수를 바꾸거나 인터페이스를 교체하는 등의 대응 또한 어렵다. 그 대신에 디스크 성능을 향상시키는 기능이 클라우드 서비스 자체에 구현돼 있는 경우가 있다. 그 예를 간단히 소개하겠다.

먼저, 디스크 접근 성능의 구성 요소로 디스크 회전 수와 네트워크 대역이 있으며, 이를 통해 성능 관련 지표인 IOPS와 그 처리량이 결정되는 것이 일반적이다. 그러나 클라우드 환경에서는 역으로 접근하는 경우도 있다. AWS의 가상 디스크인 'Elastic Block Store'(이하 EBS)를 예로 하여 2014년 초의 사양을 기준으로 가상 디스크 성능을 올리려면, 가상 머신인 아마존 EC2 측의 네트워크 대역 보증형을 선택하고 EBS의 IOPS 값을 지정하면 된다. 이를 통해 처리량이 향상된다. 또한, 휘발성이긴 하나 SSD가 탑재돼 있는 인스턴스 스토어(Instance Store)라는 가상 머신의 내장 디스크를 이용해서 디스크 회전 수와 네트워크 대역을 크게 향상시키는 기법도 있다. 이 인스턴스 스토어는 메모리가 작은 인스턴스 타입의 EC2에서 스왑 영역으로 이용되도록 초기 설정돼 있다.

이처럼 디스크 서비스가 네트워크 경유로 제공되는 클라우드 환경에서 부하가 높은 기업형 애플리케이션을 동작시키는 경우, 디스크 회전 수가 같더라도 네트워크 제약으로 인해 처리량이 영향을 받을 수 있다. 이때는 위와 같이 클라우드 서비스가 제공하는 기능을 이용해서 해결하는 경우가 많다. 자세한 기능에 대해서는 아마존 (Amazon)사(社)가 제공하는 자료(EBS와 인스턴스 스토어)를 참고하자. 구체적인 분석 정보는 7.3절에서 다루도록 하겠다.

반대로 디스크 용량에 대해서는 대부분의 클라우드 서비스가 물리적인 제약 없이 논리적인 최대치까지 확장할 수 있어, 백업도 데이터 센터 수준으로 안정성이 높은 저장 서비스에 저장할 수 있다.

디스크 리소스 감시는 클라우드 측의 병목 현상을 분석하는 관점으로 가상 디스크 I/O 수나 큐 수, 네트워크의 병목 현상 유무 등을 확인해야 하므로 하이퍼바이저 수준의 감시가 가능한 클라우드 서비스 제공 감시 기능을 주로 이용한다.

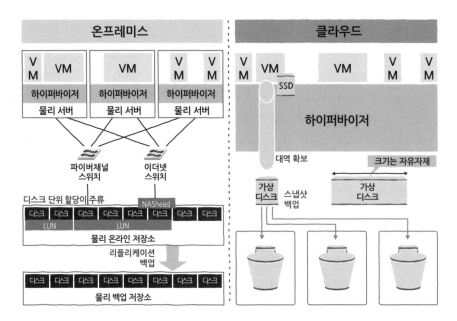

그림 7.7 저장소 차이

■ LAN 네트워크 변경 사항

지금까지 설명한 것처럼 클라우드에서 크게 변경되는 것이 이 LAN 네트워크다. 구체적으로는 온프레미스 환경에서 물리적인 라우터나 스위치로 구현되는 부분이 클라우드 환경에서는 숨겨져, 가상 네트워크로 구성된다는 점이 다르다. 서버 네트워크는 일반적으로 '① 서버 간 통신에서 이용되는 LAN 네트워크'와 '② 서버와 저장소 간에 통신을 위한 저장소 영역 네트워크' 두 가지로 나눌 수 있다. 또한, 물리 환경을 의식하지 않는 형태로 구현되므로 L3 수준의 IP 제어가 일반적이다. 따라서 이것들을 완전하게 제어하기 위해서는 클라우드 서비스의 제어 기능을 이용하거나, 네트워크 소프트웨어의 QoS(Quality of Service) 제어 기능을 사용해서 소프트웨어를 논리적으로 제어하는 수밖에 없다.

온프레미스 환경에서는 강력한 대역을 확보한 물리 장비를 독점할 수 있으며, 각 서버가 물리적으로 가까운 위치에 있어 적은 수의 홉(Hop)으로 통신할 수 있다. 이 때문에 가상화 환경이라고 해도 LAN 네트워크가 병목 원인이 되는 경우는 적지만,

클라우드의 경우는 가상 서버의 물리적인 위치가 정해져 있지 않은 채로 네트워크를 공유하기 때문에 가상 네트워크가 병목 원인이 되는 경우도 있다.

LAN 네트워크 리소스 감시는 가상 네트워크가 대상이 되므로 하이퍼바이저 수준부터 감시 가능한 클라우드 서비스 감시 기능을 이용해서 감시하는 것이 것이 일반적이다.

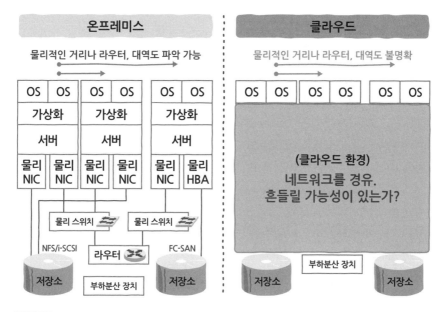

그림 7.8 네트워크 차이

■ WAN 네트워크 변경 사항

클라우드 서비스 접속은 기본적으로 WAN을 경유하는 형태가 되지만, 접속 방법은 크게 '전용선 접속'과 '인터넷 접속' 두 가지로 나눌 수 있다.

전용선 접속의 경우는 클라우드라기보다 선택한 통신 회사의 서비스 특성에 의존하므로 대역 보장이나 성능에 드는 비용은 기존 방식과 큰 차이짐이 없다. 히지만 인터넷 접속의 경우, 대부분의 클라우드 서비스가 인터넷을 기반으로 구성되므로 클라우드 서비스 측에서 공유하는 강력한 인터넷 대역을 매우 낮은 비용으로 이용할 수 있다. 따라서 피크 시의 대역 제한에 대해 걱정할 필요가 없다는 것이 큰 차이점이다. 또한, 클라우드 서비스가 CDN(Contents Delivery Network)이나 글로벌 (Global) DNS 기능을 지원하는 경우, 이 서비스들을 활용해서 인터넷 서비스 고속화를 간단히 실현할 수 있다.

■ 리소스 변경 사항 정리

이상의 리소스 관련 변경 사항을 정리하면 표 7.2와 같다.

표 7.2 클라우드 환경의 리소스 변경 사항 정리

항목	변경 사항	측정 위치
CPU	선택한 인스턴스 타입에 의존 오버커밋 없음	모두 OS에서 감시
메모리	선택한 인스턴스 타입에 의존	OS에서 감시
하이퍼바이저	사용자가 관리할 수 없음	클라우드에서 감시
디스크 I/O	네트워크형 가상 디스크	(업무 관점, 기억 영역) OS에서 감시 (네트워크, I/O) 클라우드에서 감시
디스크 용량	높은 확장성	OS에서 감시
WAN 네트워크	강력한 인터넷 대역	통신 업자의 서비스를 통해 감시
LAN 네트워크	가상 네트워크	클라우드에서 감시

7.3 | 클라우드 환경의 내부 구성과 최적의 애플리케이션 방식

클라우드 환경의 성능은 애플리케이션 방식에 따라 향상되거나 저하될 수 있다고 서두에서 언급했다. 이번 절에서는 클라우드 환경에 최적인 애플리케이션 방식에 대해 생각해 보도록 하자.

7.3.1 집약? 아니면 분산?

온프레미스 환경에서는 강력한 하드웨어 장비를 스케일업하는 접근법이 주류가 되고 있으나, 클라우드 환경에서는 하드웨어를 신경 쓰지 않아도 되기 때문에, 높은 확장성을 이용해서 리소스를 늘려나가는 스케일아웃 방식을 취한다. 이런 접근법에 적합한 것이 분산 애플리케이션이다. 어떤 하드웨어라도 한 대로는 그 한계가 있기 때문에 '분산하지 않는 것은 확장하지 않는다'라는 명언이 있다. 이 분산이라는 것이, 지금부터 설명할 클라우드 성능 튜닝의 기본이 되기 때문에 항상 의식하도록 하자. '필수'가 아니라 '기본'이라 한 것은 기업형 애플리케이션의 트랜잭션이나 데이터 모델의 경우 이 '분산'이 필요하지 않을 때도 있기 때문이다. 분산이라는 특성은 클라우드 제공자의 핵심 애플리케이션 구조와도 관련이 있다. 클라우드를 대표하는 '구글(Google)' '아마존(Amazon)' '세일즈포스(Salesforce)'를 그 예로서 살펴보자.

구글은 검색 엔진으로 대표되는 컨슈머형을 메인으로 해서, 대량의 트랜잭션을 고속으로 처리할 수 있는 특징을 가지고 대규모 서비스를 제공하고 있다. 이 서비스 플랫폼을 기반으로 하는 구글 클라우드 플랫폼(Google Cloud Platform)은 기본적으로 분산형이다.

아마존도 기본은 같지만, EC(전자 상거래) 사이트 및 판매자용 사이트라는 특성상 사업 로직이 다소 복잡한 측면이 있어서 운영 시에 RDB(Relational Database) 확장성이 항상 문제가 됐다. 이 서비스 플랫폼을 기반으로 하는 AWS도 기본적으로 분산형이지만, 최근에는 집약형 고급 서비스도 출시되어 집약형과 분산형을 모두 사용할 수 있다.

세일즈포스는 CRM을 중심으로 기업 고객을 대상으로 한다. 트래픽양보다도 복잡한 사업 로직이 핵심이므로 2013년에 집약형으로 대표되는 오라클사(社)의 Engineered System을 기반으로 집약형 방식을 발표했다.

분산 애플리케이션은 간단하게는 그림 7.9처럼 처리를 여러 리소스에 분산하는 것이다. 이런 방식을 채용하면 리소스를 추가해서 증설하는 스케일아웃이 실현 가능하지만, 사실 처리 분산화라는 것이 그리 간단한 것이 아니다. 그 이유는 분산한 처리를 네트워크 경유로 전달함과 동시에 정합성도 유지해야 하며, 이것을 제어하기 위해 미들웨어가 사용되기 때문이다. 또한, 앞 절에서 배운 것과 같이 클라우드 환경에서는 네트워크가 공유되므로 대역이나 주소 제어도 복잡해져, 이것을 직접 구성하는 것은 현실적이지 못하다. 이런 이유로 클라우드 환경에는 분산 처리를 실현하기 위한 서비스가 기본으로 탑재돼 있어 이 기능을 이용하면 분산 처리를 간단히 구현할 수 있다.

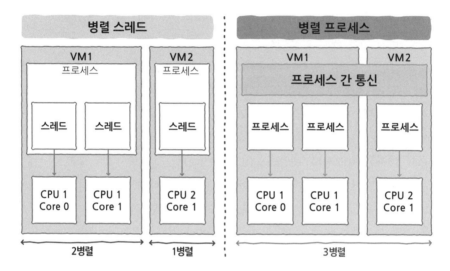

그림 7.9 집약과 분산

■ CAP 정리를 통해 보는 클라우드 환경의 특성

CAP 정리란 에릭 브루어(Eric Brewer)가 제창한 것으로, '분산 시스템에서는 다음 세 가지 요소 중 두 가지만 동시에 만족시킬 수 있다'라는 분산 시스템의 기본 개념이다.

- C: Consistency(일관성)
- A: Availability(가용성)
- P: Tolerance to network Partitions(네트워크 파티션에 대한 내성)

온프레미스 환경에서는 실현하기 어려운 세계적인 규모의 데이터 센터로 클라우드 환경의 분산 시스템을 구성하면, P와 A만이 중시되고 C는 희생되어 버리는 경향이 있다. 이것은 클라우드 환경의 분산 애플리케이션 처리 결합도나 동기성(同期性)을 고려하는 데 있어 중요한 포인트가 된다.

7.3.2 강한 결합? 아니면 약한 결합?

클라우드상의 분산 아키텍처를 설명할 때 빠지지 않는 것이 결합도다. 기본적으로는 4장에서 설명한 대로지만, 분산 처리를 구현하기 위해서는 그림 7.10과 같이 상호 간 처리를 약하게 결합해서 확장성을 추구할 필요가 있다. 지금까지의 이론은 온프레미스 환경에서도 적용할 수 있으나, 클라우드 환경에서는 약한 결합을 위한 컴포넌트가 별도로 준비돼 있어서 HTTP 기반의 웹 서비스로 제어할 수 있다. 웹 서비스라고 하면 SOA(Services Oriented Architecture)를 구성하는 주요 기술이며, 서비스 간에는 약한 결합이 이루어지고 있다는 것을 생각해낸 독자도 있을 것이다. 이 제어 방식이 클라우드 환경상의 애플리케이션에도 적용된다. 구체적인 클라우드 환경의 SOA 구현에 대해서는 《Cloud Computing and SOA Convergence in Your Enterprise: A Step-by-Step Guide》[주3]라는 책을 참고하자.

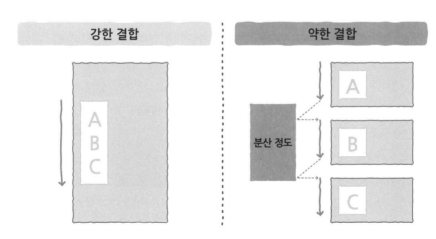

그림 7.10 강한 결합, 약한 결합

주3 Addison-Wesley Professional, ISBN9780321996435

■ 동기? 아니면 비동기?

처리를 약한 결합으로 한 경우 데이터는 비동기가 된다. '처리를 완료한 후 데이터 동기화, 처리를 완료한 후 데이터 동기화…' 하는 식으로 프로세스를 반복하는 형태다. 대규모 클라우드 환경에서는 엄청난 양의 요청(Request)이 발생하는데, 이것을 비동기로 처리하면 대량의 요청을 단계적으로 처리할 수 있어서 클라우드 서비스의 안정성이나 확장성도 함께 향상시킬 수 있다.

대부분의 기업형 시스템에서는 데이터 저장을 비동기 처리를 전제로 구성한다. 웹 시스템은 인터넷의 대기 시간(Latency)을 기준으로 삼기 때문에 일관성 관점에서 데이터 저장 시점을 비동기로 설정하는 경우도 많다. 또한, 기반계 시스템의 야간 배치 (Batch)나 시스템 연동용 데이터 허브도 비동기로 동작하므로 클라우드 환경의 분산 애플리케이션과 호환성이 높다. 비동기 처리에서 데이터 저장 영역은 클라우드 환경에 적합한 객체 저장소나 KVS(Key Value Store, 키 밸류 스토어)를 활용해서 안정성이 높은 데이터 중심의 처리를 구현한다.

7.3.3 SOAP? 아니면 REST?

클라우드 환경의 제어 부분은 웹 서비스로 조작한다고 설명했는데, 이번에는 구체적인 구현 방법을 살펴보도록 하자. 먼저 웹 서비스는 크게 SOAP와 REST로 나눌 수 있는데, 둘 다 HTTP를 기반으로 한다. SOAP는 XML 태그에 상세 정보를 추가해서 구현하는 것으로, URI 맵핑이 가능하다. REST는 HTTP 구조를 그대로 사용하기 때문에 구조가 매우 단순하다.

웹 서비스 기술을 애플리케이션으로 이용하는 경우는 다양한 항목을 XML로 정의할 수 있는 SOAP가 주로 사용되지만, 클라우드 서비스 제어의 경우 단순한 구조의 REST가 사용된다. 실제 클라우드 구현이 현실화된 것도 이 REST를 이용한 제어가 중심이 됐기 때문이었다고 한다. 여기서 중요한 것은 클라우드를 분산 방식으로 제어하기 위해서 HTTP의 REST 통신이 발생하기 때문에 이 과정에 생기는 요청 및 응답 오버헤드를 염두에 두어야 한다는 것이다. 특히 REST 발행 횟수가 비정상적으로 많다거나, 프록시 경유 환경이 설정돼 있거나, 진입점이 외국에 있는 경우 등은 응답 시간이 오래 걸릴 수 있다.

■ DNS의 TTL

다른 한 가지 중요한 것은 이 웹 서비스의 요청 진입점과 각 클라우드 서비스 접속에 관한 것으로, 클라우드 서비스가 제공하는 FQDN(Fully Qualified Domain Name)이 목적지가 된다는 것이다. 따라서 DNS 기반의 네트워크가 되며, 환경에 따라서는 이름 해석 처리에 걸리는 시간도 고려해야 한다. 온프레미스 환경에서는 IP 주소가 메인으로, 애플리케이션 요건에 따라 DNS를 부여하는 것이 일반적이다. 그러나 클라우드 환경은 가상 환경이므로 기본적으로 클라우드 서비스의 도메인으로 구성된 DNS을 이용해서 접속한다. 이것은 두 환경의 큰 차이점 중 하나다. 독자적인 도메인을 부여하고 싶다는 요건이 있을 경우에는 C Name 레코드로 변환하는 형태가 된다. 각 클라우드 서비스는 DNS 성능이 곧 서비스 경쟁력이기 때문에 지속적으로 개선해 가는 중이다.

DNS 레코드에는 TTL(Time to Live)이 있어서 해당 기간 동안에는 해석기 (Resolver) 측 캐시를 보는 특성이 존재한다. 클라우드 서비스에 따라서는 내부 IP 가 일시적으로 바뀌는 경우도 있는데, 그때는 TTL 영향을 받을 수 있으니 각 서비스의 사양을 미리 확인해 둘 필요가 있다. 또한, 애플리케이션 언어에 따라서는 DNS cache를 보유한 것도 있다. 예를 들어 자바에서는 InetAddress 클래스에서 TTL이 정의돼 있어서 자바 VM에 캐시를 유지하는 특성을 가진다. 이에 관해서도 각 언어 사양을 확인하도록 하자.

■ FQDN이 전역 IP인지 사설 IP인지? 어떤 데이터 센터인지?

앞서 설명한 것처럼, 각 클라우드 서비스의 컴포넌트에는 클라우드 서비스가 할당하는 FQDN을 이용해서 접속하도록 되어 있지만, 대부분의 클라우드 서비스는 이 FQDN에 대응하는 IP가 선역인지 사선인지 알기 어려운 형태로 되어 있다. 따라서 각 클라우드 서비스의 네트워크 구성을 명확히 정리해서 파악해 둘 필요가 있다.

그림 7.11은 AWS를 예로 든 것으로, 서비스에 따라 사설 네트워크(Private network)에 배치할 수 있는 것과 없는 것이 있다. 사설 네트워크만 사용한다면, 클

라우드 서비스 내의 내부 DNS를 이용한 이름 해석과 내부 가상 라우터만 사용한다. 또한, AWS에서는 VPC(Virtual Private Network, 일종의 VPN 가상 사설망)라고 하는 기능이 있어서 사설 IP로 CIDR(Classless Inter-Domain Routin)을 구성할 수 있으며, 여러 데이터 센터를 묶어서 VPC를 구성할 수도 있다. 이를 'Multi-AZ 구성'이라 부르는 경우도 있다. 따라서 같은 사설 네트워크 내라도 서브넷에 의해 다른 데이터 센터에 소속되는 경우가 존재하므로 트래픽 특성에 따라서는 대기 시간이 발생할 수도 있다. 또한, 전역 IP가 목적지가 되면 VPC 외부 통신이 되기 때문에, 홉 수도 늘고 통신 암호화 등에 의한 오버헤드도 발생할 수 있으니 주의를 기울여야 한다.

모든 것이 가상적인 공간에 구성되는 클라우드 환경에서는 어떤 서비스가 어디에 배치돼 있는지 네트워크 구성도를 그려 파악하는 것이 성능 분석 관점에서 매우 중요하다.

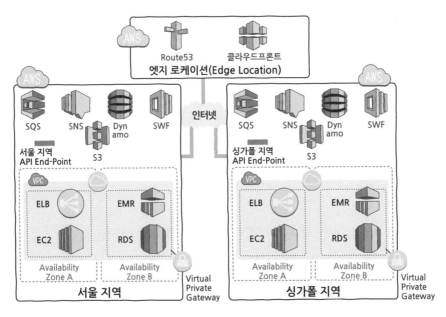

그림 7.11 FQDN 맵핑

Column

추상화된 클라우드 환경을 구체화하는 미국인—시각화(그림)의 중요성

클라우드 환경은 물리 환경을 추상화한 것이기 때문에 시스템이나 서비스 관계성 및 전체 네트워크를 모두 이해하기는 어렵다. 또한, 클라우드 환경이 제공하는 API나 관리 화면 기능을 통해 상세 정보를 취득할 수는 있지만, 해당 정보만으로는 전체적인 구조를 구체화하기가 어렵다. 이때, 중요한 것이 클라우드의 각 서비스를 맵핑해서 시스템 개요를 시각화하는 아키텍팅 기술이다. 이렇게 시각화한 것을 가지고 데이터가 어떻게 흐르는지 파악할 수 있다면, 병목 위치를 단시간에 추측할 수 있다. 이렇게 병목 위치를 대략적으로 찾아 상세 성능 정보를 조사하면 된다.

온프레미스 경우는 하드웨어 구입과 함께 시스템 구성을 확실하게 작성하기 때문에 이 문서를 가지고 구성을 파악할 수 있지만, 클라우드는 단시간 내에 가상적으로 환경을 구축해 버리기 때문에 문서 없이 구성하는 경우가 있다(반대로, 이렇게 빠른 환경 구축이 클라우드 개발의 생산성을 향상시키는 요인이 되기도 한다). 따라서 추상화된 각 서비스가 시스템에 어떻게 배치되는가를 항상 시각화해 보는 것이 중요하다. 이 책에서도 그림을 많이 사용하고 있는데, 바로 이런 이유에서다.

그림(시각화)이기 때문에 자세할 필요는 없다. 어릴 때를 떠올리는 편이 더 이해하기 쉬울 텐데, 사실 '그림'이라는 것이 센스가 필요한 것이라 개인에 따라 실력 차가 크다. 저자는 미국인과 일하는 경우도 많은데, 미국인들이 하는 프레젠테이션을 보면 큰 개념으로부터 가설을 세우고, 그 흐름을 간단한 그림으로 표현하는 것에 매우 능하다. 그 이유는 어릴 적부터 창조성을 강조하는 논리적 사고력 교육을 받기 때문이라 생각한다. 이것은 IT, 컨설팅, 투자 은행 등의 분야에서 무척 도움이 된다. 또한, 이것이 해당 분야에서 미국이 항상 1등을 놓치지 않는 이유이기도 할 것이다.

이런 미국인의 특성이 두드러지게 반영된 것이 미국제 시스템 관리 툴이다. 저자는 관리 툴 선정을 위한 평가에 임했던 적이 있는데, 미국제 감시 기능을 보면 서비스 전체를 시각화한 화면이 제일 먼저 나오고 뒤로 갈수록 정보가 상세해지는 구조로 되어 있다. 이런 프로세스가 클라우드에서는 매우 중요하다. 우리나라 사람들은 에러 메시지같이 상세 내용부터 파악하는 경향이 있지만, 먼저 전체를 시각화하는 것을 항상 의식한다면 더욱 효율적이면서도 응용도 높은 대처가 가능할 것이다.

클라우드 환경의 시스템 구성을 시각화한 예로, AWS 홈 페이지에 기재돼 있는 사용자 사례 (https://aws.amazon.com/ko/solutions/case-studies/)를 추천한다. 다양한 업계의 애플리케이션을 도식화해서 제공하고 있다. 대략적으로 표현했지만, 처음에는 이 정도 수준이면 충분하다. 여기에 추가로 업무량을 감안한 데이터양 등을 고려하면 성능 병목 지점을 예측할 수 있게 된다.

7.3.4 프론트 분산화: 네트워크 접속 방법

그러면 구체적인 애플리케이션 방식 이야기를 해보자. 먼저 프론트(Front) 부분의 분산화 방식이다. 프론트란 구체적으로는 '① 인터넷을 포함한 WAN 네트워크 부분'과 '② 가상 네트워크 LAN상에 있는 부하분산 부분'을 가리킨다.

인터넷 성능은 회선 사용 환경에 따라 달라진다고 했다. 당연한 이야기지만, 전 세계를 대상으로 하고 있는 온라인 웹 서비스의 전체 성능을 고려할 때, 이것은 큰 병목 요소가 될 가능성이 있다. 그래서 ① 부분의 성능 향상을 위해 글로벌 DNS와 CDN 같은 기능을 사용한다.

웹 아키텍처에서는 HTTP의 URL을 통해서 서비스를 이용하는 형식이므로 제일 먼저 필요한 것이 이름 해석 구조다. DNS 서비스를 활용함으로써 이름 해석이 최적의 경로로 가능해진다. 다음으로 큰 PDF 파일 등을 인터넷에서 다운로드할 때 시간이 많이 걸렸던 적이 있을 것이다. 이것을 고속화하기 위해 사용하는 것이 아카마이(Akamai), 라임(Lime), 레벨 3(Level 3), 아마존 클라우드프론트(Amazon Cloudfront) 등으로 대표되는 CDN이다. 전 세계에 걸쳐 존재하는 인터넷망에서 사이트를 고속으로 제공하기 위해서는 캐시 기능을 이용해서 사이트를 고속화시켜야 한다.

글로벌 DNS와 CDN은 반드시 클라우드 서비스와 동일한 것을 사용할 필요는 없지만, 동등한 것을 사용해야 서비스 간 연계성을 높일 수 있다. 또한, 같은 데이터 센터에 있으므로 성능을 향상시킬 수도 있다. 그림 7.12는 모든 서비스를 보유하고 있는 AWS를 예로 구성한 것이다. 첫 번째 요청을 글로벌 DNS인 Route53를 이용해서 사용자 측에서 가장 대기 시간이 낮은 엣지 로케이션(데이터 센터)을 통해 이름 해석을 한다. 그리고 이에 대한 응답을 대기 시간이 가장 적은 동일 엣지 로케이션에 있는 CDN(클라우드프론트)에 캐시한다. 두 번째 요청부터는 캐시된 DNS와 캐시된 데이터가 있는 클라우드프론트(Cloudfront)에서 처리가 완결된다. 클라우드프론트 캐시에서 처리가 끝나므로 백엔드 서버(메인 서버)에서의 처리가 불필요하다. 이를 통해 응답 성능을 크게 향상시킬 수 있다.

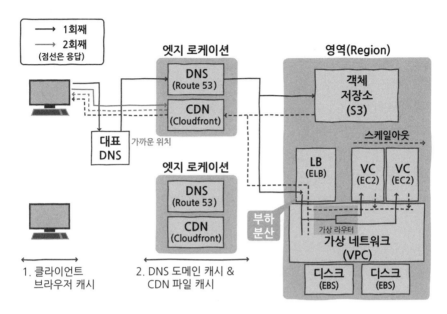

그림 7.12 네트워크

    다음은 '② 가상 네트워크 LAN상에 있는 부하분산 장치'에 대한 것으로 AWS, 구글 컴퓨트 엔진, 마이크로소프트 윈도우즈 애저에서는 클라우드 자체 부하분산 장치(LB)를 보유하고 있다. 반대로 가상 머신상에 소프트웨어 부하분산 장치를 구성하는 것도 가능하며, 어느 쪽 방식을 채택할지가 포인트다.

    기본적으로는 큰 제약이 없지만, LB의 목적이 프론트 부분의 분산이라면 클라우드 자체 LB를 사용하는 것이 좋다. 클라우드 특유의 확장 기능을 제공하므로 부하에 따라 백엔드의 가상 머신을 확장할 수 있다. 특히 클라우드 환경에서의 부하분산은 가상 네트워크를 고려한 분산 로직이 필요하지만, 하이퍼바이저가 클라우드 제공사의 관리하에 있기 때문에 클라우드 독자적인 LB가 그러한 환경에 최적화되어 있다고 볼 수 있다. 단, 기업형 시스템에서 요구하는 고도의 부하분산 기능이 존재하지 않을 수도 있으므로, 그런 경우에는 소프트웨어 LB를 검토하는 것이 좋다.

    HTTP(S) 요청에 대한 성능 정보는 클라우드 환경이 제공하는 감시 기능을 통해 알아낼 수 있다.

295

7.3.5 백엔드 분산화: 데이터 저장 개념(ACID에서 BASE로)

다음은 백엔드 부분의 분산화 방식에 대해 생각해 보자. 4장에서도 다뤘지만 DB의 경우 스케일업이 적합하다. 그럼 어떤 식으로 분산화하는 것이 좋을까? 먼저 RDB에는 ACID(Atomicity, Consistency, Isolation, Durability)라는 특성이 있어, 이것을 완벽하게 지킨다는 방침으로는 분산화가 어렵다. 그러므로 ACID가 아닌 BASE(Basically Available, Soft state, Eventually consistent)를 지향하도록 하자. BASE란, 약한 결합의 비동기 처리에서도 다룬 개념으로 비교적 데이터 구조가 간단한 온라인 계열의 데이터에 대해서는 오브젝트 캐시(Object Cache)나 KVS로 변환해서 확장성을 확보하는 방식이다. 축적형 데이터로 접속 빈도가 높지 않은 경우에는 클라우드형 데이터 웨어하우스를 활용하는 것도 하나의 방법이 될 수 있다. 그림 7.13은 많은 서비스를 보유하고 있는 AWS에서의 분산화 및 스케일아웃 패턴을 보여 주고 있다.

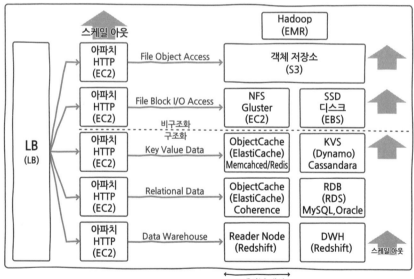

그림 7.13 데이터 저장

7.3.6 TCP 통신 고속화

클라우드 환경에서는 시스템을 구성할 때 온프레미스 환경으로부터 대량의 데이터를 이전하는 것이 주요 과제가 된다. 대표적인 방법으로는 '① 전용선 활용' '② WAN 고속화 기능 활용' 등을 들 수 있다. 특히 온프레미스 환경에서는 계약 중인 ISP 대역이 충분하지 않거나 TCP 통신 확인, 느린 가동, 혼잡 제어 등에 의해 오버헤드가 크게 발생할 수 있다.

①은 대역을 확보해서 데이터 이전 문제를 해결하는 방법이다. 단, 글로벌 네트워크(Global Network)인 경우, 전용선 확보에 비용과 시간이 들기 때문에 그다지 현실적이지 않을 수 있다. ②는 WAN 고속화 기능을 사용하는 방법이다. 파일 단위 전송을 효율화하고 싶은 경우는 IBM사(社)의 Aspera를 사용하고, 네트워크를 애플리케이션 수준으로 고속화하고 싶은 경우에는 Riverbed사(社)의 Steelhead 등을 사용하면 된다.

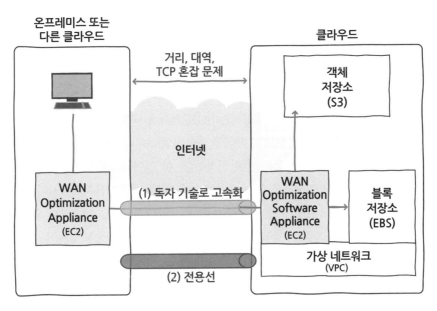

그림 7.14 WAN 네트워크 전송 효율화

7.3.7 객체 저장소 고속화

클라우드 환경 디스크로서 파일 기반으로 저장하고 싶은 경우에는 객체 저장소라는 것을 사용할 수 있다. 대표적인 서비스로 아마존 S3(Amazon S3)가 있다. 이 S3는 성능보다 내구성을 중시하고 있어, 여러 데이터 센터에 분산 배치돼 있다. S3에서는 파일을 저장하고 있는 경로를 키(key)라고 부르는데, 이 키가 파티션 역할을 해서 저장 위치를 계층화 및 분산화하고 이를 통해 성능을 조정할 수 있다. 상세 내용은 아마존 공식 블로그의 'Best practice for using amazon S3'[주4]를 참고하자.

7.3.8 C 언어? 자바? 아니면 스크립트 언어?

클라우드 환경에서 동작하는 애플리케이션의 프로그램 언어는 어떤 것이 많을까? IaaS의 경우에는 이식성이 높아서 클라우드 환경 대응 OS가 실행 환경을 제공할 수 있는 언어라면 무엇이든 괜찮지만, 대부분은 자바, C# 등 웹 프레임워크가 갖추어져 있는 언어와 PHP나 파이썬으로 대표되는 스크립트 언어, 두 종류로 구현돼 있다. 단순히 웹 애플리케이션 용도로 클라우드를 이용하는 경우가 많고, 경량 분산 처리에 능한 언어라는 것이 그 이유다. 또 다른 이유는 클라우드 제어나 서비스를 애플리케이션 형태로 이용하기 위해서는 웹 서비스 호출 기능이 있어야 한다는 점이다. 이를 구현하려면 클라우드 서비스가 제공하는 SDK 언어에 대응할 수 있어야 하는데, 그 대응 언어가 바로 자바, C#, PHP, 파이썬 등이기 때문이다.

네이티브 C나 C++는 아직 적은 것이 실정이다. 이 언어들은 OS 구조를 움직여서 소켓 프로그래밍이 가능하므로 성능 요건이 높은 기반 계열 애플리케이션이나 트랜잭션 처리에 자주 사용된다. 자바를 기반으로 한 애플리케이션을 제공하는 오라클사도 성능이 요구되는 오라클 데이터베이스나 오라클 턱시도(Oracle Tuxedo)는 C 언어로 구현하고 있다. 현재 그 사용 빈도가 높지 않은 이유는 분산해서 확장 가능한 애플리케이션을 구성하려면 명령을 웹 서비스로 발행할 필요가 있지만, 이를 위한 C

주4 Addison-Wesley Professional, ISBN9780321996435

언어용 SDK가 아직 없기 때문이다. 또한, 소켓 프로그래밍 시에 확장 노드의 IP 주소 정보가 부정확해서 구현상의 어려움이 따른다는 것도 이유 중 하나다. 단, HPC 분야에서는 기존 노드 내 분산 처리용 OpenMP에 추가로, 노드 간 병렬 계산 용도인 MPI 이용도 진행되고 있다.

PaaS에서는 PaaS 서비스가 지정한 언어만 사용할 수 있다. 세일즈포스사(社)가 제공하는 Force.com의 APEX처럼 독자적인 언어를 제공하는 서비스도 있다.

7.3.9 클라우드 환경의 하이퍼 성능 서비스 구조

클라우드 환경에서 성능 요건이 높은 아키텍처를 구현하려면 어떻게 해야 할까? 고급 인스턴스 타입이 존재한다고 해도 인스턴스 자체로는 성능에 한계가 있으므로 '클러스터(Cluster) 컴퓨터'라는 아키텍처를 사용한다(그림 7.15). '클러스터'라고 하면, HA 기능을 제공하는 클러스터 소프트웨어가 떠오르는 사람도 있을 것이다. 본래 클러스터의 의미는 '여러 개를 하나로 보이게 한다'다. 클러스터 구성이란, HA처럼 두 대를 한 대로 보이게 하여 신뢰성을 높인다는 의미도 있지만, 여러 대를 한 대로 보이게 함으로써 방식 변경 없이 스케일아웃하거나 그룹으로 구성할 수도 있다.

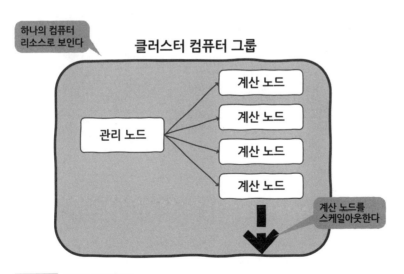

그림 7.15 클러스터 컴퓨터

클러스터 컴퓨터는 '계산 노드'와 '관리 노드'의 두 가지 역할로 구성된다. 계산 노드가 실제 처리를 하는 노드로 처리 부하에 따라 대수를 늘려 스케일아웃한다. 관리 노드는 이 계산 노드를 제어하는 역할을 한다.

클라우드 환경에서 높은 성능을 요구하는 대표적인 예로, '① HPC(Star Cluster)' '② Hadoop(Elastic Map Reduce)' '③ Data Warehouse(Redshift)' '④ In Memory DB(SAP HANA)'의 네 가지를 들 수 있다. 이제 AWS상에서의 이 네 가지 구현 예를 기준으로 설명을 하겠다. 각각의 용도가 다르므로 약간의 차이는 있을 수 있지만, 그림 7.16처럼 모두 클러스터 컴퓨터 구조로 구성된 것을 알 수 있다.

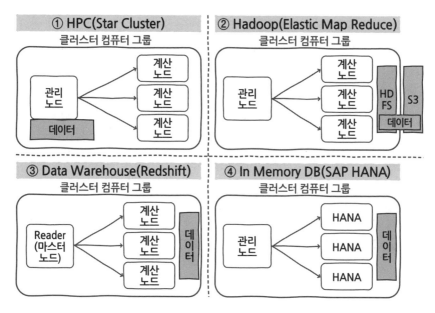

그림 7.16 각각의 클러스터 컴퓨터 구성

① HPC(Star Cluster)

HPC(High Performance Computing)도 클라우드 환경으로 구현할 수 있다. AWS에서는 HPC용 인스턴스를 제공한다. 클라우드 환경의 성능 특성으로 지금까지 네트워크 변동을 언급했는데, HPC용 인스턴스에서는 인스턴스 간 대역을 보증하는 'Placement Group'이라는 옵션이 있다. 이것은 계산 노드를 병렬로 처리할 때, 네트워크에서 병목 현상이 발생하지 않도록 하는 기능으로, 물리적으로도 인접한 위치에 있는 인스턴스가 가동된다. 또한, CPU 모델도 고정된다(단, 하이퍼스레딩은 하드웨어 수준의 설정을 가하므로 'ON' 설정을 'OFF'로 바꿀 수 없다).

AWS에서는 HPC 환경을 구성하기 위해 'Star Cluster(스타 클러스터)'라는 기본 구성을 제공한다. 또한 관리 노드에서 잡(Job)이라는 단위로 처리를 제어하고, 계산 노드를 여러 개 가동해서 병렬 처리를 한다. 데이터는 관리 노드에서 일괄 관리하며, 계산 노드가 네트워크를 경유해서 이 데이터에 접근하는 형태다.

애플리케이션으로 분산 처리하기 위한 병렬 계산 방식에는 두 가지가 있는데, 첫 번째는 '병렬 스레드'다. 하나의 프로세스 내에서 여러 개의 스레드를 생성하고, 각 스레드에 서로 다른 CPU 코어를 할당해서 병렬 처리하는 방법이다. 두 번째는 '병렬 프로세스'다. 메모리가 공유되기 때문에 단일 노드로 여러 코어를 활용하기 위해 이용한다. 대표적인 방법으로는 컴파일에 의한 구현과 OpenMP를 이용한 구현이 있다. 여러 프로세스를 가동해서, 각 프로세스에 서로 다른 CPU 코어를 할당해서 병렬 처리하는 방법이다. 독립된 메모리로 처리할 수 있어서 여러 노드 간 처리가 가능하다. 대표적인 방법으로 MPI가 있으며, 노드가 확장되는 클라우드의 HPC 환경에서는 MPI가 적합하다.

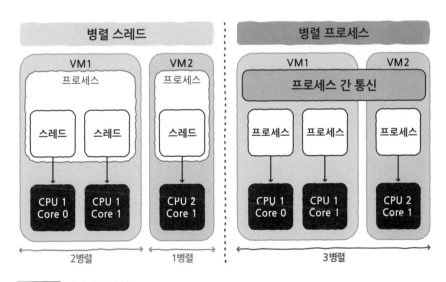

그림 7.17 병렬 계산 방식

② Hadoop(Elastic MapReduce)

하둡(Hadoop)은 빅 데이터 분산 처리 프레임워크로, AWS에서는 'EMR(Elastic MapReduce)'로 하둡이 설치 완료된 환경을 제공한다. EMR에서는 처리 잡을 관리 노드로 제어하고, 계산 노드 수를 지정해서 병렬로 계산한다. 하둡의 일괄 처리량을 높이고 싶다면, 계산 노드 수를 늘려서 스케일아웃하면 된다. 계산용 데이터는 관리 노드가 아닌 HDFS나 S3에 저장되며, 계산 결과 출력 위치도 동일하다.

③ Data Warehouse(Redshift)

데이터 웨어하우스(Data warehouse)란 분석 전용 데이터 창고로, 열도 행처럼 저장할 수 있는 칼럼(열) 지향 특성이 있지만 기본적인 구성은 RDB다. AWS에는 'Redshift'라는 확장형 데이터 웨어하우스 서비스가 있다.

RDB인데 어떻게 확장이 가능한 것일까? 그것은 구성상의 특징 때문이다. HPC 나 하둡과 달리, Redshift는 거의 참조 중심이다. 따라서 관리 노드에 해당하는 기능 이 리더 노드(Reader Node)로, 참조 포인트가 된다. 또한 Redshift에는 분산 키라는 독자적인 설정이 있어서, 이 키가 각 계산 노드에 데이터를 분배하여 분산 처리를 실 현한다.

④ In Memory DB(SAP HANA)

RDB를 고속화하는 구조로 인메모리(In Memory) DB라는 것이 있는데, 그중 SAP HANA가 대표적이다. AWS에서는 SAP HANA 동작을 지원하지만, 인메 모리 DB가 메모리를 대량으로 소비하기 때문에, 인스턴스 타입이 가진 최대치까 지 이를 수 있다. 그래서 관리 노드로 제어한다는 전제하에 인메모리 DB 노드를 늘 려서 메모리를 확보할 수 있다. 자세한 내용은 기술 문서 'SAP HANA on AWS Implementation and Operations Guide'[주5]를 참고하자.

주5 http://awsmedia.s3.amazonaws.com/SAP_HANA_on_AWS_Implementation_and_Operations_Guide.pdf

* * *

모두 여러 노드를 하나로 합쳐서 클러스터 컴퓨터 내에 포함시킴으로써 대규모 데이터 분산 처리를 실현하는 기능이다.

7.3.10 오픈 마이그레이션과 클라우드 마이그레이션

클러스터 컴퓨터 구성은 그리드(Grid)로, 클라우드상에서 그리드 컴퓨팅을 구현하고 있는 것과 같다. 클라우드 환경으로 이전하기 위한 이런 애플리케이션 방식 변경은, 인터넷 발전기에 있었던 C나 코볼(COBOL) 중심의 메인프레임이 분산형 자바나 닷넷 중심의 오픈 마이그레이션(Open migration)으로 변화된 것과 비슷하다. 그 당시에도 높은 처리량을 실현하기 위해 그리드가 고안됐었다. 최근에는 그 당시 분산화된 오픈 시스템이 오라클, IBM, VCE 연합[주6], HP를 중심으로 하여 다시 집약화 방향으로 흘러가고 있다. 이렇듯 각종 하드웨어 제조사의 흐름을 보면 알 수 있듯이 분산 시스템은 성능 관리나 하드웨어 운용 관리가 힘들다. 그러나 클라우드 환경이라면 분산돼 있더라도 분산 처리를 관리하는 컴포넌트가 표준화되어 있어, 이를 관리하기가 한결 쉽다.

7.3.11 클라우드 내부 구성을 살펴보자

클라우드 내부 구성이 궁금한 독자가 많을 것이다. 클라우드의 본질을 알기 위해서도 아마존이나 구글의 시스템 방식과 운용 방식을 이해하는 것이 중요하다. 특히, 구글에서는 웹 사이트 등에 서비스 내부 사양을 공개하고 있다. 그중에서도 추천하고 싶은 것이 《구글을 지탱하는 기술》[주7]이라는 책이다. PageLank, GFS, BigTable, MapReduce 같은 대표적인 시스템 아키텍처와 구글이 대규모 웹 사이트를 어떻게 운용하고 있는지 확인할 수 있다.

주6 Virtual Computing Environment 연합. Cisco, EMC, VMware 세 회사의 연합 조직이다.
주7 《구글을 지탱하는 기술》 니시다 케이스케, 김성훈 옮김, 멘토르 2008년

7.4 | 클라우드 환경의 성능 분석 방법

클라우드 환경에서 생각할 수 있는 전형적인 애플리케이션 방식 예를 소재로 하여 클라우드 내부의 성능 분석 방법과 튜닝 및 대처 방법에 대해 설명하겠다.

7.4.1 클라우드 환경의 벤치마크 취득 가치와 진화하는 성능 값

일반적으로 클라우드는 벤치마크 정보를 제공하지 않는다. 벤치마크라는 것은 하드웨어나 소프트웨어에 대한 지표로, 서비스인 클라우드에 해당하지 않기 때문이라고 생각할 수도 있다. 실제로 TPC 멤버에 구글, 아마존, 세일즈포스사의 이름은 존재하지 않는다[8].

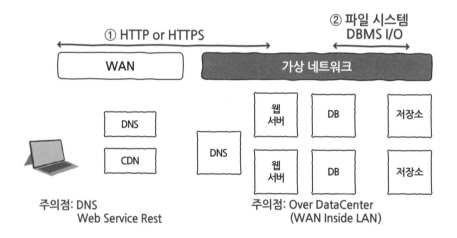

그림 7.18 벤치마킹 권장 변동 위치

주8 http://www.tpc.org/information/who/whoweare.asp

클라우드 환경의 벤치마크가 필요한 것일까? 만약, 간단하게 시스템을 구성할 수 있는 환경이라면, 클라우드 환경에 시스템을 구성해서 실제 테스트를 해보는 것이 애플리케이션 관점에서 좋은 데이터를 얻을 수 있다. 단, 클라우드를 선정 중이거나, 애플리케이션이 아직 완성되지 않은 상황이라면, 벤치마크를 취득하는 것이 하나의 방법이 될 수 있다.

클라우드 환경의 성능은 항상 진화하고 있다. 그러니 인터넷상의 데이터에 좌우되지 말고 최신 환경을 제대로 측정해 보기를 권한다. 벤치마크해야 할 부분은 지금까지 설명한 것처럼 변동 요소가 많은 네트워크 관련 부분으로, '웹 프론트의 인터넷 HTTP 부분'과 '디스크 I/O 부분'을 들 수 있다. 그 이외의 요소들은 이론상의 정보와 별 차이가 없다.

DNS 성능 벤치마크는 'DNS Benchmarking' 등을 이용해 실시하는 것이 일반적이다. 각 CDN 제조사의 성능 벤치마크는 요청(Request) 위치나 HTTP 메소드에 따라 크게 달라지므로 실제 애플리케이션으로 측정하는 것이 가장 좋다. 또한, 각 CDN 제조사 간 고속화 로직이나 데이터 센터망이 미묘하게 다르기 때문에 여러 CDN을 조합해 볼 것을 추천한다. 위치별 기준 값을 마련하고 싶다면, Cedexis사(社)의 홈페이지에서 각 CDN 제조사의 위치별 응답 속도나 처리량 같은 성능 정보를 얻을 수 있으니 참고하자.

클라우드형 LB의 벤치마크는 대표적인 부하 툴을 이용해서 실시하면 되지만, 전송 위치가 같으면 동일 백엔드 인스턴스에 계속 할당되기 때문에 전송 위치를 랜덤하게 변경할 수 있는 Curl-loader 등, 적절한 툴을 선택해야 한다. CDN을 경유하는 경우도 CDN이 IP 기준으로 위치 정보를 취득하기 때문에 동일한 문제가 발생할 수 있다. AWS가 제공하는 Elastic Load Balancing(이하 ELB)에 대해서는 'ELB 부하 테스트 실습'[주9]이라는 자료가 있으니, 테스트 전에 한 번 읽어 보도록 하자. I/O에 대해서는 배치 처리로 대표되는 순차(Sequential) 처리와 OLTP로 대표되는 랜덤(Random) 처리 각각이 Read(읽기)와 Write(쓰기)에 따라 결과가 다르기 때문에 인스턴스 측과 디스크 측 설정도 함께 고려해서 경향과 한계 값 측정을 하는 것이 좋다.

주9 http://awsmedia.s3.amazonaws.com/SAP_HANA_on_AWS_Implementation_and_Operations_Guide.pdf

대표적 툴

- DNS Benchmarking
- Apache Bench
- Apache Jmeter
- Curl Loader
- FIO
- IO Meter
- ORION
- SQLIO

지면상의 이유로 상세한 분석 기법까진 다루지 못하지만, AWS에서 벤치마크 관련 자료도 공개하고 있으니 참고하도록 하자.

'Best Practices for Benchmarking and Performance Analysis in the Cloud'(영문)

URL https://s3.amazonaws.com/horiyasu/awsmedia/BestPracticesfor BenchmarkingV2.pdf

---

Column

성능 분야는 이공계 엔지니어의 특권?

시스템 엔지니어라는 직종은 항상 인력이 부족한 상태로, 문과 출신의 시스템 엔지니어도 많다. 특히, 프로그래밍은 문법적인 요소의 비중이 크기 때문에 우수한 문과 출신 프로그래머의 비율도 높은 듯하다. 단, 저자가 지금까지 경험한 프로젝트에서는 높은 수준의 성능 튜닝 세계로 들어가면 이공계 엔지니어의 독무대가 되는 경우가 대부분이었다. 참고로, 이 책의 집필자들도 모두 이공계 출신이다. 이것은 높은 수준의 성능 분석과 튜닝을 하려면 수학과 물리학 센스가 필요하기 때문이다. 특히, 처리 방식을 아키텍처에 적용한 후의 병목 현상 분석과 상관 분석에서는 장애 대처를 위해 순간적인 수치 해석 능력으로 상관, 회귀 분석, 확률 통계 등의 기술이 요구된다. 이런 이유로 현장에서도 이공계 출신이 두드러진 활약을 보이는 것 같다. 무엇보다 중요한 것은 수치에 대한 규모 감각이다. 1000IOPS, 8K 블록, 200MB/sec, 1000TPS 등의 단위 척도를 파악하고 있으면 그것이 빠른지, 느린지 금방 판단할 수 있게 된다.

7.4.2 웹 시스템의 기본적인 분석 방법

지금까지의 설명을 통해, 클라우드의 성능 개념과 온프레미스와의 차이를 이해했을 것이다. 이제부터는 실전으로 들어가서, 클라우드상의 대표적인 시스템 구성에서 성능을 분석하는 방법을 살펴보도록 하자.

웹 시스템을 구성하려면 IaaS에서 클라우드 부분을 중심으로 하나씩 컴포넌트를 생성해서 구축하는 예가 있는데, 이 경우 5장에서 소개한 분석 방법과 크게 다르지 않다. 약간의 차이(LB→HTTP, AP 서버→DB 구성에서 가상 머신 인스턴스를 기반으로 한다)가 있지만, 클라우드 고유의 변동 부분을 어떻게 주의해서 분석하는가 정도다. 클라우드 부분의 병목 현상에 대해서는 클라우드 기본 감시 툴로 분석하면 되지만, LB나 DB를 관리 서비스로 사용하면 감시할 수 있는 항목도 늘릴 수 있다. 기본적으로는 각 인스턴스 단독으로 분석하는 형태가 된다. PaaS에 직접 애플리케이션을 배포하는 구성인 경우, 내부 구성 인스턴스의 리소스를 의식할 필요 없이 PaaS 서비스 전체의 리소스 상태를 확인하는 형태가 된다.

그림 7.19는 AWS로 구성한 예지만, 'ElasticBeansTalk'라는 서비스를 이용하면 PaaS처럼 시스템을 다룰 수 있다. 이 경우는 클라우드 서비스 감시 기능은 내부 인스턴스 리소스를 의식하지 않고 전체 리소스를 표시한다. 구체적으로 알기 쉬운 세 대의 웹 서버 구성을 예로 CPU 사용률을 살펴보도록 하자. IaaS인 경우, 1호기가 20%, 2호기가 20%, 3호기가 80%라고 가정하자. 각각의 리소스가 감시 상태에 있고, 부하분산 장치(LB)가 정상적으로 동작하고 있다면, 3호기에서 경고가 발생하는 것을 발견하고 대응책을 검토할 것이다. PaaS인 경우는 내부적으로 세 대로 구성돼 있어도 세 대의 평균인 40%를 인식한다. 개별 인스턴스의 리소스 차이는 고려하지 않고 전체 리소스를 보는 것이다.

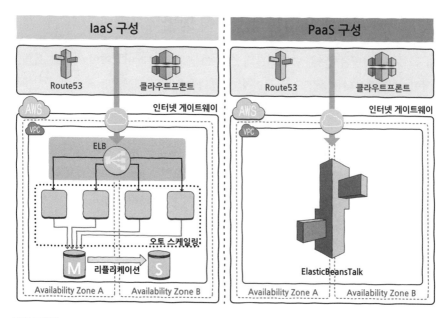

그림 7.19 웹 시스템 구성

7.4.3 배치 시스템의 기본적인 분석 방법

배치 처리의 성능 지표는 처리 시간(처리량)이 된다. 처리량을 올리기 위해서는 CPU와 디스크 처리량이 중요하기 때문에 각각에 대해 살펴보도록 하자.

여기서도 기존의 병렬 분산 처리 방식이 유효하다. 예를 들어, 한 시간 걸리는 잡으로 구성된 잡 그룹을 직렬로 실행하면 다섯 시간이 걸린다.

이것을 먼저 CPU 관점에서 생각해 보자. 온프레미스 환경에서 이것을 병렬로 처리하려면, 신규 물리 리소스가 필요하다. 하지만 클라우드 환경이라면 한 대로 다섯 시간 동안 처리하는 방식이든, 다섯 대 각각이 한 시간씩 처리하는 방식이든, 종량제기 때문에 전체 비용 변동 없이 처리 시간(처리량)은 5분의 1로 줄일 수 있다. 잡을 병렬 처리할 때는 처음에 데이터를 분할하고 마지막에 병합하는 제어가 필요하다. 이것을 프레임워크로 구현하고 있는 대표적인 것이 하둡(Hadoop)이다.

다음은 디스크 처리량 관점에서 생각해 보자. 블록형 저장소의 I/O는 비교적 고속이지만, 대량의 데이터를 처리하는 배치 작업에서는 인스턴스와 블록 저장소 간 처리량이 클라우드의 가상 네트워크 제약상 단독으로는 한계에 이를 수 있다. 또한, 병렬화하면 배치 처리용 파일을 어떻게 공유할지가 새로운 과제가 된다. 온프레미스에서는 강력한 공유 저장소와 저장소 영역 네트워크로 해결하고 있지만, 클라우드 환경에서는 그다지 현실적이지 못한 방법이다.

이를 위한 해결책으로 처리를 분할한 후에 객체 저장소를 사용해서 파일을 공유하는 모델이 있다. 객체 저장소는 분산화와 키를 튜닝할 수 있기 때문에, 인스턴스 분산과 파일 분산을 결합하는 것이 가능하다.

이처럼 클라우드 환경으로 이전함에 따라 큰 폭으로 변경되는 것은 응답 속도를 지표로 하는 온라인 시스템보다 처리량을 지표로 하는 배치 처리 쪽이다.

7.4.4 클라우드 자동 확장 기능

클라우드 서비스에는 자동 확장 기능이 있다. AWS에서는 '오토스케일링(Auto-Scaling)'이라는 기능이 있어서 각종 메트릭 기준 값의 상한/하한을 설정해 이를 기준으로 자동 스케일아웃한다. 오토스케일링 기능은 편리하긴 하지만, 애플리케이션 관점에서는 스케일아웃, 스케일인하기 때문에 변동하는 IP 주소의 각 인스턴스에 어떻게 접속할 수 있을지가 중요 과제다. 온라인인 경우 ELB를, 배치 처리인 경우 SQS(Simple Queue Services)를 전면에 배치하면 애플리케이션 접속 위치를 바꾸지 않고 약한 결합 형태로 처리를 완료하기 때문에 자동 확장이 가능해진다.

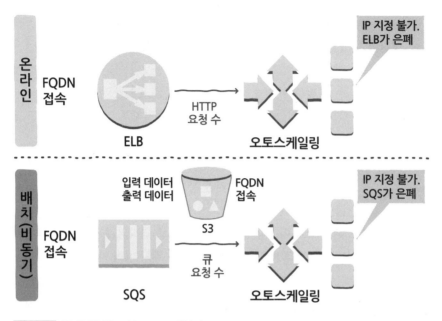

온라인

FQDN
접속

HTTP
요청 수

ELB

오토스케일링

IP 지정 불가.
ELB가 은폐

배치(비동기)

FQDN
접속

입력 데이터
출력 데이터

FQDN
접속

S3

큐
요청 수

SQS

오토스케일링

IP 지정 불가.
SQS가 은폐

그림 7.20 확장성을 확보하는 오토스케일링

7.4.5 클라우드 환경의 변동성을 분석하는 통계적 방법

4장에서 설명했던 '90퍼센타일(percentile)'처럼, 클라우드에서도 일시적으로 발생하는 현상인 '스파이크(Spike)'가 자주 발생한다. 예를 들어, AWS의 'Provisioned IOPS'라는 IOPS를 지정하는 기능은 지정한 값의 ±10%를 99.9%만 보장한다. 이것은 완전히 통계 이야기로 '스파이크'를 포함해서 단순히 튀어나온 값을 평균에 포함시키면, 평균값의 정확도를 떨어뜨린다. 클라우드 환경의 성능 분석은 이 분산 값을 어떻게 신뢰 구간 안에 포함시켜 상관 관계를 구하느냐가 중요한 포인트다.

메트릭 정보는 기간이 길어지면 요약되어 출력돼 버린다. 이 때문에 전체적인 병목 지점을 찾기 위함이라면, 클라우드 서비스가 기본으로 제공하는 그래프 기능만으로도 충분하다. 예를 들어, AWS의 감시 서비스인 '클라우드워치(Cloudwatch)' 그래프 기능에서는 두 개의 Y축을 지정할 수 있어 X축에 시간을 두고 Y축에 두 가지 요소를 넣은 후, 두 데이터 간 상관 관계를 시계열로 분석할 수 있다. 하지만 더 상세한 분석을 위해서는 데이터를 R 언어 등의 통계 패키지에서 읽어서 해석할 것을 추천한다.

이 책에서는 지면상의 이유로 통계를 활용한 한계치 분석에 대해서는 다루지 않지만, 저자는 컴퓨터 이론을 바탕으로 한 실질적인 한계치 분석력의 차이는 이 통계 분석 방법에 그 본질이 있다고 생각한다. 이 분석력으로 비용 조정까지 가능한 것이 바로 클라우드 환경이다.

7.5 | 클라우드 환경의 개발 단계 접근법

클라우드 환경은 기술 측면보다 개념적인 차이가 큰 변경점이 된다는 것을 지금까지의 설명을 통해 이해했을 것이다. 저자가 실무적인 측면에서 가장 큰 변경점이라고 생각하는 것은 기존의 하드웨어 구축을 전제로 한 개발 운용 프로세스다.

인터넷 거래나 증권 거래 세계는 업무 편중도가 심해서 경향을 추측하는 것이 어려우므로, 이로 인해 시스템 관리자나 경영자는 하드웨어 사이징에 대해 항상 고민해야 한다. 실은 AWS라는 클라우드 서비스가 탄생한 것도 Amazon.com이 운용하는 편중도 높은 EC(전자 상거래) 사이트에서 피크 시에 대응하기 위한 하드웨어 사이징을 고민했고, 도입 후 남은 리소스를 클라우드로 외부에 제공한 것이 시발점이었다.

5장에서 설명했던 상세 성능 설계는 왜 하는 것일까? 이유는 시스템을 구축하기 위해 하드웨어를 조달할 필요가 있기 때문이다. 이때, 부족한 사양의 하드웨어를 조달하여 테스트 공정에서 사양 부족을 발견했다가는 마감일 내에 시스템을 출시하지 못할 수 있다. 클라우드의 경우, 이번 장 서두에서 설명한 것처럼 하드웨어를 의식하지 않는다. 따라서 이런 프로세스가 필요 없다고 생각할 수도 있으나, 반대로 클라우드 환경의 대규모 개발 프로젝트에서 문제가 많은 것 또한 성능 관련 문제다.

그러면 프로젝트 개발 단계 중 특히 성능과 밀접하게 관련 있는 개발 단계인 '① 사이징(기본 설계), ② 성능 테스트(통합 테스트), ③ 프로젝트 관리'에 대해 실제 프로젝트를 예로 들어 구체적인 접근법을 알아보도록 하자.

7.5.1 사이징(기본 설계)

감이 좋은 독자는 '하드웨어 조달이 필요 없는 클라우드 환경에서는 사이징도 필요 없지 않냐'라고 생각할 수도 있다. 그러나 사실 다른 관점에서 생각해 본다면 반드시 필요한 것이다. 크게 두 가지 관점으로 생각해 볼 수 있다.

먼저 클라우드 환경인 경우, 곧바로 환경 조달이 가능하므로 사이즈가 맞지 않으면 즉시 변경할 수 있다. 따라서 엄밀히 말하면 사이징을 하지 않아도 어떻게든 해결되는 부분이 있는 것이 사실이며, 클라우드 환경의 이점이기도 하다. 하지만 선택 사이즈에 따라 비용이 달라지므로, 비용을 엄격하게 관리하거나 선정 이유를 요구하는 경우에는 요건 정의나 설계 공정 단계에서 사이징을 해야 한다. 첫 번째 관점은 이 비용 산출이다.

또한, 5장에서도 다룬 한계치 테스트에서의 사이징은 클라우드 환경을 이용함에 있어 중요한 판단 기준이 된다. 클라우드는 대규모 분산 처리 방식에 적합하다고 설명했지만, 기존 온프레미스 환경의 기업형 시스템 대부분은 집약형 처리 방식이다. 이 방식을 그대로 클라우드 환경으로 이전하면 쉽게 한계에 이를 수 있다. 따라서 이런 위험을 방지하기 위해 사이징을 하는 경우가 있다. 이처럼 두 번째 관점은 한계치를 고려한 실현성 확인이다.

대부분의 클라우드 제공사는 정식 벤치마크 정보를 제공하지 않는다. 또한, 클라우드 서비스 특성상, 성능이 주기적으로 변하는 부분도 많아, 과거에 제삼자가 실시한 벤치마크 결과는 도움이 되지 않는다. 따라서 정확한 사이징이 필요한 경우에 현장에서 저자가 자주 실시한 것이 'POC'를 이용한 사이징 방법이다. POC란, 'Proof Of Concept'의 약자로 '이론으로 예측한 것을 검증'한다는 의미다. 클라우드는 검증을 위한 환경을 다양한 패턴으로 단시간에 준비할 수 있기 때문에 POC를 통해서 동작성과 구성 패턴, 비용 감각 등을 시험해 볼 수 있다.

당연한 이야기지만 이것은 클라우드가 익숙해야 가능한 것으로 시간이 걸리는 경우도 있지만, 많은 문제가 이 단계에서 해결된다. 클라우드는 컴퓨터 이론 지식도 중요하지만, 소프트웨어 특유의 '시행착오와 수정'도 유효하므로 POC를 통해 'Trial and Error'[역주1]방식으로 검증하는 것도 커다른 비중을 차지한다. 즉, 성능 분석 규칙인 '추측하지 말고 측정해라'를 실천하기 쉬운 환경이 되는 것이다. 그런 의미에서는 사이징에 의한 설계와 단위 성능 테스트 공정이 단축돼서 하나로 통합된다고 볼 수도 있다.

7.5.2 성능 테스트(통합 테스트)

5장에서 상세하게 설명한 성능 테스트 중, 실제 업무량과 완성된 애플리케이션을 전제로 하는 통합 테스트 관점에서 생각해 보도록 하자. 온프레미스는 이 공정에서 리소스가 부족하면 하드웨어 수준의 튜닝이나 재발주를 해야 돼서 가동 일정에 영향을 끼칠 수 있다. 하지만 클라우드에서는 사전에 제대로 사이징을 해둔 대부분의 경우 클라우드 측 설정 변경만으로 해결이 가능하며, 분산 아키텍처라면 리소스를 확장하는 것으로 곧장 대응이 가능하다. 실제로 이 공정에서 문제가 발생하더라도 프로젝트 일정상 치명적인 경우는 드물며, 클라우드의 민첩성을 살릴 수 있는 공정이라고 할 수 있다.

그러나 좋은 점만 있는 것은 아니다. 클라우드 서비스는 부하에 따른 종량제 과금 방식이 중심이라 클라우드 서비스에 부하를 걸어서 성능 테스트를 했다가는 해당 트래픽에 따라 비용이 발생하게 되므로 시나리오, 비용 등을 포함해서 반드시 사전에 관계자와 의견 조율을 해둘 필요가 있다. 또한, 지금까지 분석 기법에서 설명한 것처럼 상용 미들웨어와 클라우드 서비스 간에 발생하는 문제에 대해서 원인을 판명하기란 쉽지 않은 일이다. 그러나 재현이나 여러 패턴의 검증 환경을 쉽게 구성할 수 있어서 같은 클라우드 서비스고 구성 조건이 같을 경우, 동일 환경이 되기 때문에 발생 현상을 전체적으로 파악할 수 있다. 따라서 몇 가지 패턴으로 리소스를 변경해서 테스트하다 보면, 원인 판명까지 가지 않고도 문제가 해결되는 것을 현장에서 자주 볼 수 있었다. 이 또한 클라우드만의 장점이다.

역주1 반복 검증을 통해 오류를 찾고 수정하는 방식

7.5.3 프로젝트 관리

이런 변경 사항들이 프로젝트 관리에 어떤 영향을 끼치는지 살펴보자. 먼저, 하드웨어 조달 시간이 줄기 때문에 개발 시기를 단축할 수 있다. 또한, 사양에 맞지 않는 하드웨어를 조달하는 위험도 줄일 수 있다. 그리고 고객에 의한 사양 변경이나 업무량 변경에도 비교적 민첩하게 대응할 수 있다.

당연한 이야기지만 클라우드 환경에 익숙해야 하고 조사를 하는 등의 준비 기간이 필요하나, 클라우드 환경의 유연성과 민첩성으로 전체적인 프로젝트 위험을 줄일 수 있다.

실제 프로젝트 현장에서는 경험 유무가 큰 비중을 차지하는 것이 현실이다. 동일 클라우드 환경 기능이나 벤치마크는 다른 프로젝트에서도 그대로 사용할 수 있다. 따라서 그에 따른 지식이나 환경 템플릿을 기준으로 클라우드 환경에 익숙한 프로젝트 관리가 가능하다면, 이러한 클라우드 환경을 효율적으로 활용해서 대규모 개발 프로젝트를 운영할 수 있게 된다.

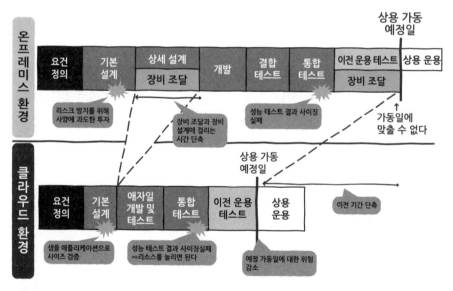

그림 7.21 클라우드 환경의 성능 테스트 공정

Column

클라우드 환경에서는 경영자도 상세한 성능 데이터를 신경 쓴다?

온프레미스 환경에서는 기본적으로 CPU, 메모리, 디스크 등의 대표적인 사양 요소를 기준으로 하며, 하드웨어 도입 후 성능 관리는 시스템 리소스가 하드웨어 사양 한계에 다다랐는지만 확인한다. 어디까지나 하드웨어 증설 유무만 비용에 영향을 준다는 관점인 것이다.

대부분의 클라우드 서비스에서는 상세한 성능 데이터를 기준으로 과금 체계를 세분화하고 이를 종량제로 제공한다. 따라서 비용 견적 시에도 상세한 성능 테스트 데이터가 필요하며, 가동 후에도 업무 부하 상황에 따라 비용이 변동된다. 특히 업무량에 따른 전송량, I/O 수, HTTP 요청 수 등의 측정은 책상에 앉아서만 하는 설계로는 어렵고, 실제 행동으로 옮겨 애플리케이션을 움직여 봐야만 상세한 데이터 취득이 가능하다.

재미있는 것은 이런 과금 체계 덕분에 일반적인 엔지니어만 신경을 써 왔던 전송량, I/O 수, HTTP 요청 수 등의 성능 지표 값과 그 의미를 이제는 경영자도 의식해야 한다는 것이다. 클라우드를 이용하게 될 경우에는 한계치와 그 비용이 직결되기 때문이다. 경영자도 한계치 분석을 배우도록 하는 것은 바로 클라우드의 유용한 활용법 중 하나다.

7.6 | 클라우드 환경의 운용 단계 접근법

클라우드 환경 운용은 그 깊이가 무척 깊어서 이것만으로도 책 한 권을 채울 수 있을 정도다. 여기서는 시스템 가동 후의 운용 단계에 있어 핵심이 되는 부분을 소개하고 이번 장을 마무리하고자 한다. 성능이 밀접하게 관련된 '① 한계치 관리' '② 장애 발생 시 퇴거 한계치 운용' '③ 생명 주기와 교체'에 대해 실제 프로젝트에서의 접근 방법을 설명하겠다.

7.6.1 한계치 관리

클라우드 환경에서 한계치 관리는 이번 장 서두에서도 설명한 클라우드 환경의 특징인 '① 하드웨어를 의식하지 않는다'와 '② 종량제 과금의 두 가지 요소'에 의해 장단기 한계치 관리가 크게 달라진다. 그럼 제대로 설계하고 테스트를 실시해서 가동 중인 시스템에 대해 한계치 관리를 하는 목적은 무엇일까? 주요 목적은 편중도가 심한 업무량 변동에 대해 시스템 리소스가 과도하게 사용되고 있지는 않은지 확인하는 것이다. 장기적인 경향을 시뮬레이션하기 위해 분포도나 회귀 분석 같은 통계 기법을 활용하는 경우도 있다.

기본적으로는 리소스 한계는 가상 환경이라 할지라도 한계가 있는 하드웨어 리소스를 축으로 생각한다. 애플리케이션이 최적으로 튜닝된 완전한 시스템이더라도 리소스가 부족해지면 물리적으로 유한한 하드웨어를 증설하는 것이 핵심 대책이 되기 때문이다.

이 하드웨어 조달과 증설 설정에 시간이 걸리므로 리소스 임계 값을 낮게 잡거나, 월 단위의 장기 분석을 통해 리소스가 한계에 다다르는 것을 미연에 방지해서 위험을 줄여야 한다. 하지만 이 접근 방법에서는 하드웨어 리소스가 남아 도는 상태가 발생할 수 있다.

클라우드 환경에서는 하드웨어를 조달하지 않는다는 특징으로 인해 하드웨어 한계는 각 클라우드 서비스 한계에 의존하게 된다. 클라우드 사업은 규모의 경제가 성립하므로 시장 점유율이 높은 서비스를 이용하면 하드웨어 리소스 한계치를 높게 잡을 수 있어서 사용자 한 명당 부여할 수 있는 리소스가 무한대에 가깝다고 볼 수 있다. 또한, 단기간에 리소스를 조달하고 바로 스케일업, 스케일아웃이 가능하기 때문에 단기 분석과 장기 분석에서의 대책이 거의 동일하다. 게다가 임계 값을 비교적 크게 설정할 수 있어서 리소스가 남는 상황을 방지하기 쉬우며, 종량제 과금이라는 특성 때문에 리소스가 남는 상태를 줄일 수 있어서 비용 또한 동적으로 낮출 수 있다.

그림 7.22처럼 온프레미스에서는 피크 시에 맞추어 하드웨어 리소스 조달이 필요하지만, 클라우드에서는 피크 상황에 따라 리소스를 간단히 늘리거나 줄일 수 있다.

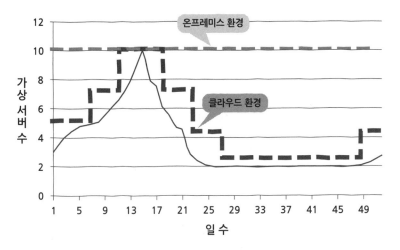

그림 7.22 장기 분석에서의 선택 방법

    클라우드 환경에서는 한계 관리와 비용 관리가 하나가 된다. 따라서 피크 시 대응 이상으로 업무 트래픽이 적은 시간 대에 여분의 리소스를 동적으로 줄여서 비용을 절감하는 운용 방식도 중요하다. 이것은 클라우드만의 운용 장점이라고 할 수 있다.

    클라우드 서비스에 따라서는 리소스나 비용 발생 조건에 의해 자동으로 리소스를 증감하는 기능이 있다. 이 조건 지정은 업무량 변동제나 가격 체계를 깊이 있게 파악해야 해서 난이도가 높은 작업이다. 하지만 잘 고려하여 조건을 지정하기만 하면 자동으로 구성할 수 있어, 대규모 시스템에서 큰 폭으로 비용 절감이 가능하다.

Column

임계 값 설정과 시스템 안전 계수의 표준화 가치

한계 관리를 하고 있더라도 한계 분석에 대한 대책이 명확한 경우는 극히 드물다. 특히 온프레미스에서는 하드웨어 한계나 추가 조달 시 필요한 시간에 한계가 있기 때문에 걱정이 많은 고객일수록 임계 값을 낮게(예: 50%나 70%) 책정하는 경우가 많다. 하지만 순간적으로 성한 임세 값으로 인해, 매일 날아오는 경고 통지에 고민하게 되거나, 한계 값에 이른 대기 행렬로 인해 곤란한 상태가 되어도 특별한 대책이 없어서 설정이나 운용에 투자한 시간에 비해 얻을 수 있는 효과가 적은 것이 실정이다. 또한, 하드웨어 조달에 대해서도 피크 성능에 위험 인자로 안전 계수(예: 1.2)를 곱해서 사이징하고, 여기에 장애 시 교체 리소스도 추가로 고려하므로 대부분의 리소스가 과도하게 남는 상태가 된다.

또한 현재 시스템을 표준화하면 운용 비용을 줄일 수 있다는 이유로 인터넷 계열 회사는 물론, 일반 기업에서도 표준화를 진행하고 있다. 운용 비용이 줄어든다고 생각하는 이유는 표준화에 의해 운영 방식이 통일되면 적은 인력으로 많은 시스템을 커버할 수 있게 되기 때문이다.

설정 항목을 통일된 포맷으로 취득할 수 있다는 것은 커다란 장점으로, 정보 관리를 일원화할 수 있고 횡적인 분석을 가능하게 한다. 하지만 저자는 성능 관리를 효율화할 수 있더라도 성능 분석의 본질적인 부분은 바뀌지 않는다고 생각한다. 성능 분석은 업무 특성이나 방식에 크게 의존하기 때문이다. 한 기업 내에는 다양한 특성의 시스템이 존재하는 것이 일반적으로, 시스템 특성에 맞게 임계 값 설정이나 감시 항목을 정리해서 특성을 고려한 성능 분석을 하는 것이 현실적이라고 생각한다.

또한, 운용 설계 단계에서는 성능 메트릭 상세 정보를 어디에서 취득해서 감시하면 좋을지가 자주 문제가 된다. 온프레미스 환경에서는 제조사 환경에 맞추어 OS, 저장소, DB, 자바 VM, HTTP 등의 다양한 메트릭 정보를 취득할 수 있지만, 해당 정보에 대한 경고 감지 후에 어떻게 대처하면 좋을지 곤란했던 경험이 있을 것이다. 이 상세 메트릭 정보는 문제 해결을 위한 원인 판명에 필요한 정보다. 상세 메트릭이 서비스 자체에 영향을 끼치는 것이 아니므로 정보 수집 정도만 해두고, 높은 기술력의 엔지니어가 참고해서 분석할 수 있으면 된다.

이런 생각 방식은 클라우드에서도 동일하다. 클라우드 환경에서는 클라우드 내부의 기본적인 메트릭 정보는 클라우드 기본 감시 기능으로 자동 수집하기 때문에 수집 항목 유무는 문제가 되지 않는다. 오히려 기본 감시 기능 항목 중 부족한 것이나 메트릭 의미를 정리하는 데 더욱 많은 시간이 걸린다.

7.6.2 장애 발생 시 퇴거 한계 운용

온프레미스 환경에서는 신뢰성 요건으로 HA(High Availability, 고가용성)를 실현하기 위해, 상용 서버와 동일한 사양의 물리 서버는 물론, 서비스 지속 요건으로 DR(Disaster Recovery, 장애 복구)을 위한 물리 서버를 추가로 설치하는 것이 일반적이다. 또한, 데이터 센터 간 전용선 설치에도 비용이 든다.

요건이나 방식에 따라 달라지긴 하나, 최악의 장애 시를 대비하여 완벽한 형태로 구축하기 위해서는 네 배 정도의 하드웨어 리소스 조달이 필요하다. 하지만 이 정도로 완벽하게 준비하는 경우가 드물뿐더러, 장애 발생 시 대부분은 퇴거 운용을 하게 된다. 이 때문에 운용자는 장애 시 운영을 실시한 후, 퇴거한 리소스에 대한 한계치 관리 운용에 쫓기게 되어 최종적으로는 리소스 제거(Failback, 페일백)까지 고려하게 된다.

이에 반해, 클라우드 환경에서는 하드웨어 리소스를 의식하지 않으므로 장애 시에는 상용 서버의 가상 머신과 동일한 사양의 가상 머신을 사용해서 다른 하드웨어 리소스의 성능 저하 없이 운용할 수 있다. 또한, 클라우드 서비스에 따라서는 클라우드 내 전용선을 끌어와서 데이터 센터를 포함한 가상 네트워크 구성이 가능하기 때문에 다른 데이터 센터에서 동일 사양의 가상 머신을 운용할 수도 있다. PaaS는 HA나 DR 기능이 서비스 내에 내포돼 있는 경우도 있다. 이처럼 데이터 센터가 추상화됨으로써 시스템을 DR로 교체할 필요가 없으며, HA와 DR이 가까운 개념이 된다.

클라우드 환경에서는 네 배의 하드웨어를 준비할 필요가 없고, 기본적으로 장애 시 퇴거한 리소스의 한계치 운용을 고려할 필요도 없다는 것이 큰 차이점이다. 또한, 종량제로 인해 가동 중인 서비스에만 과금이 발생하기 때문에 비용과 운용 모두 크게 줄일 수 있다.

실제로 대부분의 대기업 IT 투자 관점에서는 HA와 DR에 드는 비용과 퇴거한 리소스의 한계치 운용이 공통적인 과제이지만, 클라우드 환경은 이런 문제를 해결하는 솔루션이 되고 있다.

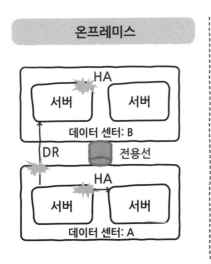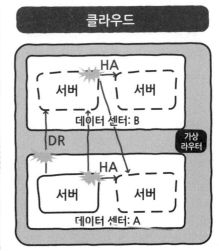

그림 7.23 퇴거 시 성능

7.6.3 생명 주기와 교체

시스템 운용자가 고민하는 문제 중 하나가 하드웨어의 생명 주기다. 특히, 대규모 개발은 개발 기간이 길어서, 조달한 하드웨어가 운용을 시작한 후 얼마 되지 않아서 유지보수 기간을 연장해야 할지 고민하게 된다. 또한 CPU 개발 속도가 빨라지면서 그 성능도 비약적으로 향상되고 있는데, 이 때문에 성능 기준이 높은 시스템으로서 경쟁력을 가지기 위해서는 최신 CPU로 교체해야 하는 경우도 있다. 실제 현장에서는 시스템을 교체하는 계기가 애플리케이션 요건 변경보다 하드웨어 교체에 기인하는 경우도 많다.

클라우드 환경에서는 하드웨어를 의식하지 않기 때문에 클라우드가 제공하고 있는 범위에서 최신 CPU를 이용할 수 있다. 또한, 클라우드 환경에서는 서비스와 이용자 확장에 맞추어 교체가 항상 이루어지고 있으므로 사용자는 이를 의식할 필요가 없다. 하드웨어나 소프트웨어의 경우 조달한 소프트웨어 버전은 기본적으로 고정되지만, 클라우드에서는 기능이 서비스로 제공되기 때문에 항상 최신 기능을 활용할 수 있다. 실제로 각 클라우드 서비스에서는 대규모 작업을 위한 서비스 기능을 계속 출시하고 있으며, 곧바로 사용할 수 있는 상태다.

즉, 클라우드 환경에서는 항상 최신 버전을 적용하는 것이 가능하다. 따라서 온프레미스 환경에서는 최신 벤치마크 지표와 비교해서 시간이 지날수록 성능이 저하되는 경향이 있지만, 클라우드에서는 최신 버전이 적용되기 때문에 시간이 지날수록 성능이 향상된다. 반대로, 클라우드 환경에서는 기존 방식인 한계치 관리를 바탕으로 한 일괄 교체 방식을 최신 기능을 도입하여 지속적으로 성능을 개선해 가는 방식으로 바꾸기 때문에 운용 부서가 적극적으로 한계치 개선을 해야 하는 중요한 역할을 담당하게 된다.

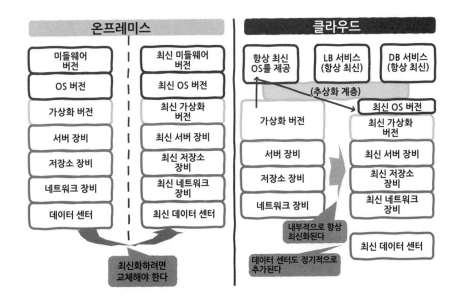

그림 7.24 항상 최신 상태로 진화하는 클라우드

Column

클라우드가 실현하는 데브옵스의 성능 튜닝 효율화

1장의 칼럼 '인프라 엔지니어가 프로그래밍을 배워야 하는 이유'와 관련이 있지만, 클라우드의 큰 특징은 모든 인프라를 소프트웨어, 즉 프로그램 코드로 제어할 수 있다는 점이다. 앞에서 배웠던 평가나 개선 작업을 위해 코드를 이용해서 조건을 지정하면, 고도로 세분화된 제어가 가능해진다. 이런 관점에서 보면 클라우드 환경에서 요구되는 인재는 시스템 인프라를 알고 있으면서 프로그램 코드도 작성할 수 있는 엔지니어라고 할 수 있다.

이런 인력으로 조직을 구성하면, 개발과 운용 경계가 없어지고 적은 인력으로 생산성과 효율성 높은 개발 운용을 실현할 수 있다. 클라우드 환경에서의 개발과 운용 접근 방법 차이로부터 양쪽의 주기가 짧아지고 문턱도 낮아졌다는 것을 느낀 독자도 있을 것이다. 이것은 'DevOps(데브옵스)'라고 하는 것으로[역주2], 사업 성과를 지속적으로 달성할 수 있도록 상호 간에 협력해야 한다는 개념이다. 특히 애플리케이션 개발을 내제화하고 있는 기업에서 많이 채택하고 있는 기법으로, 기업형 시스템이 클라우드 환경으로 이동함에 따라 조직 혁신을 검토하는 경우도 생기고 있다. 각종 운용 작업 중에서도 가장 효과가 있는 것이 애플리케이션 관리와 밀접하게 관계 있는 애플리케이션 배포 효율화다.

그러면 이것을 성능 튜닝 작업에 적용해 보면 어떻게 될까? 온프레미스형 대규모 프로젝트의 개발 단계에서는 애플리케이션 담당과 인프라 담당자가 명확히 나뉘고, 이는 다시 애플리케이션 기본 단위와 기술 세분화에 의해 데이터베이스나 네트워크 등의 기술 계층 단위로 상세하게 구분된 개발 조직이 만들어진다. 성능 튜닝은 인프라 담당자가 중심이 되어 리소스를 분석하고 하드웨어나 각종 미들웨어 파라미터를 튜닝하지만, 애플리케이션 코드 자체나 업무량 편중도에 기인하는 경우도 있다. 이들 정보는 애플리케이션 담당자가 파악하고 있기 때문에 튜닝 시에 여러 가지 조정 사항이 발생하게 된다. DevOps화가 진행되면, 애플리케이션 담당자가 곧바로 튜닝하기 때문에 로직이나 업무량을 파악한 튜닝이 가능해진다.

현실에서 하드웨어 튜닝 부분은 인프라 엔지니어가 아니면 해결하기 어려운 문제이지만, 클라우드화를 통해 하드웨어가 추상화되고 인프라가 소프트웨어적으로 제어되고 있다. 따라서 저자는 클라우드 환경에서는 어느 정도 시스템 인프라 지식도 가지고 있는 다재 다능한 소수의 애플리케이션 엔지니어가 튜닝의 주역이 될 거라 생각한다.

역주2 Dev는 개발자를 Ops는 운용자를 가리킨다

찾아보기